Devenir humain

La proposition chrétienne aujourd'hui

YVES BURDELOT

Devenir humain

La proposition chrétienne aujourd'hui

LES ÉDITIONS DU CERF
www.editionsducerf.fr
PARIS

2004

www.editionsducerf.fr
(29, boulevard La Tour-Maubourg
75340 Paris Cedex 07)

ISBN 2-204-06745-8

Introduction

Si la route te manque…

On ne sait trop pourquoi, il est des mots qui vous accompagnent toute la vie. Peut-être sont-ils en consonance avec cette part la plus intime de vous-même, là où se mêlent le tempérament, la légende familiale, l'éducation, quelques rencontres privilégiées, les moments forts de l'histoire personnelle ; les connaissances et la réflexion aussi ; sans oublier la part de rêve qui, parfois, tempête ou silence, creuse en vous l'attente d'un au-delà. Des mots qui paraissent alors faire corps avec le Désir même où s'enracinent les options clés de l'existence, celles où la fragile liberté croit cependant se reconnaître. Des mots passants, saisis au vol mais qui vous marquent comme s'ils avaient à voir avec un appel singulier. Vous découvrirez un jour qu'à y demeurer sourd vous auriez été infidèle à vous-même.

Il en est un, je sais d'où je le tiens. C'est un soir d'été au temps de l'adolescence, à un carrefour de petites routes de campagne. Nous sommes une dizaine à assister au « départ routier » du chef de la troupe scoute à laquelle nous appartenons. La cérémonie est intime et brève. Elle s'achève par ces mots de l'aumônier : « Et si, pour aller à Dieu, la route te manque, fais-la ! » Puis, à cette croisée de chemins, chacun repart vers sa vie. Pour moi, sans l'avoir dans l'immédiat bien remarqué, me voici lesté d'une consigne. Non pas un ordre de mission ; mais quelque chose comme un sauf-conduit : Comment passer encore quand la voie paraîtra bouchée ? Calée quelque part dans la mémoire profonde, j'emporte la réponse à ce conditionnel : « Si la route te manque… »

La mienne m'a conduit au séminaire. Prêtre, j'ai été nommé professeur de philosophie dans l'enseignement catholique. Une carrière passionnante. Ces quarante dernières années, elle m'a tenu aussi près que je l'ai pu tant de l'évolution des jeunes que des mouvements de fond de la société et de la culture contemporaines. J'ai vu aussi bouger mon Église, suivi les débats qui s'y sont tenus, participé un peu à certains des combats qui l'agitent. C'est l'époque où les églises se sont vidées sous nos yeux, où le statut des clercs s'est trouvé bouleversé, où les laïcs tentent de se prendre en main, etc. Certains chemins autrefois bien balisés ont paru ne plus mener là où ils l'indiquaient.

Au fil des années et des choix qui s'imposèrent, j'ai perçu, de plus en plus intensément, la distance croissante entre les façons de faire et de dire de mon Église et les gens que je fréquentais. Spécialement mes élèves, mais aussi bien des amis qui, eux, se veulent toujours chrétiens mais écartés des voies traditionnelles.

Je l'ai vécu avec l'impression de voir deux continents s'éloigner l'un de l'autre. Et j'allais, immigrant de ce nouveau monde. On avance ainsi, porté par ses engagements ; par l'étude, et le débat ; par le partage de la vie aussi. On fait sa route par de longs détours ou des chemins de traverse. S'apercevant peu à peu qu'on marche dans un tout autre paysage, habitant sans doute d'un autre territoire. Et un jour, on se découvre émigré. Heureux de l'être. Depuis combien d'années – plus de trente ans sans doute – je m'acclimate peu à peu à cet ailleurs où on ne connaît guère l'Évangile que porte mon Église.

J'apprends à penser et à croire dans une langue nouvelle. Pour moi, j'entends encore le vieux langage, celui de l'autrefois d'où je viens. Pour moi – et sans doute pour d'autres de ma génération qui se sont eux aussi dépaysés sur une terre neuve – il peut être toujours riche de sens. Mais il ne dit à peu près plus rien, sinon souvent d'énormes contresens, à ceux dont je partage la vie et les attentes.

Cahin-caha, pour avancer quand même tendu ainsi entre deux mondes, il fallait reconstruire un chemin. Comme beaucoup d'autres, j'ai lu, j'ai débattu, j'ai écouté bien des chercheurs de sens. D'un monde et de l'autre. J'ai peu à peu ramassé, à mon usage, les mots et les idées avec lesquels je balbutiais ma foi. Comme une petite collection de façons de penser. C'est elle qui m'éclaire pour « aller à Dieu » par le chemin des hommes sur la route de ma vie. Sa chanson dans ma tête m'a souvent fait rêver de pouvoir, un jour, partager avec ceux que j'aime la foi qui guide mes choix. À quelques-uns, on s'en murmure bien quelques bribes depuis longtemps, au hasard des rencontres, des bonheurs comme des à-coups de la vie. Mais, obsédants, les refrains d'autrefois reviennent toujours comme un bruit de fond brouillant la communication. Comme s'il était impossible de croire sans passer par eux. Les avoir habillés de mots nouveaux n'y change rien le plus souvent. C'est la façon même de penser qui est en jeu.

N'y aurait-il donc, pour dire la foi, qu'un discours sinon définitivement obsolète, en tout cas repoussant pour la plupart de mes compagnes et de mes compagnons d'existence ? Telle d'entre eux qui me fut très proche, m'a souvent invité à traduire ce que les uns et les autres, ensemble, nous croyions. Non pas pour convaincre ; mais du moins pour tenter de se faire comprendre.

La retraite professionnelle venue, l'évêque de mon diocèse m'a « chargé de recherches dans le domaine des nouvelles expressions de la foi », me demandant de travailler auprès du service de formation permanente.

À ce titre, un ami organise, dans la ville où nous vivons l'un et l'autre, des « Parcours adultes ». Des cycles de cinq ou six soirées de réflexion sur un trimestre avec des groupes fort divers d'une trentaine de personnes. C'est sur son invitation et dans ce cadre que j'ai entrepris la réflexion que je présente ici.

Ce travail est donc né de la rencontre de deux désirs. D'une part, le mien, ce vieux rêve de dire que n'est ni idiot, ni ringard ce que croit mon Église – et qui me fait vivre. Et d'autre part, le projet de l'ami responsable de ces « parcours adultes ». Un projet qui s'articule en quatre idées :

– La volonté de mettre de l'intelligence dans nos démarches de croyants. Au moins autant d'intelligence pour aborder les questions de la foi que nous en mettons, les uns et les autres, dans la réalisation de nos professions.

– Le désir d'inviter les chrétiens à se découvrir chercheurs de sens et non pas possesseurs d'une vérité qui dispenserait des risques du choix. En d'autres termes, apprendre à regarder notre foi comme étant l'adhésion à un sens possible. Parmi d'autres.

– Un regard positif porté sur la modernité et donc le souhait que les chrétiens l'abordent avec confiance et s'y plongent pour y vivre les convictions qui sont les leurs et ainsi donner corps au message dont ils sont porteurs.

– Une occasion offerte à des croyants de reconnaître la chance qui est la nôtre, celle de vivre dans un monde incroyant. Puisqu'il ne baigne plus, ou de moins en moins, dans des redites religieuses qui lui sont devenues étrangères, ce monde où nous sommes nous invite à sortir des formulations dépassées. Du moins à essayer de le faire… Et on verra bien ce que cela donnera.

Ces quatre exigences veulent rendre à la foi son véritable statut. « Dieu vient toujours du dedans de l'homme », aime à redire mon ami. Du dedans de l'humanité d'aujourd'hui comme de celle des époques passées. Si révélation de « Dieu » il y a, elle doit être toujours pour aujourd'hui, offerte à chaque être humain dans le concret de sa vie.

Sur ces fondements, le projet que j'ai tenté est donc d'essayer de dire les données essentielles de la foi chrétienne, non seulement dans des mots d'aujourd'hui, mais à l'aide des notions, et conformément aux attitudes profondes, de la mentalité contemporaine, celle de notre monde sécularisé et laïque.

Nous qui sommes de ce monde-là, je crains que nous soyons nombreux à qui la route manque pour aller, nous aussi, vers le Dieu qui le hèle. Alors il faut la faire ! À ma manière, chacun, j'essaie de débroussailler un sentier. Je le fais avec les outils de mon métier, mais c'est d'abord le chemin où je m'efforce d'avancer moi-même.

Je ne saurais nommer ici tous ceux qui m'ont aidé dans cette démarche. Mais je tiens à remercier Jean Lemière, le responsable des « Parcours adultes » à Cherbourg et, autour de lui, les amis, les premiers, avec qui j'ai partagé cette recherche.

Et j'exprime ma très vive gratitude à Henri Denis, professeur émérite de la faculté de théologie de Lyon, dont la lecture attentive de mon texte, les remarques approfondies et les encouragements m'ont été particulièrement précieux.

Y. B.

Liste des abréviations bibliques utilisées

Gn	:	Genèse
Ex	:	Exode
Dt	:	Deutéronome
Jos	:	Josué
Ct	:	Cantique des Cantiques
Mt	:	Évangile selon saint Matthieu
Mc	:	Évangile selon saint Marc
Lc	:	Évangile selon saint Luc
Jn	:	Évangile selon saint Jean
Ac	:	Actes des Apôtres
Rm	:	Épître aux Romains
1 Co	:	Première épître aux Corinthiens
2 Co	:	Deuxième épître aux Corinthiens
Ga	:	Épître aux Galates
Ep	:	Épître aux Éphésiens
Ph	:	Épître aux Philippiens
Col	:	Épître aux Colossiens
Tt	:	Épître à Tite
He	:	Épître aux Hébreux
1 P	:	Première épître de Saint Pierre
1 Jn	:	Première épître de Saint Jean
Ap	:	Apocalypse

1

À la recherche d'un chemin

« Chantez ! Parlez !
Personne ne vous écoute [1]. »

Hors d'usage ?

C'est l'histoire d'un homme. Il possède un secret qui le réjouit. Il voudrait pouvoir en faire cadeau et il n'y arrive pas.

Il a chez lui un instrument étonnant. L'a-t-il reçu en héritage ou bien lui est-il arrivé comme ça subitement un jour ? Il ne sait plus bien. Les deux peut-être. Sans doute même. À voir sa machine, on pourrait la croire compliquée. Mais lui, quand vraiment il s'en sert et même si parfois il l'oublie ou la néglige, il sait qu'elle est très simple.

Cet outil merveilleux est un épeleur. Non pas pour épeler les mots des livres ou même du dictionnaire. Non ! il s'agit d'une machine à épeler le bonheur. Quelque chose qui vous permet de déchiffrer les tours et les détours de la vie quotidienne aussi bien quand ils sont noirs comme une impasse sans lune que lorsqu'ils s'éclairent du sourire d'un amour. Et de les déchiffrer en épelant les promesses qu'ils portent pour qui les regarde en transparence. Exactement comme on lit le filigrane d'un beau papier. Pour cela il suffit de bien les orienter. Les

1. Le Père Henri MADELIN, s.j., parlant de « La marginalisation du christianisme » dans *La Croix*, 8 janvier 1997.

dresser vraiment à la verticale, à l'aide justement de cette fameuse machine.

Une telle merveille qui voudrait la garder pour soi seul ? D'autant qu'à la donner on ne la perdrait pas. Et notre homme connaît beaucoup de gens qu'elle aiderait à vivre. Du moins, il l'espère. Beaucoup de gens. Et certains qu'il aime particulièrement.

Seulement voilà, sa machine est datée. Pas seulement vieille. Mais cabossée, peinturlurée, compliquée et rafistolée. Sans doute par ceux qui s'en sont servis. Bien ou mal. Et lui aussi parfois a dû mal s'en servir. Bref, elle n'est plus guère présentable... Aussi les rares fois où il s'est risqué à laisser entendre qu'il pourrait l'offrir, on l'a regardé poliment mais avec un tel sourire sceptique fait à la fois de commisération et de désintérêt qu'il a bien vite parlé du temps qui passe et de la vie qui va. Car il sait qu'alors on l'aime bien.

Et notre homme est là, au bord de son propre chemin, son beau cadeau serré contre son cœur. Muet, inquiet, désemparé parfois...

LE PAYSAGE

Dans le brouillard.

N'y a-t-il pas aujourd'hui un certain nombre de chrétiens qui aimeraient pouvoir donner à d'autres la bonne nouvelle dans laquelle ils puisent le sens de leur vie et qui ne le peuvent pas parce que, quand ils veulent exprimer leur foi, ils la trouvent empaquetée dans un tel assemblage d'idées toutes faites et d'institutions étranges qu'ils restent muets ? Et parfois tristes.

Car les attentes de notre temps sont là. Nous sommes donc appelés à chercher, à notre tour, à nous approcher du vrai visage de « Dieu » tel qu'il doit bien s'y laisser entrevoir. Recherche à mener à nouveaux frais. Comme chaque grand moment des cultures humaines a dû le faire avant nous. Et d'autres, plus tard, devront à leur tour reprendre le chantier.

Je pars d'une exigence personnelle. Celle qui naît de

l'expérience vécue que l'affirmation de ma foi chrétienne est inaudible et même inexprimable.

Inaudible : à l'évidence ce qu'en entendent bien des gens qui m'entourent comme, du reste, le grand nombre de nos contemporains ne correspond pas au sens qu'elle a pour moi. Les idées reçues que véhicule le terme chrétien – et ils diront souvent « judéo-chrétien » selon un vocabulaire à la mode – apparaissent tellement loin de leur univers, de leurs modes de pensée et de leurs préoccupations quotidiennes que la proposition de formules chrétiennes leur fait l'effet d'une langue étrangère. Et inutile. Parfois même néfaste quand ce qui leur parvient par le biais des médias leur semble attentatoire à leur liberté. Spécialement tout un discours moral perçu comme essentiellement rigide, anachronique et cherchant à s'imposer de force à leur conscience.

Inexprimable : on aimerait pouvoir tenter de redresser cette vision. Mais on se heurte à des idées toutes faites portées par un ensemble de notions véhiculées par le fonds culturel et qui n'ont plus prise sur la pensée d'aujourd'hui. Les mots et les idées que l'on partage en se côtoyant et en travaillant ensemble sur tous les lieux de vie réelle, ceux de la profession, ceux de la militance, ceux de la banale vie de quartier ou des loisirs communs sont cependant et bien souvent lourds des soucis et des questions, des drames ou des espoirs auxquels nous croyons que la foi chrétienne apporte pour le moins un éclairage. On aimerait pouvoir le proposer. Mais en quels mots le faire entendre quand vous expérimentez vous-même combien des façons de dire dont, peu à peu et peut-être tant bien que mal, vous avez décrypté le sens, n'ont plus aucune consonance avec ce que pensent vos interlocuteurs.

J'avoue être muet souvent quand, dans la vie courante, j'aimerais pouvoir dire quelque chose de ma foi. Et j'ai la certitude que c'est la situation de beaucoup d'entre nous aujourd'hui… Hormis, bien sûr, ceux qui s'en vont proclamer sur la voie publique, à grand renfort de cantiques et de banderoles : « Christ est ressuscité. Vous êtes sauvés »… et qui ne font la plupart du temps que renforcer chez les passants, curieux parfois, l'idée que le christianisme appartient décidément à un folklore dépassé.

Le désintérêt est massif. Bien sûr, ce constat demanderait des nuances. Mais son trait général est indiscutable. Et peu discuté. Par ailleurs, il ne peut laisser indifférents ni ceux qui croient en l'Évangile, ni quiconque s'interroge sur un certain désarroi de nos sociétés en quête de sens. Ce qu'affirment les chrétiens a été longtemps le point de repère essentiel en fonction duquel se déterminaient les grands choix de la vie. Pour ou contre lui, mais avec une référence perçue par tous.

Or, aujourd'hui l'affirmation chrétienne ne passe plus. Un humoriste disait un jour, à la radio : « Une église désaffectée ?... Mais c'est un pléonasme ! » Boutade bien sûr, mais dont l'humour correspond assez bien à ce que pensent beaucoup de gens. Même si quelques-uns se reconnaîtraient dans ces propos d'un jeune homme dans un journal local [1] : « Tous ceux à qui j'en parle me disent : le christianisme, c'est des conneries. » Et il poursuivait : « Personnellement, je lis l'Évangile depuis cinq, six ans et je trouve que c'est pas mal. Pourtant je ne suis pas fou. »

Deux remarques qui indiquent avec force la contradiction dans laquelle l'annonce de l'Évangile est enfermée. L'image sociale et culturelle portée par nos institutions et, plus encore sans doute, par leur discours tel qu'il est entendu, crée une fermeture totale. À tel point que celui qui passe outre s'oblige à vérifier qu'il a bien toute sa raison. La vraie « folie » que le croyant devrait assumer, celle qui se manifeste par des choix à contre-pied des valeurs dominantes, n'est quant à elle que rarement perceptible. On assiste au contraire à une récession massive des Églises occidentales quel que soit, du reste, leur mode d'organisation et de gouvernement.

Désormais la parole chrétienne telle que l'explicitent les Églises a perdu sa prise sur la société [2]. Elle ne jouit plus que d'une audience restreinte, ou, pour mieux dire, privée. Dans le meilleur des cas, elle apparaît peut-être comme une des voix, mais bien souvent perçue comme ringarde, parmi celles qui proposent, peu ou prou, des chemins de sens. Encore

---

1. *La Presse de la Manche*, le 5 juillet 1993.

2. Un ouvrage désormais classique sur ce sujet : J.-Y. LAMBERT, *Dieu change en Bretagne*, Paris, Éd. du Cerf, 1985.

faudrait-il qu'elle le dise d'une manière qui ait des chances d'être entendue.

Nous ne mettons nullement en doute la pertinence du message fondamental. Mais quelle est la validité de son expression traditionnelle quand on constate l'incompréhension générale dont il est l'objet autour de nous. Au-delà même de ce sentiment d'incompréhension, c'est sans doute d'indifférence qu'il faut parler. Majoritairement, ce que les croyants chrétiens disent de leur foi à travers ses expressions officielles, et tout autant les manières cultuelles, les rites qui les manifestent, n'ont guère d'écho dans la société globale. D'écho positif tout au moins. Un brouillard les habite, les enveloppe et les étouffe.

Malentendu…

J'emploie le terme « la proposition chrétienne », pour désigner le message chrétien tel que le portent les Églises. En d'autres termes, le contenu officiel de la foi à laquelle sont censés adhérer les croyants en Jésus-Christ sauveur. Qui dit message dit communication. Et toute volonté de communication doit s'astreindre à une règle fondamentale, son véritable b.a.ba. : pour communiquer, il est nécessaire que les interlocuteurs parlent de la même chose.

Ma foi elle-même me fait dire qu'entre l'affirmation chrétienne et la requête fondamentale des humains, il doit y avoir une connivence profonde. Pourtant, dans les faits, c'est le malentendu qui domine entre elles. On n'entend pas la même chose, d'une part quand on écoute ce que dit d'elle-même la foi chrétienne, si on la prend dans son sens propre, d'autre part quand on essaye de saisir ce que perçoivent, aujourd'hui, la plupart des gens autour de nous au sujet de ce que croient les chrétiens.

L'exercice est facile qui consiste à comparer ce que les Églises croient dire et ce qui est effectivement entendu. Quel est l'essentiel de la foi chrétienne si on le résume en quelques mots ? Autrement dit, quelle est la version officielle du message des Églises ?

Le catéchisme répond : Le monde où nous vivons est l'œuvre d'un Dieu qui l'aime et qui crée l'homme libre pour que celui-ci puisse lui aussi aimer et entrer ainsi dans l'œuvre même de Dieu. Mais, de fait, l'humanité ne correspond pas à ce projet. Et ainsi tout homme, marqué par le mal qui le précède et auquel, à son tour, il collabore, a perdu la clé du bonheur pour lequel il est fait. Devant cette réalité, Dieu n'a pas abandonné le monde.

Au fil des temps, il s'est dévoilé aux hommes. Une révélation offerte mais qui ne s'est jamais imposée par un coup de force. Elle est venue au jour peu à peu, au fur et à mesure que des hommes et des femmes, soucieux de l'Éternel et de sa justice, découvraient le sens de ce qu'il leur était donné de vivre. Ainsi, après avoir donné au peuple juif, une loi garante de la vraie vie et la promesse d'un salut à venir dans l'histoire, Dieu a opéré notre salut par la vie, la passion et la résurrection de Jésus-Christ, son Fils, à la fois vrai Dieu et homme véritable. Dans l'Évangile, Il nous montre le chemin de la vie, une vie qui, comme Jésus lui-même, devra passer par la mort mais est appelée à ressusciter.

Cette histoire où Dieu se donne à connaître se poursuit. Les disciples de Jésus qui l'ont vu vivre et témoignent de sa résurrection, ont transmis cette bonne nouvelle à des communautés de croyants. Ceux-là, aujourd'hui, vingt siècles plus tard, forment l'Église. Étendue sur la terre entière et malgré fautes et ruptures qui ont marqué son histoire, elle est toujours porteuse de ce message. Le salut de l'humanité passe par elle. L'Église forme une institution qui peut dire la vérité de Dieu et à laquelle chacun, quand il la connaît, est invité à adhérer pour vivre selon l'Évangile et, par là, transformé par la grâce de Dieu, que l'Église transmet par ses sacrements, il assurera son salut en portant dans la vie de tous les jours, par ses actes et par sa parole, témoignage de la vie nouvelle qui sauve les humains et avec eux toute la création.

Cela peut se résumer en quelques formules tirées des évangiles : *Dieu est amour. Pour illuminer ceux qui marchent dans les ténèbres et l'ombre de la mort, il n'a pas hésité, en Jésus son Fils à se faire homme, un homme qui s'est abaissé jusqu'à la mort de la croix. Mais Christ n'a pas été englouti par la mort, il est ressuscité et à jamais vivant et sauveur. Il donne, à ceux qui croient en Lui, le pouvoir de devenir eux aussi enfants de Dieu. Il les rassemble en son Église où il les fait participer à sa vie même par le partage du pain et du vin qui sont son propre corps. Et il les envoie dans le monde pour rassembler les humains, ces enfants de Dieu dispersés. Ceux qui croient ainsi en lui ne mourront pas pour toujours.*

Voilà ce que pense l'Église, ce dont elle doit témoigner… et ce qu'elle croit enseigner. C'est-à-dire faire entendre.

Ces affirmations ont été longtemps une donnée indiscutée de la culture occidentale, celle des époques dites de chrétienté. Non qu'il faille imaginer que tout un chacun en maîtrisait tous les termes et était capable d'en articuler les uns aux autres les différents mystères. Loin de là sans doute. Mais une pratique sociale collective suffisamment nombreuse et homogène garantissait une saisie globale de cette doctrine chrétienne. Du reste, lorsqu'elle a commencé à être publiquement et globalement contestée, elle était sans doute demeurée suffisament construite dans les stéréotypes culturels pour que ceux qui s'élevaient contre elle le fassent en connaissance de cause. Nous n'en sommes plus là.

Qu'en est-il pour le grand nombre de nos contemporains ? Est-il possible de dire ce qu'entendent le plus souvent de la foi chrétienne ceux qui vivent en dehors des groupes chrétiens ? Ils voient un ensemble de rites et de pratiques directement peu compréhensibles. Lorsqu'ils y assistent, ils entendent un discours qui ne l'est pas davantage, d'autant plus que, sur certains points, les propos tenus leur semblent parfaitement incohérents. Ainsi, par exemple, l'affirmation de la vie continuée de ceux qu'on enterre, affirmation que trop souvent on pose d'entrée de jeu à chaque inhumation religieuse comme si elle allait de soi. Quant au discours public de l'Église, la plupart n'entendent guère que des propos touchant une morale qui leur paraît inhumaine. Même parfois des propos où ils croient pressentir des soutiens au retour à un ordre moral imposé. Ils peuvent en revanche apprécier des prises de position appelant à la bonté humaine ; mais ils jugent inutile de les fonder sur une prétendue volonté d'un Dieu dont, par surcroît, l'existence réputée toute-puissante et bienveillante est incompatible avec les malheurs et le mal qui écrasent l'humanité.

Ils admettront, bien sûr, des gens qui disent avoir la foi. Ils la comprendront comme la conviction qu'il faut passer par l'Église pour être « sauvé ». Un mot qu'ils traduisent comme l'expression d'un double espoir imaginaire : l'espoir d'être exaucé « ici-bas », entendons recevoir de Dieu le soulagement de ses misères et la réussite dans ses entreprises ; et d'autre part l'espoir d'une « vie éternelle », ce qui est à leurs yeux plus qu'hypothétique, vraiment illusoire. Alors, aux yeux du tout venant, passer par l'Église signifie participer aux actes du culte et suivre des enseignements moraux, la plupart du temps perçus comme très rigoureux et inadaptés à la vie moderne. Assez souvent on repère et on apprécie l'action de chrétiens impliqués dans les luttes pour l'homme et sa dignité au milieu des difficultés de la vie quotidienne. Mais ces engagements sont perçus comme individuels et, à l'interrogation que ces comportements pourraient faire naître, on oppose la perception négative qu'on a de l'Église prise dans son ensemble.

Reste que, portés par des habitudes sociales qui invitent à sacraliser, d'une manière ou d'une autre, les grands moments de l'existence, naissance, mariage, mort, on demandera encore à l'Église, ou plutôt aux prêtres d'accomplir des cérémonies dont l'aspect festif et émotionnel comme le caractère de ritualité sociale sont perçus comme gratifiants et normalisants, mais dont la signification proprement chrétienne échappe la plupart du temps.

Le décalage total entre ces deux visions de l'affirmation chrétienne saute aux yeux. Le malentendu est complet.

… et mésentente.

Mais ce malentendu ne repose pas seulement sur cette incompréhension, un phénomène qui alors, après tout, ne serait que négatif. Il a aussi une racine très positive. Et le malentendu devient mésentente. Tandis que l'Église tardait à comprendre les mutations du monde, une nouvelle façon de penser s'est établie. Elle est reçue maintenant dans tout notre espace social. C'est ce qu'on peut appeler l'esprit laïque contemporain. Quoi qu'on dise, nous le partageons tous, peu ou prou. Les chrétiens comme les autres. Dieu merci, le combat que lui a opposé l'Église – et qu'il lui a bien rendu – relève désormais de l'histoire. Malgré quelques-unes de ses séquelles demeurées virulentes çà et là chez certains chrétiens, un dialogue commence à s'instaurer entre croyants et mentalité laïque. C'est essentiel et urgent car c'est à elle que la proposition chrétienne doit pouvoir s'adresser. D'autant plus, je le répète, que chacun d'entre nous participe de cette mentalité. Donc, pour dirimer de plus en plus ce qui reste de mésentente, il importe que nous avancions dans la connaissance mutuelle. On s'y aidera en précisant à grands traits les caractéristiques essentielles de l'esprit laïque [1].

Au premier plan, *le rejet des arguments d'autorité*. C'est la revendication fondamentale. Pour bien le comprendre, on doit repartir de l'intuition première de Descartes : la seule certitude primordiale que le sujet humain puisse affirmer, c'est son rapport à sa propre conscience. La première chose dont je sois absolument sûr, c'est de savoir que je pense. Cela je ne peux pas en douter. Donc une vérité devient crédible quand, passée par la conscience qui la soumet à l'épreuve du doute, elle résiste à ce jugement critique. Cette autonomie n'est donc pas enfermement sur soi ; mais, pour que ce qui me vient de l'extérieur et de la tradition devienne mien, je dois l'avoir examiné. Kant l'a fortement établi : la raison moderne est critique.

Sur cette base, l'esprit moderne affirme *l'égale dignité de tout être humain* puisque chacun dispose du libre jugement de sa conscience. Par là même l'esprit laïque est universaliste et, sans nier les appartenances communautaires, il se refuse à s'y enfermer. Ainsi donc les lois nécessaires au vivre ensemble se fondent sur la valeur abstraite de tout être humain et non plus sur les seules valeurs « charnelles » partagées avec ceux de notre groupe d'appartenance.

Nous sommes donc en présence d'*un humanisme, mais*

---

1. Pour ce passage, je suis de très près les analyses de Luc FERRY dans *L'Homme-Dieu, ou le sens de la vie*, Paris, Grasset, 1996.

« désillusionné » puisque refusant de poser *a priori*, de l'extérieur de la conscience de l'humanité, des valeurs surnaturelles qui le fonderaient. C'est donc aussi un humanisme conscient de ses limites, *« un humanisme nu* [1] *»*. Nous ne disposons plus de réponses traditionnelles aux questions existentielles. Cela ne veut pas dire qu'il n'y ait pas de réponse ; mais elles sont à construire. Collectivement, par le débat entre humains. Ceux d'aujourd'hui, mais riches aussi de la mémoire de l'humanité.

La croyance en Dieu ne structure plus notre espace politique, ni notre espace moral. Cela ne veut pas dire que *les valeurs des modernes* soient inexistantes. Elles existent et n'ont même rien de bien original par rapport au passé. Mais elles sont *pensées à partir de l'homme et non plus déduites d'une révélation* qui les précéderait.

Cette autonomie implique-t-elle ce qu'on a pu appeler *« Le crépuscule du devoir »*, c'est-à-dire la fin de toute exigence morale autre que celle de s'épanouir soi-même ? Ou bien est-elle compatible avec la reconnaissance d'un certain sacré, c'est-à-dire de valeurs telles qu'on puisse être amené à leur sacrifier quelque chose de soi ? En d'autres termes, *une nouvelle spiritualité* – entendons par là l'adhésion à des valeurs dépassant les seules données matérielles de l'existence – est-elle possible ? C'est le point où s'interroge l'esprit laïque quand il va au bout de lui-même. Et cette question de savoir ce qui peut fonder le don de soi ne devrait pas laisser des chrétiens indifférents.

Mais, pour l'heure, on doit le constater, grand nombre de nos contemporains en Occident se meuvent dans une culture et des pratiques sur lesquelles le discours traditionnel de notre Église est sans prise. Ou, pour le dire autrement, celle-ci témoigne de sa foi dans des expressions (entendons par là les notions qu'elle emploie, mais aussi la forme de ses manifestations) que seuls les plus fidèles de ses membres entendent. Et encore ! Doit-on se résigner à cette obsolescence du discours chrétien ? On a l'impression d'être en face de deux univers de sens tout à fait différents. Deux univers hermétiques l'un à

---

1. Le mot est de Lucien PODEUR, p. s. s., conférence à Cherbourg en 1996.

l'autre, du moins dans une certaine forme de la culture occidentale actuelle. La question est de savoir s'il est possible de remettre en communication ces deux univers de sens ?

J'en fais l'hypothèse. Elle peut exiger des choix radicaux. Voici les mots d'un poète : ils en disent, à leur manière, l'enjeu et sans doute la condition :

ÉGLISE-MÈRE

Ne suis-je pas l'arbre
tant qu'il y a des oiseaux ?
ne suis-je pas la mère
afin qu'il y ait des enfants –
enfants et oiseaux, ils ont quitté
le nid, errant sur la mer
tous s'en sont allés
et personne ne m'a emmenée.

Des oiseaux me peuplaient
bâtissaient leur nid en moi
des enfants gravaient leur cœur en moi –
si donc ils sont partis errer
et que personne ne m'a emmenée
j'arrache mes racines
et je me plante dans la mer.

Huub OOSTERHUIS [1].

LA DÉMARCHE

Aller à la cause.

Il est nécessaire de ne pas se tromper d'objectif. Quand on cherche à expliquer l'échec actuel de la communication entre les chrétiens de France et leurs contemporains, on avance souvent, parmi d'autres, un certain nombre de causes relevant des Églises elles-mêmes et plus spécialement de l'Église

1. Huub OOSTERHUIS, *Quelqu'un parmi nous*, Paris, Desclée de Brouwer, 1968, p. 145.

catholique romaine. Aucune de ces causes-là ne me paraît vraiment déterminante. Les nommer permettra de les relativiser et de mieux saisir ainsi jusqu'où doit porter l'analyse. Bien au-delà de ces explications utiles mais insuffisantes.

Il y a bien sûr *l'influence de l'image que les Églises donnent d'elles-mêmes*, du moins dans ce qui est vécu publiquement de leur fonctionnement. Il ne s'agit pas seulement des raccourcis, souvent sinon partiaux du moins partiels, apportés par les médias. Il s'agit aussi du vieillissement sinon de la sclérose que manifestent, la plupart du temps, certaines des communautés chrétiennes officielles.

Déjà plus profondément, on doit s'interroger sur *l'accueil ou, au contraire, le refus*, voire même l'occultation par les instances ecclésiales, *des questions réelles des femmes et des hommes de ce temps* qui estiment ne pas être écoutés.

Puis on constate que ces mêmes questions – que la vie impose malgré tout aux Églises – y reçoivent un *traitement inapproprié* du moins dans l'opinion publique. Il ne peut guère en être autrement tant du fait de la pesanteur hiérarchique – quand toute décision doit passer par le sommet – que, dans le peuple, du poids des habitudes et des idées admises, dans lesquelles la conscience populaire reconnaît les caractéristiques du comportement religieux. Tout cela se renforce encore par *les connivences « conservatrices »* qui existent entre ce qui reste, de fait, le public des assemblées chrétiennes et la théorie d'une vérité sacrée dite immuable dans sa formulation. (Quitte à prendre pour la tradition authentique des modes de faire et de penser qui datent du XIXe siècle, restaurateur comme on le sait de l'ordre d'Ancien Régime, mais bien ignorant d'une longue vitalité chrétienne antérieure.)

Tous ces critères sont certes à l'opposé de nombre des requêtes de l'homme moderne. Mais, à mes yeux, ce ne sont là que des difficultés de surface.

La question fondamentale est ailleurs : c'est celle de *la formulation de la foi*. Comment redire aujourd'hui les enjeux fondamentaux du christianisme ? Ou, mieux encore, comment les repenser ?

Non pas chercher comment faire pour s'affirmer chrétien aujourd'hui, ce qui voudrait dire seulement comment habiller les affirmations traditionnelles pour les mettre au goût du jour, dans les mots et les attitudes d'aujourd'hui. Cette question du langage n'est pas négligeable, mais elle est seconde.

La démarche entreprise ici prend les choses autrement : oser se demander quel est le contenu de l'affirmation chrétienne. Nous disons *« Dieu »*. Que voulons-nous dire ? Nous disons *« Jésus-Christ est sauveur »*. Que voulons-nous dire ? Nous parlons de *Rédemption*, de *Salut*, nous croyons à *l'Église*, etc. *Dans tous ces cas, que voulons-nous dire ?* Car c'est bien cela la proposition chrétienne. Comment la repenser de telle sorte que son contenu redevienne, si possible, audible par les hommes et par la culture d'aujourd'hui ? Cela sans l'affadir. Certes, un acte de foi demeurera nécessaire pour y adhérer quelle qu'en soit la formulation. Mais tenter de la rendre compréhensible, c'est se donner les moyens de la proposer sur un terrain et pour des enjeux dans lesquels l'homme d'aujourd'hui puisse se sentir concerné. Peut-être alors apparaîtra-t-elle comme un des chemins de sens possibles et qui ne sera pas perçu comme insensé, y compris par ceux qui ne l'emprunteront pas.

Repenser la foi.

On demandait, il y a peu, à un théologien si le Christ des grands conciles de l'Église au IVe et Ve siècle était le même que celui des Évangiles [1]. Voici sa réponse : « C'est le même Christ, mais traduit… […] Les chrétiens du IVe siècle appartenaient au monde grec. Ils étaient habités par les questions de la culture grecque. […] Il a fallu traduire le langage des Écritures dans la culture grecque pour que tout le monde comprenne. […] » Fort bien pour les gens d'alors ! Mais nos façons de penser ne sont plus grecques depuis longtemps. Ni médiévales.

Ces évidences sont une invitation à repenser notre foi. En d'autres termes, tendre à ce que les expressions de la foi soient

---

1. Bernard SESBOÜÉ, *La Croix*, 22-23 décembre 1996, p. 9.

telles qu'elles interpellent les hommes et les femmes de ce temps, non seulement dans le langage de l'époque, mais en se coulant dans des notions qui leur parlent parce qu'elles seront familières.

Le projet peut paraître prétentieux. Il ne l'est pas. Je propose seulement d'entrer dans une recherche. On n'en attendra pas de propositions immédiates. Surtout pas un recueil de formules pour dire autrement la foi. Il s'agit d'ouvrir une réflexion de fond. Si elle apparaît pertinente, ce sera à chacun (individu ou groupe) de voir ensuite comment faire pour que les choses bougent concrètement. C'est lorsque des groupes de chrétiens ont ressaisi clairement le contenu réel de leur foi qu'ils peuvent alors inventer les mots simples, de tous les jours, qui leur permettront d'être entendus quand ils rendent compte de ce qu'ils croient.

Cela demande d'avoir une vue d'ensemble de ce dont on parle. Voilà pourquoi je me propose de faire un tour complet des points essentiels de l'affirmation chrétienne. Je les reprends en quelques grandes interrogations :

D'abord, nous situer face à *la question du sens* qui est la forme sous laquelle se pose aujourd'hui le problème de la destinée humaine.

Cela nous conduira au vocabulaire chrétien et je me demanderai comment il est possible d'entendre *la notion de salut*. Je proposerai qu'il s'agit de *l'humanisation de l'humanité*.

Mais nous disons aussi que *Jésus-Christ est sauveur*. Cette formule n'aura de sens acceptable pour notre mentalité que si nous montrons que c'est par *son existence humaine qu'il nous sauve* et qu'en elle est l'enjeu de ce qu'on appelle le salut.

L'Église a partie liée avec cette histoire du salut. Comment entendre sa fonction et quelles exigences cela implique-t-il pour que son organisation et son fonctionnement en fassent *une véritable école d'humanité* ?

Enfin est-il possible de décrire *un chemin vers la foi* lui aussi conforme à ce que nous sommes, les uns et les autres ? J'en vois un, parmi d'autres évidemment. Il est inscrit dans *le mouvement du Credo... à condition de le parcourir à l'envers.*

Ce qui n'est pas sorcier ; mais au contraire conforme à la pédagogie de la recherche telle qu'on la préconise de nos jours [1].

Risques à courir.

Une telle démarche, par sa méthode même, soulève quelques difficultés assez inévitables. La première tient à sa globalité : prétendre opérer d'un coup un tel survol. Cela impose d'aller assez vite au risque de mener des analyses trop rapides, à gros traits et donc qui pourraient paraître superficielles ; prendre le risque aussi d'un vocabulaire parfois abstrait qui ne serait pas assez explicité.

Cependant ces risques doivent être courus. Puisqu'il s'agit de penser autrement, on perdrait de la cohérence à ne pas se donner une vue d'ensemble ; et surtout on risquerait d'entendre ce que je propose en gardant en tête parallèlement des notions relevant d'un autre point de vue. Je ne prétends pas que celui que j'avance soit le bon, mais je tiens à en présenter d'un coup les articulations essentielles. J'ai opté pour le tout, car tout se tient. (Cette démarche est courante aujourd'hui dans la théologie [2]. Elle fait valoir que le mystère chrétien touche à l'ensemble du monde comme de chaque existence et, on le verra, à la plénitude de la « divinité ». Une totalité du mystère qui, loin de s'évader dans des constructions théoriques, n'est accessible que par la finitude humaine, celle de Jésus et la nôtre.)

Un second risque à tenter de vaincre justifie lui-aussi ce choix. Il s'agit de contourner un phénomène psychologique connu : la difficulté que nous avons toujours à entrer dans des

---

1. On trouvera, p. 335, un essai de reformulation du *Credo* relu ainsi.

2. Voir, par exemple, deux théologiens d'orientation bien différente : Hans Urs VON BALTHAZAR *De l'intégration* (titre allemand : « Le tout dans le fragment ») Paris, Desclée de Brouwer, 1970 ; et Karl RAHNER, *Le XXe siècle, siècle de grâce ?* Paris, Mame, 1962, p. 64 s. : « De l'unité réelle entre la rédemption et la création » ; également *Concilium*, n° 6, p. 41.

systèmes de pensées neufs. Les mots que nous emploierons seront bien des fois, et nécessairement, les mêmes que ceux du vocabulaire traditionnel. Or ceux-ci véhiculent un contenu dont ils se sont chargés par notre éducation et nos habitudes. Vouloir leur donner un sens nouveau, c'est se heurter à ces notions préétablies qui font plus ou moins corps avec notre identité intellectuelle que nous le voulions ou non et à notre insu bien souvent. D'où la nécessité de les remettre toutes sur le chantier.

Ce qui vaut pour tous les schémas habituels avec lesquels nous pensons se renforce encore lorsqu'il s'agit d'idées concernant le domaine religieux. L'idée même qu'on puisse se questionner sur « Dieu » et sur Jésus-Christ apparaît à certains comme dangereuse. Pour certains chrétiens, puisque la foi ouvre sur le mystère, elle devrait se réfugier dans l'irrationnel, ou dans l'obéissance aveugle, ce qui est la même chose. Une telle attitude est assez spontanée. Aucun de nous n'en est peut-être exempt. Il faudra veiller à s'en protéger.

Comment faire face à ces difficultés ? D'abord, se servir de sa raison. Je refuse personnellement d'adhérer aux thèses soutenues par certains qui se disent postmodernes et selon lesquelles les grandes idées avancées par les penseurs du XVIIIe siècle seraient aujourd'hui à rejeter. Deux d'entre elles, il est vrai, sont devenues caduques. À savoir, l'idée que l'homme serait naturellement bon et celle selon laquelle l'évolution naturelle de l'humanité allait la conduire directement vers le bonheur, c'est-à-dire l'idée que le progrès humaniserait l'homme. Mais ce n'est pas parce que les philosophes du XVIIIe siècle appuyaient ces affirmations sur les pouvoirs de la raison humaine que leur échec entraîne le sien. Que la raison ne puisse pas tout éclairer et que ce ne soit pas elle qui, en dernière instance, donne réponse à la question du sens, ne l'invalide pas pour autant. Elle seule au contraire nous garantit que nous ne sombrons pas dans des dérives émotionnelles, individuelles ou de masse, où s'aliénerait notre vraie liberté.

Donc je revendique le droit de formuler les vérités de ma foi dans les cadres de la culture moderne et de ses exigences. Cette approche critique est rationnelle mais non rationaliste ; et inversement la modernité n'est pas un absolu et peut être interrogée par la foi. D'ailleurs, il vient un moment où, au terme de sa quête, la raison doit céder la place au choix qui engage. Elle a pu le préparer ; elle ne le décrète pas. Mais si elle admet un certain dépassement irrationnel d'elle-même, c'est celui qui est au-dessus d'elle et qui donc l'exhausse et non celui qui la nie. Que la raison aille donc au bout de son travail avant de s'incliner devant le mystère.

Il ne faut donc pas craindre de chercher à comprendre intellectuellement la foi. Elle s'appuie certes sur le témoignage d'hommes et de femmes qui ont vécu avec un certain Jésus, le Christ. Puis sur tant d'autres qui depuis ont suivi leur chemin. Au terme, l'acceptation de tout témoignage suppose le pari de la confiance. Mais celle-ci n'a pas à être crédule. Ceux en la parole de qui nous croyons, à commencer par le Nazaréen, étaient eux-mêmes des gens qui tenaient debout. Pas des illuminés.

Cette confiance dans la démarche rationnelle n'enferme pas dans la recherche solitaire. Bien au contraire, elle doit s'enrichir par le travail en commun et s'y confronter ; la raison d'aujourd'hui est dialoguale. Je ne prétends pas présenter ici une pensée achevée. Elle m'habite depuis des années, mais elle demande toujours à totalement s'élaborer. Et quoique je ne puisse pas ne pas avancer, ma recherche demeure hésitante. Aussi, mon vœu est-il d'essayer de penser ensemble avec ceux qui me liront. Je leur propose de chercher eux aussi comment peut s'énoncer « la proposition chrétienne aujourd'hui ».

Au service de la Parole.

Pour ceux d'entre nous qui sont croyants, nous disons que l'Église, j'entends l'ensemble des chrétiens sur la terre, c'est le Christ continué. Elle doit donc, comme lui, être Parole. Mais qu'est-ce qu'une parole qui devient inaudible parce qu'elle ne parle plus la langue de son temps ? Quand nous ne sommes pas entendus, ne cherchons pas les faux-fuyants. Comme de dire que c'est la faute de l'humanité qui est sourde parce qu'elle est pécheresse ou bien encore que l'action de Dieu s'opère malgré tout même si les hommes n'entendent pas l'Évangile. Tout cela peut avoir du vrai, mais, en ce qui nous concerne, ne doit pas servir d'excuse à la paresse ou à la démission. Ce ne sont, au fond, que refus d'entrer dans le vrai risque de la foi. Avec nos questions et nos exigences d'hommes et de femmes du XXIe siècle commençant.

L'ouvrage de Luc Ferry sur lequel je me suis appuyé pour décrire l'esprit laïque se termine par une interpellation adressée aux chrétiens « contraints à reformuler leurs croyances en des termes qui puissent être enfin compatibles avec le principe du rejet des arguments d'autorité [1] ».

Voilà bien le défi qui nous met à pied d'œuvre.

1. Luc FERRY, p. 247.

Première partie

En quête de l'humain

2

Le sens en question

« Nous vivons pour quelque chose
qui va plus loin que la morale ;
si nous pouvions le nommer, quel silence ! »

ALBERT CAMUS.

Par des routes humaines.

Je veux partir par les chemins de la pensée contemporaine. Une pensée qui n'est plus en prise avec la pensée chrétienne. Mais une pensée qui ne peut éviter les questions indéracinables : Qu'est-ce que l'homme ? À quoi bon la vie ? Et où va-t-elle ? C'est à l'intérieur de ce questionnement tâtonnant que le christianisme révèle, peu à peu, à mes yeux, sa propre lumière.

Deux raisons motivent le choix de cet itinéraire. Il est respectueux de tout interlocuteur qu'il soit agnostique, athée ou en recherche. Il est aussi plus honnête car il ne suppose pas que la foi ait éliminé tous les doutes chez les croyants. De plus, partir des questions humaines, c'est reprendre la démarche même de l'Incarnation. Jésus ne s'est pas présenté en s'affichant comme « Dieu ». Il a vécu en homme les questions et les espoirs de son époque. Sa vie, en allant à l'extrême de son humanité, y a apporté concrètement une réponse telle que ceux qui ont emprunté son chemin ont reconnu en lui le Fils de « Dieu ». Ils n'ont pu le faire, et sans doute au terme d'une longue démarche, que parce que, d'abord, ils avaient vu vivre un homme.

Donc, pour l'heure et par règle de méthode, j'évite de définir *a priori* la notion de « Dieu [1] ». Je m'efforce d'entendre d'abord sans elle ce que disent les évangiles chrétiens dans le dialogue avec des interrogations contemporaines.

Au centre de celles-ci, la question du sens puisque c'est en ces termes que notre civilisation aborde la question de la destinée humaine. Partir de là n'est pas faire un détour inutile mais au contraire affronter la foi chrétienne au terrain sur lequel elle doit se situer.

Il n'en a pas toujours été ainsi. La question a longtemps été : pour « sauver son âme », faut-il, ou non, croire en Dieu et obéir à ses commandements et donc appartenir fidèlement à l'institution qui les promeut ? Des interrogations sans portée aujourd'hui pour un très grand nombre de gens qui, pourtant, se demandent bien où va leur vie et comment la mener.

ACTUALITÉ DE LA QUESTION DU SENS

Les sociétés traditionnelles l'ignorent.

Aussi longtemps que des sociétés restent stables, on n'a pas lieu de s'y interroger sur le sens des êtres, des choses, ou des diverses situations de la vie humaine. Les convictions collectives sont fortes et, par le biais des mythes en particulier, elles donnent réponse à toutes les questions qu'elles soient de l'ordre des savoir-faire, des rapports sociaux ou des interrogations sur la destinée humaine. Un sens clair est offert à tous. Il est objectivement donné dans les coutumes, les systèmes

1. On rencontre ici une difficulté de langage importante pour la suite de cet essai : il est évident que, dans les textes qui parlent de Jésus, le terme « Dieu » revient sans cesse. Il sera donc impossible de ne pas l'employer. Mais je le ferai sans préjuger ni de son sens, ni de sa pertinence jusqu'à plus ample informé. Voir ci-après chap. 5, 6 et 7.

d'idées, la sagesse populaire. Ce sens coïncide avec le fonctionnement des rites, tous plus ou moins religieux, qui lui donnent ainsi la stabilité réputée inattaquable du sacré. Le monde vécu au quotidien peut bien apparaître fragile et évanescent. Il prend sens dans la croyance collective en un arrière-monde, supérieur, surnaturel qui le fonde et justifie d'y vivre. Cette possession tranquille du sens de l'univers est un des éléments caractéristiques de toute société traditionnelle ; elle fait corps avec sa définition. Et la pensée chrétienne a servi très longtemps de support idéologique à des sociétés de ce type. On parle alors de « chrétienté ». Peut-elle se maintenir sans changement quand nos sociétés sont devenues, et depuis longtemps, des sociétés évolutives ?

La question apparaît avec la modernité.

Peu à peu le sujet individuel a pris conscience de sa singularité personnelle. Sa place et son rôle dans un ensemble social, devenu du reste de plus en plus diversifié, ne lui suffisent plus. Des contradictions fortes apparaissent dans les idées reçues. Ainsi, par exemple, au XVIe siècle avec Luther, se formulent quatre grandes exigences : l'appel à la conscience individuelle, à la foi personnelle, à la lecture directe de l'Écriture et donc l'affirmation de l'égalité de tous. L'individu se trouve renvoyé à lui-même pour chercher le fondement des certitudes sur lesquelles il peut fonder son existence. Ce sera, un siècle plus tard, la démarche de Descartes.

Parallèlement aux découvertes scientifiques et aux changements techniques et sociaux qui les accompagnent, les affirmations de type dogmatique, c'est-à-dire qui ne font pas appel à un certain contrôle par l'expérience, vont se trouver ébranlées. Bientôt rejetées ou, du moins, soumises à inventaire. Nous sommes au XVIIIe siècle et c'est ce qu'on nomme la philosophie des Lumières.

En Europe, intervient le choc créé par la Révolution française : un ordre, à la fois politique et social, mais aussi culturel et religieux, que l'on croyait immuable est renversé en quelques mois. Il se produit là un ébranlement dont les secousses, les apports neufs et aussi les errements font chuter, du moins pour un temps, la plupart des grands repères traditionnels de l'existence.

Des luttes vont marquer le XIXe siècle entre ceux qui cherchent à restaurer l'ordre ancien et les porteurs de forces neuves, mais qui sont inquiets eux aussi de se donner des repères fermes sur le sens d'une histoire qui avance avec de tels soubresauts. C'est alors le temps où l'on affirme « le sens de l'Histoire ». Après Hegel qui l'idéalise, Marx le ramène à ses bases matérielles. Il théorise l'élan du mouvement ouvrier qui doit s'émanciper des forces conservatrices dont le christianisme officiel est perçu comme solidaire. Le sens n'est donc plus à chercher dans un autre monde, mais dans celui que la révolution apportera directement à l'humanité. Et on rêve aux célèbres « lendemains qui chantent ».

Notre fin du XXe siècle en a déchanté. Les grandes idéologies qui proposaient un sens collectif ont fait long feu. Indépendamment d'elles, d'autres grands rêves se sont écroulés. Celui d'un progrès scientifique et technique indéfini porteur de bonheur a buté, entre autres, sur les guerres modernes, sur la mise en question de l'avenir climatique de la planète, sur la bombe atomique comme sur Tchernobyl, etc. Celui d'un triomphe planétaire du christianisme est appelé à plus d'humilité par les ravages de l'antisémitisme que, pour le moins, il n'a pas su combattre, et aussi par la prise au sérieux du dialogue interreligieux. Parallèlement, la prétendue suprématie du sujet voit ses illusions démasquées par la psychanalyse. Quant au libéralisme, cette idéologie de l'enrichissement capitaliste individualiste comme moteur du bien-être des sociétés qui veut se présenter comme la seule évidence fiable, il se heurte aux drames sociaux et à la montée des solitudes qu'il engendre ; et il commence, lui aussi, a être fortement mis en question. Ne resterait-il donc, quand il s'agit du sens définitif des choses et de la vie, que le « chacun-selon-soi-même ». Mais ce repli du Désir sur un rêve aussi limité et finalement craintif ne se révèle guère porteur d'harmonie et d'espérance dans le monde tourmenté et si peu sûr du lendemain qui est le nôtre et où règne un brouhaha d'options à très courte vue. Soyons lucides ! Nous tous qui pensions détenir une voie toute lumineuse vers le sens, nous sommes obligés aujourd'hui d'être modestes.

Le déplacement des repères.

Le fait du bouleversement des points de repère traditionnels est flagrant. Chacun l'expérimente dans sa vie quotidienne.

Qu'il suffise d'en citer quatre grands domaines : les figures multiples et contradictoires de l'homme, de la femme, et du couple telles que les véhicule notre culture médiatique, la non-transmission de modèles sociaux un peu stables (familiaux, scolaires, monde du travail, etc.), la désaffection des institutions porteuses de revendication donc de sens, les syndicats entre autres, enfin la dérégulation institutionnelle du religieux. Ce domaine, si longtemps globalement stable, est en plein remue-ménage. Même là où il garde sa forme traditionnelle, chacun y prend ce qui lui convient. Et parallèlement s'est ouvert le champ de la « nouvelle religiosité » (depuis les sectes proprement dites jusqu'à tous les groupements de type irrationnels ou ésotériques, en passant par les spiritualités venues d'Orient et, du reste, souvent comprises à contresens).

La situation s'est rapidement modifiée ces trente dernières années. À la fin des années cinquante, pour décrire la situation des chrétiens « *affrontés à la modernité* », on pouvait caractériser celle-ci par la diversité des « *mondes spirituels* » qui s'y concurrençaient. Peter Berger écrivait : « Un monde spirituel est un ensemble de valeurs de portée virtuellement universelle telles qu'elles puissent justifier et nourrir l'engagement d'une conscience et donner sens à une vie. Ces valeurs forment un tout. Elles demandent qu'on se donne à elles. On ne perçoit leur profondeur qu'au prix d'une expérience personnelle qui s'apparente à une démarche de conversion. Il y a un monde spirituel de la science, un monde spirituel de la laïcité, un monde spirituel de la lutte ouvrière, comme il y eut un monde spirituel de la chrétienté, etc. » Et l'auteur poursuivait : « Aujourd'hui coexistent des mondes différents dans la même société se défiant mutuellement. La situation actuelle se caractérise par un marché des visions du monde rivalisant les unes avec les autres [1]. »

Cet aujourd'hui-là n'est déjà plus le nôtre. En moins d'un demi-siècle, le paysage s'est transformé. Aucun de ces mondes spirituels ne peut plus revendiquer une véritable emprise collective. Si ces ensembles fermement structurés ne rivalisent plus, c'est qu'ils se sont tous fissurés. Cela ne signifie pas qu'il n'y ait pas, aujourd'hui, d'authentiques recherches spirituelles hors de la foi chrétienne. À l'évidence, ces démarches existent. Mais elles ne rencontrent pas des « univers spirituels » objectivement constitués auxquels il suffirait d'adhérer pour s'y investir [2].

Ainsi des convictions fortes sur le fondement desquelles ont vécu des générations entières d'hommes et de femmes qui se voulaient de progrès se sont littéralement écroulées, dans les turbulences et les violences de ce siècle. Jean Daniel a décrit ces grands mythes modernes qu'on présentait comme des absolus et auxquels personne ne croit plus [3]. Il en énumère quatre : *le mythe de Prométhée*, mythe de l'homme sans Dieu capable de se créer un monde digne de lui et qui s'est effondré « dans une violence parfois absolue », *l'illusion du progrès* qui, dominant la matière, devait assurer le bonheur matériel de tous et qui a sombré à Hiroshima, *l'illusion de l'égalité* qui voulait donner à chacun les moyens de se réaliser et qui en est à compter les chômeurs, les exclus et les millions de morts d'Afrique ou d'ailleurs ; enfin, ces *« grands récits divinisés »* qui mettaient le salut qui dans l'avancée de l'histoire, qui dans l'appel à la race, qui dans le soulèvement des peuples… Tous ont fait faillite. Qui plus est, dans le sang et les larmes.

Dans cette situation, l'homme est réduit à son propre jugement. Nous sommes démunis. Nous ne possédons plus ni pratiques, ni certitudes allant de soi. Nous nous fions de plus en

1. Peter BERGER, « Affrontés à la modernité », cité dans *André Fabre, laboureur de l'unité*, Angers, Siraudeau, 1984, p. 67-68.

2. Il y a bien les « nouvelles spiritualités », type New Age. Mais elles demeurent très marginales, loin de constituer un « monde spirituel » socialement repérable.

3. Jean DANIEL, *Dieu est-il fanatique ?*, Paris, Alésia, 1996.

plus au vécu, à l'expérience personnelle pour déterminer, ici et maintenant, ce qui vaut la peine d'être entrepris. Face à cela, aucune institution, parlant à partir de sa propre autorité, ne peut se prévaloir d'offrir « un code global de sens ». L'homme a perdu l'illusion de voir l'homme se délivrer lui-même. L'homme moderne veut légitimement penser par soi. Avait-il mesuré où cela le conduirait ? Pendant deux siècles, il a très souvent cru ne suivre que sa propre pensée enfin libérée de l'irrationnel alors qu'en fait il s'accrochait toujours plus ou moins à des mythes. Quoi qu'il en soit, l'histoire l'a pris au mot. Et nous voilà seuls devant la conduite de la vie.

Et nos sociétés vont ainsi. Vivant à la petite semaine. Fuyant les questions essentielles parce que, globalement, du moins, elles ne savent plus sur quelle perspective se fonder. Ou plutôt, si l'on en croit Jacques Attali : « Nos sociétés sont de plus en plus fondées sur l'éphémère, privilégiant le court terme et l'immédiat, laissant l'homme devant un vide total face à la seule question qui le concerne : qu'est-ce qui arrive après la mort ? Nos sociétés n'apportent à cette question qu'une seule réponse : la distraction. Qu'est-ce que la télévision ? C'est une distraction pour permettre aux hommes de ne pas penser à la seule question qui les concerne : l'éternité [1]. »

Peut-être sommes-nous en face d'un vide prodigieux. C'est le théologien Maurice Bellet qui pose cette question : « Il me semble, écrit-il, qu'il y a un vide prodigieux. Juste à l'endroit où se trouvaient les révolutions. Où elles prétendaient se trouver : en ce grand lieu du grand espoir d'un changement du monde. [...] Il y a un trou, un manque, une absence. Pas question de rééditer la révolution d'hier. Alors quoi ? Et il conclut : Les premiers qui auront trouvé la réponse auront, je crois bien, gagné la guerre [2]. »

La pensée chrétienne doit relever ce défi. C'est son véritable enjeu. Hors de cette entreprise, tout ce qu'elle affirme

---

1. J. Attali cité par B. Lerivray dans *Actualités-Notre temps*, 1, rue du Père Lebret, Rennes, décembre 1996.

2. Maurice Bellet, « À la recherche de la révolution perdue » dans *Témoignage chrétien*, n° 2724 du 20 septembre 1996.

n'aurait aucun sens. Mais deux prises de conscience préalables sont nécessaires.

D'abord reconnaître la désuétude de toute une part du discours au nom duquel l'Église a pu garantir la solidité du monde spirituel de « feu la Chrétienté ». Celui-ci s'est lézardé comme tous les autres. Et s'il paraît encore tenir debout, c'est que « La peinture tient les murs », selon le mot d'un éminent religieux, voilà déjà une quinzaine d'années [1]. Ensuite il est tout aussi nécessaire de porter sur la situation un regard positif. Positif d'admettre que ce que nous venons rapidement de décrire, le déclin des valeurs, le déplacement des repères, les crises et les clivages qui s'ensuivent, tant dans la société que dans l'Église, ait fait retomber l'homme sur lui-même. Positif d'être acculé à puiser dans sa propre vie le sens et la direction de l'existence.

Nous devrons être attentifs à ces deux conditions. Mais ne s'éclairent-elles pas si on se souvient que la pensée chrétienne trouve son sens non pas dans une théorie ou une organisation, mais justement dans l'histoire d'un homme que la fidélité au sens de son existence a mené très loin ? Si nous nous voulons à son école, l'idée de devoir, chacun, aller au bout de soi-même ne devrait pas faire peur.

Pour une entrée honnête dans la question du sens.

On reproche couramment aux chrétiens d'affirmer posséder des réponses qui les dispenseraient de se poser des questions. Quand elle existe, cette attitude est celle de toutes les crédulités, entendons celle de la pensée qui ne s'est pas soumise à l'épreuve du doute, et elle constitue une tentation forte pour qui adhère à un système religieux. Parce qu'il fait appel au mystère, celui-ci, croit-on, pourrait être reçu les yeux fermés. La confiance qu'il implique en un salut de l'existence se traduirait en certitudes inattaquables, véritables forteresses évitant au croyant de se laisser entamer par tout l'inconnu,

1. Jean MOUSSÉ, s. j., « La peinture tient les murs », texte polycopié inédit.

l'inquiétant, l'absurde ou le dérisoire de la vie présente. Inutile alors de s'interroger sur le sens. Mais du même coup, la foi qu'on prétendrait servir serait disqualifiée puisque incapable de rejoindre l'homme de ce temps sur le terrain où, lui, il cherche à s'orienter.

À qui veut éviter ce reproche, des conditions s'imposent pour aborder honnêtement la question du sens de la vie.

Au premier chef, « Ne pas se dérober à l'implacable grandeur de cette vie ». C'est une formule d'Albert Camus. L'homme qui place son espérance en une autre vie ne court-il pas le risque de cette fuite ? Et spécialement d'accepter avec résignation, au nom d'un bien futur, les misères et les injustices présentes au lieu de se révolter et de lutter contre elles. Au risque aussi de ne s'inquiéter que de son « salut » individuel quand Camus demandait d'« affirmer la justice pour lutter contre l'injustice éternelle, de créer du bonheur pour lutter contre l'universel malheur ».

Refusant cette fuite, notre réflexion doit garder sans cesse en perspective quatre constantes. D'abord ne pas biaiser avec l'expérience du mal. Elle ne date pas d'aujourd'hui, mais notre siècle a su lui donner une ampleur sans doute inconnue jusqu'alors. Tant dans les atrocités déjà réalisées que comme menace pesant sur le futur. Donc accueillir lucidement l'angoisse. Non seulement celle qui naît des difficultés concrètes et des drames que, plus ou moins, chacun rencontre. Mais plus fondamentalement, il s'agit de l'angoisse même d'exister, cette interrogation radicale sur le fait d'être là dans la vie sans justification et d'avoir à inventer sa vie par des choix, tous irréversibles dès que posés, et que cependant rien ne légitime *a priori*. En conséquence, assumer l'obligation de prendre ses responsabilités, d'être acteur, sans pouvoir recourir à un mode d'emploi de la vie qui puisse être standard. Le « tu dois » de l'exigence éthique interdit de se contenter de se laisser porter par le courant, sans que pour ce faire nous disposions, pour autant, d'un catéchisme qui nous éviterait d'avoir à choisir. Enfin, reconnaître que cette vie est mortelle. Donc la mienne aussi. Et la mort est une vraie mort. Trop souvent l'affirmation religieuse fait comme s'il ne s'agissait que d'un mauvais moment à passer [1]. Nous ne serions pas fidèles à la culture désacralisée dans laquelle nous baignons si nous n'assumions pas le fait de notre mortalité. À vrai dire, nier que la mort soit une vraie mort, c'est tout aussi bien nier que Jésus ait vraiment *« donné »* sa vie (ce qui reviendrait, nous le verrons, à rendre impossible de comprendre qu'il puisse être « Dieu », la finitude humaine pleinement assumée étant le seul lieu de sa révélation). En d'autres termes, la résurrection à laquelle nous pouvons croire ne se confond pas avec une quelconque immortalité.

Sur ces bases, le sens apparaît comme un réalité à faire advenir. Le chercher, c'est faire face au mal dans *« l'implacable grandeur de cette vie »*. Il ne suffit pas d'affirmer qu'elle peut avoir du sens. La question devient : comment l'y chercher ? Et d'abord, ce sens est-il à lire ? Avons-nous seulement à le décrypter comme s'il était d'avance inscrit quelque part ? Avec tous les risques d'arrangements idéologiques que comporte une telle « lecture ». (Qu'on explique tout le mal soit par la méchanceté de l'homme pécheur, soit par la lutte des classes, soit par les entraves à la liberté du marché, soit par l'absence d'un vrai Führer, etc.) Ou bien ce sens est-il à construire ? Mieux peut-être, à faire émerger par des actes eux-mêmes engagés dans un certaine direction, celle d'une valeur jugée supérieure à sa propre vie mortelle ? Il s'agira donc d'un sens à venir. La vérité d'un monde bon au-delà du mal traversé se dessinerait alors à travers les gestes de l'espérance : écrire dans le présent, là où nous enracine notre action, quelque chose, si peu que ce soit, qui ressemble à ce qu'on croit devoir être. Faire exister un bout de monde, tout petit peut-être, mais moins insensé. Et si on entendait parler d'un être humain dont chacun des gestes aurait incarné une telle espérance, quelqu'un qui aurait sans cesse relevé le défi du mal, physique ou moral, sans jamais se laisser vaincre par lui (« Père, pardonne-leur, ils ne savent pas ce qu'ils font [2] ») alors peut-être

1. On songe à cette réflexion d'un enfant au catéchisme qui, à la question : « Qu'a dit Jésus à l'homme qui était crucifié avec lui ? », aurait répondu : « T'inquiète pas ! Dans trois jours on en sort ! »

2. Lc 23, 34.

comprendrait-on que le sens existe. Peut-être même verrait-on comment il se réalise. Il faudra y revenir en regardant vivre un certain Jésus.

Une seconde condition sera de se refuser à toute conception mythique de l'univers. Engager sa vie sur un au-delà de la vie ne doit pas nous faire verser dans la chimère. L'au-delà du monde n'est pas étranger à celui-ci. Il nous est assez habituel, si nous n'y prenons garde d'imaginer un « arrière-monde » nous qui parlons d'un « autre monde ». Tout un univers de pensée qui a prévalu pendant des siècles marque nos conceptions, ne serait-ce que la notion de ciel comme s'il s'agissait d'un lieu habité. Et nombre des textes en usage, dans la liturgie par exemple, emploient un vocabulaire qui repose sur de telles convictions. La civilisation occidentale a vécu sur le vieil héritage de la philosophie grecque pour laquelle les vraies réalités existaient hors de ce monde. Éternelles, immuables, absolues. Au ciel des Idées, selon le vocabulaire de Platon. Notre théologie pensée dans ce contexte culturel a sacralisé cette vision des choses. Elle ne faisait ainsi que reprendre les images les plus primitives – et sans doute constantes – de l'imaginaire humain. Mais, sans nier l'usage poétique qui puisse toujours en être fait, la pensée moderne scientifique ne peut plus concevoir l'existence d'un tel lieu. Ce qui, à l'inverse, ne discrédite pas ce qu'on s'efforçait de dire par ces images. À condition de ne pas les prendre pour des réalités. Non ! Il y a un monde. Un seul. Si vaste ou infini soit-il. C'est celui que nous habitons. Et qui va changeant avec le temps qui passe. Cela ne signifie pas que la réalité du monde s'épuise dans ce qui ainsi passe et meurt. Car justement chaque homme qui passe y inscrit du sens qui, lui, ne s'épuise pas dans l'éphémère. Mais de cela, il nous faudra reparler.

Le refus de nous appuyer sur une pensée de type mythique débouche immédiatement sur une mise en garde quant à toutes idées préconçues que l'on peut se faire de « Dieu ». Elles peuvent dénaturer ce que l'Évangile dit de ce « Dieu » particulier que Jésus appelait « son père [1] ». Aussi, pour l'heure, il est

1. Voir ci-après chap. 5.

donc sage de mettre entre parenthèses nos savoirs tout faits sur « Dieu ». C'est pour me rappeler cette précaution que j'écris « Dieu » avec des guillemets. Jusqu'à nouvel ordre du moins.

En effet, troisième condition pour aborder honnêtement la question du sens, la foi n'exclut pas le doute.

On confond très souvent la foi avec la certitude. On opposerait volontiers le croyant qui serait censé tout savoir sur les questions essentielles de l'existence à l'incroyant qui, à leur sujet, serait dans l'ignorance ou dans l'erreur. Mais cette opposition n'existe pas. Témoin ce propos d'un théologien célèbre puisqu'il est cardinal et préfet de la Congrégation pour la doctrine de la foi, J. Ratzinger : « Le croyant ne peut exercer sa foi que sur l'océan du néant, de la tentation et du doute. [...] Cet océan de l'incertitude est le seul endroit où il puisse l'exercer [1]. » Ainsi le cardinal affirme que le chrétien n'est pas dans une situation tellement différente de l'incroyant, les deux se heurtant aux mêmes obstacles : le doute lancinant, jamais vaincu, puisque le sens de nos destinées reste mystérieux quoi qu'on en dise.

Le croyant doit donc faire l'expérience – l'épreuve, diront certains – de la critique. La foi ne se confond pas avec la croyance au sens où celle-ci est adhésion à des certitudes préétablies. Si la foi veut « prendre le risque de la vérité », elle doit passer par la critique. J'entends la critique des savoirs qui l'accompagnent. Car la foi n'est pas d'abord un système de savoirs. La foi est confiance. Certes, parce qu'elle implique une idée de « Dieu » et de l'homme, cette confiance se traduit dans une certaine vision du monde à laquelle elle s'efforce de donner une forme cohérente. Cela à chaque époque et relativement à la culture du moment ou du pays. Le risque est grand de prendre ensuite cette présentation des choses comme constituant des « vérités de foi » qu'il suffirait d'admettre sans avoir à les réfléchir pour se dire croyant.

Se poser aujourd'hui la question du sens de l'existence humaine, du monde et de son histoire, telle que se la pose l'homme occidental, suppose de se reconnaître au coude à

---

1. J. RATZINGER, cité par J.-F. SIX dans *L'incroyance et la foi ne sont pas ce qu'on croit*, Paris, Éd. du Centurion, 1979, p. 143-144.

coude avec lui sur « l'océan d'incertitude » face au mal et à la mort sans le recours aux illusions mythologiques. Cela revient très simplement à faire la vérité avec soi-même. Alors, dans le concert des voix diverses proposant des chemins de sens, la proposition chrétienne selon laquelle il est une Parole à laquelle on peut faire confiance pour marcher sur les eaux de cet océan peut trouver sa place. Toutefois, pour l'entendre dans toutes ses harmoniques, il peut être nécessaire de rappeler l'amplitude et les implications de l'enjeu.

LA NOTION DE SENS

Qu'y a-t-il dans nos esprits quand nous évoquons la question du sens de la vie et les réponses que les uns et les autres y apportent ? Quelle idée nous vient-elle quand nous parlons de « sens » ? Trop souvent, me semble-t-il, ce mot nous fait penser à une construction intellectuelle, la possession d'une vaste théorie de nature philosophique, mystique ou théologique, bref à un système d'idées grâce auxquelles nous y verrions clair dans la complexité du monde et de nous-mêmes. Dans ce cas, l'approche du sens serait déductive. Ce qui revient à en réduire la notion à l'une de ses dimensions – la « signification » – alors qu'elle en comporte deux autres : « l'orientation » et « la sensation ». On ne comprend bien la question du sens que si on articule ces trois dimensions les unes aux autres et dans un ordre précis. S'ouvre alors une approche réflexive, une démarche qui prend appui sur le réel immédiat et ce qu'il symbolise.

Les trois sens du mot « sens ».

Dire « sens », c'est d'abord dire « sentir », « ressentir ». Ce qui signifie éprouver le réel en fonction de soi. Sont en jeu les différentes sensibilités. Les cinq sens – l'odorat, le goût, le toucher, l'ouïe et la vue – et les quelques autres sens dont dispose l'être humain. Mais on note aussitôt qu'il n'en a pas le privilège. La capacité de sentir est propre à tous les animaux.

(On discute même aujourd'hui de ce qu'il en est pour les végétaux.) Dire sens, c'est donc d'abord se situer, s'enraciner aimerait-on dire, dans les besoins physiologiques d'un être vivant. On a pu parler de la sensation comme « guide de vie ». En règle assez générale, notre sensibilité nous signale ce qui correspond à notre bien-être ou à notre malaise. Avec de notables exceptions il est vrai : on sait combien de maladies restent « muettes » très longtemps. La sensation ne joue ici son rôle d'avertisseur que lorsqu'il est souvent trop tard. Il n'empêche que la signification la plus primitive, la plus large et la plus radicale du mot « sens » désigne la rencontre d'un vivant avec son environnement dans lequel il doit se maintenir en vie, se promouvoir, se défendre et se reproduire. Le sens vécu dépend donc de l'implication charnelle que nous engageons dans la situation où nous sommes [1]. Ainsi, pour prendre des exemples simples, la montagne n'a pas le même sens si je la contemple de loin ou si j'entreprends de la gravir ; le mal du monde n'a pas le même sens, vu de mon fauteuil devant la télévision ou affronté de face à la misère d'un drogué, d'un sans-abri, ou d'un enfant mal-aimé.

Si mon existence doit avoir du sens, celui-ci doit contenir tout ce que ma force de vie m'a fait chercher, aimer et épouser ma vie durant : les paysages où j'ai vécu, la profession que j'ai exercée, les musiques qui m'ont bercé, les rencontres, les amitiés, les amours... Tout l'inédit de chaque instant.

Donc on ne fera un bon usage du terme « sens » que si on se souvient qu'il connote d'abord la lutte pour la vie d'un être singulier. Et qu'ainsi celui-ci est indissociable du monde face auquel il s'est d'abord trouvé et auquel il a donné forme, si petite que puisse paraître sa marque au regard des espaces et des siècles.

De là découle la deuxième signification du mot. Lorsque dire « sens » désigne une direction. Autrement dit, une orientation de l'action que l'on mène. Laquelle nous situe nécessairement dans un schéma spatio-temporel. Comment me déplacer dans l'espace ? Et selon quelle durée ? Par exemple, « dans

1. « On n'entre dans le sens que par les sens » (Régine de Chorlat, philosophe, conférence à Coutances, le 20 octobre 1999).

quel sens faut-il avancer ? ». Il est ainsi des sens obligatoires et des sens interdits. On dira encore : quel sens donnes-tu à ce que tu fais ? c'est-à-dire : où veux-tu en venir ? Le sens correspond alors à ce qu'on vise, au but qu'on désire atteindre. Mais là encore nous ne sommes pas à un niveau réservé à l'homme. Les animaux supérieurs, pour le moins, ont clairement une certaine perception de la direction de leur action. Témoin le fauve capable de faire un détour pour être sous le vent de la proie qu'il convoite. Il ne s'agit pas d'un simple réflexe ; mais bien de la saisie d'une orientation et donc de la capacité de s'organiser dans un territoire de vie et de supporter un délai. On s'aperçoit ainsi que le terme « orientation » a deux significations. Certes, il désigne bien le sens de mes actes, la direction que prend mon action. (Dire le sens de ma vie, c'est dire les objectifs que je me donne, l'horizon sur lequel j'inscris ma liberté.) Mais on pense aussi aux cartes d'orientation. Le mot désigne dans ce cas un système de repérage pour se situer dans l'espace et dans le temps. Or, bien au-delà des cartes de géographie, nous nous efforçons de disposer de guides pour nous situer dans le monde des humains. Tous ces savoirs par lesquels nous orientons nos choix.

C'est ici qu'intervient la troisième dimension du terme « sens » : lorsqu'il désigne « la signification ». Quand il répond à la question : qu'est-ce que cela veut dire ?

Nous sommes, cette fois, à un niveau propre à la conscience humaine. Chercher la signification, c'est, chacun le sait, chercher à comprendre. Face au réel où il se trouve plongé, l'esprit humain se comporte comme si le réel lui-même posait une interpellation. À l'évidence une énigme est à déchiffrer. Depuis que, sur cette planète, il y a un vivant qui pense, il cherche à la lever. Cette quête incessante produit les cultures, ces vastes outils qui en viennent à faire corps avec les hommes eux-mêmes et par lesquels nous tentons de dominer les situations, de les comprendre, de les modifier ou, à tout le moins, d'y vivre intelligemment.

S'interroger ainsi sur le sens – des mots, des choses, des situations, d'un sourire, d'un cri, d'un silence ou de la vie – revient à considérer le réel comme un vaste langage. Luc Ferry remarque justement que la formule banale « Qu'est-ce que ce mot *veut* dire ? » qu'on emploie spontanément au lieu de se contenter de demander : « qu'est-ce que *dit* ce mot ? », montre que la question du sens renvoie toujours à l'idée qu'une intention est en jeu. Il écrit : « On peut poser l'axiome suivant : n'a pas ou ne fait pas sens tout ce qui n'est pas l'effet d'une volonté, fut-elle inconsciente comme dans un lapsus, tout ce qui n'est pas en quelque façon manifestation d'une subjectivité. [...] Le sens n'existe que dans une relation de personne à personne, que dans le lien qui unit deux volontés, qu'elles soient pensées, ou non, comme purement humaines [1]. »

Sens ou non-sens ?

Du coup, nous sommes devant la question radicale : le monde (« la nature, ce temple où de vivants piliers laissent parfois sortir de confuses paroles [2] ») a-t-il, ou non, du sens puisque nous nous y heurtons à de l'incompréhensible, à ce qui nous paraît absurde même si existent bien des plages de lumière ?

L'esprit humain fonctionne sur l'*a priori* que, malgré le caractère passager et mortel de notre expérience du monde, les événements doivent avoir du sens ; l'*a priori* donc qu'ils tendent vers quelque chose et que ma vie rejoignant ce mouvement dans lequel elle est inscrite doit pouvoir s'épanouir. Ainsi nous retrouvons les trois significations du mot sens. Elles se lient parfaitement les unes aux autres. Ou du moins elles devraient se lier. Car pour admettre qu'une telle harmonie soit possible, encore faudrait-il que je puisse croire que l'aventure humaine ouvre bien sur un sens définitif. On prend alors parti pour le *Sens ou le non-Sens ?*

Curieusement, face à cet enjeu, les grandes réponses philosophiques se caractérisent en privilégiant chacune une des significations du mot sens.

---

1. L. Ferry, *L'Homme-Dieu, ou le sens de la vie*, p. 34-35.
2. Ch. Baudelaire, « Les correspondances », dans *Les Fleurs du mal*, Paris, Club des libraires de France, 1959, p. 38.

– Les réponses strictement matérialistes misent sur l'expérience sensible du monde et, en définitive, y limitent les capacités de l'homme. On les dit aujourd'hui « anti-humanistes » dans la mesure où, à l'aide des sciences humaines, elles pensent pouvoir réduire l'homme aux conditions psychiques, sociales, ou historiques dans lesquelles il vit. L'homme est vu comme un tissu fort complexe d'influences qu'il est apte à « ressentir ». À comprendre aussi et à maîtriser, au moins partiellement. Mais en dernier ressort, elles ont raison de lui. Il n'en était, au fond, que le jouet « insignifiant ».

– Les réponses axées sur « le sens de l'histoire » assument l'idée qu'il y a bien une direction à l'aventure du monde ; mais celle-ci se fait en utilisant et en manipulant les passions des individus dont l'existence n'a pas d'autre sens que d'être un rouage dans cette avancée de l'histoire. Seulement, l'espoir des lendemains qui chantent peut-il suffire à justifier que les existences individuelles disparaissent dans l'anonymat de l'histoire qui avance ?

– Les réponses humanistes sont celles pour lesquelles l'homme, pour vivre pleinement, est appelé à comprendre l'univers et la place singulière qu'il y tient. Mais ici se pose la question : Le monde et donc aussi ma propre existence ont-ils un sens définitif ?

Une option s'impose. Car il n'y a que deux issues : Ou bien décider que c'est l'absurde qui l'emporte. Pourquoi ? Parce que notre besoin de sens se heurte au non-sens. Donc, puisque je n'arrive pas à tout comprendre et que je dois vivre dans le mal et le malheur, j'en conclus que tout cela ne peut pas avoir un sens admissible. « L'absurde naît de la confrontation de l'appel humain et du silence déraisonnable du monde », disait Camus. Ou bien, au contraire, choisir de rechercher le sens, c'est-à-dire parier sur ce que j'expérimente de solide dans mon expérience de l'être et de la vie. Dans ce cas, je veux croire que l'esprit n'est pas vain. Ainsi affirmé, il ne se ferme à rien ; il peut s'engager dans un dialogue large avec tout ce qui pense, y compris donc avec les sagesses et les traditions religieuses, et sans récuser *a priori* la possibilité d'une révélation dont il saura jauger les critères.

Aucune de ces deux positions, choix de l'absurde ou pari

sur l'être, ne s'appuie en dernier ressort sur un fait avéré et scientifiquement constatable. Chacune de ces options est le fruit d'une interprétation de ce que nous vivons et connaissons. Un engagement personnel est donc en cause. Et c'est lui qui, en dernier ressort, est déterminant.

Si on choisit d'affirmer que l'univers et l'histoire ont, en définitive, du sens, un nouveau choix s'impose : il faut répondre à la question : où situe-t-on le sens ? Imagine-t-on qu'il est préécrit ? Et on le situera alors soit dans la nature à laquelle il suffirait de se soumettre, soit dans l'ordre social ou économique fonctionnant de lui-même pour créer un monde harmonieux. Ou bien pense-t-on que le sens est à faire advenir ? À l'intérieur des données concrètes certes car on n'échappe pas au réel, mais aussi contre les données et contre l'enfermement qu'elles provoquent. Aucun être qui réfléchit n'échappe, en pratique du moins, à la nécessité de ce choix.

Le paradoxe du sens vécu.

Cette rapide analyse nous met en présence du mystère de la vie humaine, ce qu'on peut nommer le paradoxe du sens vécu.

Nous vivons dans des situations dont le sens n'est plus posé d'avance. Il n'y a plus de solutions toutes faites, et prêtes à servir, pour répondre aux choix multiples qu'impose notre vie (professionnelle, amicale, amoureuse, familiale, morale et aussi bien religieuse). Pour le grand nombre d'entre nous en tout cas. Chacun s'aperçoit qu'il a charge de découvrir du sens à ce qu'il vit ou même de donner du sens à des situations où celui-ci est souvent loin d'être apparent.

Or quand on s'interroge sur le rapport du sens avec la réalité concrète telle que nous la vivons, une contradiction se fait jour. D'une part le sens est toujours vécu de manière corporelle. Donner du sens à une situation, c'est s'engager dans des actes, réaliser matériellement quelque chose. Pensons, par exemple, à la célébration de l'anniversaire de quelqu'un qu'on aime. Aussi bien les préparatifs que le déroulement même de la cérémonie, rien n'est négligeable de ce qui va être fait pour que le sens de l'amour ou de l'amitié se révèle bien. Ce qui donne sens, ce sont les gestes, les paroles échangées, les attitudes, les choses faites ensemble, que sais-je. Bref tout ce par quoi les sentiments prennent corps. Il est donc clair que le sens n'est pas d'abord de l'ordre d'un savoir intellectuel, mais qu'il relève d'une expérience vécue. Et cette expérience se déroule dans le temps. C'est même elle qui donne du goût à ces moments vécus ensemble. À l'inverse, si elle n'épousait pas une certaine durée, le sens serait décharné. En fait inexistant. Le sens fait donc corps avec le déroulement quotidien de ma vie. Pour être, il doit être incarné. Sans l'engagement de mon corps rien ne prend sens dans ma vie quotidienne.

Mais que reste-il quand tout s'efface ? Tous ces moments vécus, quelle que soit leur intensité, s'effondrent dans l'impermanence de toute chose matérielle. Tout passe. Il n'est pas de si douce assemblée qui ne se quitte, dit la sagesse populaire. Que reste-t-il alors ? Le souvenir, dira-t-on. Certes ! mais il faut préciser. À travers ces images de nos mémoires, images certes empruntées aux événements réels, mais images toujours reconstruites, *ce que nous conservons, c'est le sens de ce qui a été vécu*. Aucun souvenir n'est neutre. S'il a un intérêt, c'est qu'il nous parle et nous fait signe soit comme un soutien, une lumière pour le présent que nous avons à vivre, soit comme un obstacle barrant plus ou moins notre élan vital. La psychanalyse en fournit une preuve forte. La névrose n'est-elle pas souvent aussi l'action paralysante sur notre vie d'aujourd'hui d'événements mal vécus dans l'enfance et dont le sens ressenti comme négatif vient déteindre sur nos relations dans le présent.

Voilà bien le paradoxe de la réalité telle que nous la vivons : toute la matérialité de nos situations et de nos actes s'évanouit sans cesse. Il faut nous rendre à l'évidence : le temps qui passe n'est, en toute chose, que succession de changements. Tout meurt sans cesse. Seul demeure le sens. Il est donc la part solide de la réalité. En tout cas, ce qui lui donne son prix. C'est que *le sens témoigne de la capacité de l'esprit à dominer le temps*. Ce qui suppose que, tout en étant baigné dans le temps qui passe, il se situe hors de lui. En « ce point hors du temps sans lequel il n'y aurait pas de temps [1] ». Ce qui en philosophie se nomme l'éternité.

Ainsi, la capacité de poser ou de saisir du sens qui est l'acte même de l'esprit relève en nous de notre participation à l'éternité. L'apport de la psychanalyse est à nouveau éclairant. Si le névrosé est enfermé dans un sens figé du temps de son enfance, c'est que justement l'esprit se trouve comme bloqué dans un moment de son passé. Le névrosé « éternise » si l'on peut dire un événement d'autrefois dans lequel il a eu l'impression d'être nié. Mais il s'agit là d'un ersatz d'éternité. Le névrosé est dans le non-temps et incapable de vivre le temps de l'histoire. Alors que l'équilibre de nos vies demande d'épouser le temps en y inscrivant par nos actes un sens qui témoigne de notre présence singulière dans ce monde, mais un sens qui se veut toujours ouvert car nous ne nous confondons pas avec ce temps qui passe, qui nous use et que cependant, quelque part, nous dominons. L'action s'efface dans le déroulement du temps ; son sens relève de l'éternel.

CONSÉQUENCES PRATIQUES

Le sens n'est jamais abstrait.

Ce qui l'engage ce sont toujours des relations humaines. Avant toute prise de conscience explicite, le fait primordial qui pose du sens et qui en même temps l'exige, c'est le regard, ce lieu où je me perçois, ou non, comme reconnu. Cela vaut, nous le savons bien, dès les premiers moments d'éveil pour le nourrisson. Martin Buber enseigne que « la relation entre le Je qui s'adresse à un Tu et le Tu qui en appelle à Moi est la structure initiale du sens [2] ». Et cela se joue avant toute parole.

Il suffit de regarder notre vie quotidienne pour s'en rendre compte : vivre le sens, c'est toujours aller vers quelqu'un (ou

1. La formule est de Léon BRUNSCHVICG.

2. Cité dans LEVINAS, *Altérité et transcendance*, Saint-Clément de Rivière, Fata Morgana, p. 105.

quelques-uns, le nombre n'est pas ici en jeu). Ceux qui ont vécu l'expérience du deuil le savent bien. Un être aimé qui meurt, voilà le sens qui vacille. On s'aperçoit alors qu'une multitude des actes simples qui tissent notre quotidien étaient comme aimantés par l'équilibre que nous donnait cette relation. Ils risquent de nous paraître subitement insignifiants. Pour que ce que nous vivons ait sens, il faut que nous soyons reconnus à travers nos actes, qu'ils soient signifiants pour quelqu'un ou pour la société. L'expérience du chômage et de la perte du sens qu'il entraîne trop souvent l'illustre bien. À l'inverse, on sait combien le fait d'une authentique solidarité, celle dans laquelle on fait en définitive l'expérience d'être aimé et d'aimer, tient une place considérable dans l'expérience du sens. On n'oubliera pas la part que prend alors, dans cette expérience, la lutte pour la reconnaissance de sa propre dignité – ou de celle des autres – ni donc le risque pris du don de soi que cela suppose. C'est bien le rapport à l'autre homme, au prochain, qui est le lieu du sens.

Mon corps dit mes choix.

Un sens qui va se lire au premier chef dans les postures du corps. Autrement dit, nous exerçons notre responsabilité sur le sens par l'allure de notre corps (et par l'usage que nous faisons des biens qui lui sont associés). Humains, nous sommes des esprits incarnés. Donc créateurs de sens. Un sens qui se révèle par notre incarnation, notre façon d'être au monde. Chaque geste, décision ou attitude est un effort par lequel nous cherchons à nous signifier aux autres et donc à dire, consciemment ou inconsciemment, le sens profond du monde et de la vie pour lequel nous optons. À condition de ne pas déraciner le mot sens de sa base corporelle, les trois niveaux du sens peuvent ne faire qu'un : ce que nous comprenons de notre destinée et la direction dans laquelle notre vie s'oriente se manifeste en s'incarnant dans la manière dont notre corps se situe et avance quotidiennement dans le monde et parmi les autres. Manifestation plus ou moins claire et harmonieuse en fonction de notre unité intérieure. En tout cas, dans chacune de nos conduites, ceux que nous croisons peuvent lire quelque chose de ce que nous croyons, de notre choix sur le sens. Et chacun alors peut décrypter, plus ou moins à tâtons, des bouts d'itinéraire de vie dans le comportements des autres.

La rencontre comme chemin de sens.

L'erreur serait, en effet, d'objectiver le sens comme s'il était une donnée préétablie. Le sens est toujours de l'ordre d'une révélation. Il est au croisement d'une conscience en recherche avec une donnée qui va par là même devenir signifiante. Par exemple, il est évident que le sens d'un texte naît de la rencontre. La donnée objective de la page reste insignifiante si ne vient la croiser, l'enrichir, mais aussi être qualifiée par elle, la conscience d'un lecteur jusqu'alors totalement démunie de ce que lui apporte la rencontre qu'elle fait jaillir. Il faut ce croisement entre une attente, une recherche de sens, et la présence de quelque chose d'inconnu mais que l'on croit déchiffrable pour que le sens jaillisse. Il en est de même pour toute vraie rencontre humaine. Qu'on songe, par exemple, à la nécessité du dialogue pour que ce qu'on vit prenne sens. Pouvoir dire ce qu'on ressent et que ce soit entendu. Ce qui nous oblige à relier sens et échange. Donc parole.

Seule une parole d'amour peut fonder le sens de l'existence humaine.

La grande question humaine, c'est : « À qui faire confiance ? » Autrement dit, sur quoi s'appuyer pour vivre ? Sur quoi s'appuyer qui nous justifie d'exister ? Sur quoi, sinon sur une parole d'amour ?

On pourrait évoquer toutes les forces, richesses ou puissances matérielles. Depuis la santé du corps, l'argent, la situation, la culture, tout ce qui fait le bien-être. Mais le sens dépendra du regard porté sur ces biens. Qui voudra se contenter de s'y reposer comme s'ils étaient stables ne peut être que perdant. Car le temps est là ; et tout passe. Soumise à sa fugacité et donc à l'évanescence du bonheur, l'existence devra-t-elle admettre qu'il n'est rien qui la justifie ? Qu'aucune sécurité véritable ne peut lui être proposée ?

Pour sortir de cette insignifiance, il est nécessaire de changer de point de vue. Au lieu de s'appuyer sur des « biens », l'autre voie est de faire confiance aux humains. Donc à la « parole ». On ne devient soi-même que dans l'univers de la parole. Bienveillante.

Prendre appui sur une parole, c'est se fonder sur la confiance. À preuve, le plus quotidien des amours, le plus banal ne trouve sa solidité que par la parole donnée et échangée. Là s'enracine au plus profond le sens de nos actes. Mais ce choix est lui aussi paradoxal : il revient à prendre la confiance pour base de la confiance que nous cherchons. Croire à la confiance qu'on me fait pour moi-même avoir confiance. Il en découle certes tous les risques de mensonge, de falsification ou de malentendus. Mais seule la parole donne vraiment. Et peut être reçue. C'est-à-dire crue. Elle seule tisse le lien sur lequel se déploient toutes les réelles adhésions humaines. Le monde humain est – devrait être – un monde de confiance. Donc de parole. À condition que, pour n'être pas verbiage, cette parole se fasse chair.

Croire à l'amour qui me parle ne se limite pas en effet aux mots qu'on me dit. On n'aime pas « seulement de lèvres et de mots, mais en actes et en vérité [1] ». Poser la question en terme de sens peut seul nous éviter de tomber dans ce dualisme. La question devient alors : que signifient mes actes s'ils veulent être vrais ? À eux d'être parlants. Réciproquement, quels gestes donneront corps à mes mots ? Et la rencontre d'amour, cet au-delà de nos solitudes individuelles – un au-delà qui paraît inaccessible et cependant déjà un peu expérimenté par cette rencontre elle-même – cette rencontre et ce partage se fondent donc sur la foi en ces actes et ces paroles. La parole qui me dit que « Tu » m'aimes et donc que « Je suis ». Chacun « va vers soi [2] » à la mesure où il ose se croire vraiment aimé, où il

1. 1 Jn 3, 18.
2. Gn 12, 1.

fait confiance à la parole incarnée qui le fait vivre. Ce qui revient à dire que seul le sens, le sens reçu et donné, le sens partagé donc, nous justifie d'exister.

La sécurité de tout homme se fonde sur les vrais mots d'amour – c'est-à-dire les mots d'amour vrai – qu'il accepte d'entendre. Le sens de la vie est à ce prix. Mais il peut alors devenir lumineux, même aux portes de la mort [1].

Devant la faillite actuelle des grands systèmes de sens.

Loin des routes balisées...

La tentation serait de rêver à la reconstruction rapide d'une nouvelle grande synthèse. Ou à la restauration d'une des anciennes grandes visions du monde. En ce qui concerne le « catholicisme de chrétienté », certains l'espèrent en constatant comme un nouvel engouement pour quelques manifestations religieuses (musiques sacrées, visite des monuments religieux, séjour dans des monastères, messes de minuit à Noël, etc.). N'est-on pas dans l'illusion ? Plus exactement, je crois qu'on assiste à une démarche de type folklorique. Au sens technique de ce terme : dans des périodes de trouble des cultures, la remise en valeur d'imageries et de sensibilités d'autrefois comme compensations à des comportements qui, eux, restent bien déterminés selon les normes de la culture présente et sur lesquels ces évocations sentimentales du passé sont sans prise.

Par ailleurs, la montée du désir d'autonomie est une donnée irréversible de notre monde. Il devient donc impossible d'imaginer que l'homme moderne puisse se satisfaire de

---

1. Ainsi ce témoignage d'une personne hospitalisée en soins palliatifs : « Il n'y a plus... plus de projets, ni à court, ni à long terme... Plus que jamais, c'est l'improvisation. Cette souffrance intolérable, si difficile à orienter... C'est une marée... Rien... Rien que l'essentiel et vous m'aidez à le vivre. Je suis émerveillée de découvrir tant d'amour. Dans ce désert, je n'aurais jamais imaginé pareille situation, ni pareil miracle. Plus jamais, rien ne sera comme "avant", c'est certain » (Simone). Document Fondation de France.

la seule appartenance à la réalisation d'un grand dessein. Se fondre dans une œuvre collective qui traiterait pour pertes et profit les destinées individuelles ne suffit plus pour donner sens à l'existence. Donc dire, comme le font certains, qu'on participe à l'avancée de l'histoire, ou bien que, quoi qu'il en soit de la disparition de chacun, la vie continuera, aucune de ces formules ne va au bout de l'exigence du sens.

Doit-on renoncer à croire au sens puisque personne n'est en mesure d'en dessiner pour nous les tenants et les aboutissants ?

… un autre chemin

Il existe, je crois, un autre chemin. Chercher le sens en s'appliquant à vivre le quotidien. Parlant du travail de l'écriture, Roland Barthes distinguait « l'écrivant » et « l'écrivain ». L'écrivant sait ce qu'il veut dire ; il pense maîtriser clairement toutes les nuances des idées qu'il veut transmettre et il utilise les mots comme des moyens pour en véhiculer le sens. L'écrivain, lui, d'une certaine façon, ne sait pas par avance où il va, il s'arrête au langage, il se concentre sur lui. Plus exactement, comme tout artiste, il se confronte avec une « matière », un matériau, quelque chose qui résiste. Le sculpteur avec la pierre, l'écrivain avec les mots. Et par la lutte avec cette réalité, il fait apparaître l'œuvre singulière. L'écrivain, dit Barthes – que je cite de mémoire –, « n'a affaire qu'aux mots et subitement il se trouve environné de sens ». En d'autres termes, la seule application à bien gérer le langage conduit à le rendre véritablement parlant, au-delà bien sûr de la seule signification immédiate et courante que chaque expression tient de la langue elle-même. Il faut seulement remarquer que cette application à « sculpter le langage » est portée, comme par un courant souterrain, par une attente, une recherche, un pressentiment peut-être de l'œuvre à créer. Plus exactement il doit s'agir d'un va-et-vient constant entre ce à quoi l'imagination fait rêver comme étant à dire et ce que l'irruption des mots, appelés par leur propre musicalité, crée comme consonances en rodant le rêve aux bénéfiques contraintes de la langue. C'est alors que surgit du sens.

Or ce qui vaut pour l'écriture est transposable pour voir venir au jour le sens de l'existence. L'homme peut certes se contenter d'être le simple « écrivant » de sa propre vie. Cela à condition que le sens qu'elle peut revêtir puisse être tracé d'avance. Tout entier et clairement. Il déterminerait alors comme un programme à remplir qu'il suffirait d'exécuter point par point. On saurait d'avance et dans le détail où l'on va et comment on y va.

Mais pour qu'un tel modèle suffise, il faut ne pas avoir d'hésitation sur le sens même de ce qu'on vit. Soit que le cadre culturel, la pression sociale et les certitudes personnelles indiquent de façon claire le but et le chemin ; soit qu'aucune interrogation ne vienne déranger la tranquillité d'un train-train quotidien dont les avatars et même les malheurs ne réveillent pas l'inconscience.

Pour l'humanité de ce temps, ce cours des choses vécu sans questions et sous le couvert de certitudes inattaquables, n'existe plus. Les horizons s'obscurcissent, les chemins d'autrefois se perdent dans le sable. Ou la boue. Ou le sang. On est alors tenté de dire qu'il n'y a plus de sens.

C'est l'heure d'imiter l'écrivain. Lui met son énergie à travailler les mots. Mettons la nôtre à travailler le banal quotidien des jours, des tâches immédiates et des appels du prochain. Nous ne renonçons pas à croire qu'il y ait une orientation profonde de nos vies et du monde. Mais, au lieu de chercher le sens définitif de ce que nous vivons avant d'agir, prenons en charge les significations de chacune des situations vécues. Significations courtes et limitées sans doute mais qui sont devant nous avec leur poids de réalité. Chercheurs de sens, nous allons assumer ces situations avec un certain style. Comme le pressentiment d'une direction. Très spécialement, cette adhésion confiante et généreuse au quotidien va nous confronter aux mille besoins des autres. Les rencontrer, avec un cœur et un esprit mendiants de sens, nous incitera à faire tel geste plutôt que tel autre. Peu à peu, on se découvre engagé dans un certain chemin. Et là aussi, alors qu'on ne s'inquiétait prioritairement que des urgences quotidiennes qui sont les mots de l'écriture de nos vies, voilà qu'on se retrouve « environné de sens ». Subitement ? Pas toujours ! Partiellement ?

Le plus souvent ! Mais du sens est déjà là et il nous porte. Le sens total n'apparaîtra que lorsque l'œuvre sera achevée. Mais la page qui s'écrit aujourd'hui n'est plus insignifiante.

Et je crois que, du centre le plus intime de notre identité et cependant comme par-dessus notre épaule, veille un lecteur très attentif. Et qui souvent suggère des corrections.

Autrement dit, l'aventure du sens se joue dans le sens que nous donnons à nos pas quotidiens. La foi chrétienne consiste à croire que se construit ainsi un sens définitif où chacune de nos histoires singulières sera prise en compte. C'est un pari, mais il est jouable parce qu'il s'appuie sur cette parole qu'est l'aventure exemplaire de Jésus de Nazareth.

3

L'humanisation de l'humanité

ou la question du salut

« Un homme, c'est quelqu'un
qui va quelque part.
Quand il ne va nulle part,
il meurt ou il tue. »

MOUHOUD MAHEM.

Les petits-fils d'Icare [1].

On connaît la légende. Avec son père, Dédale, qui a fabriqué, pour chacun d'eux, des ailes collées avec de la cire, Icare réussit à s'enfuir de la prison où les tenait à sa merci Minos, le roi de Crète. Mais, au lieu de se poser sagement en terre libre comme son père, Icare prétend voler jusqu'au soleil. À son approche, la cire ne résiste pas et fond. Il tombe et se noie dans la mer.

L'homme moderne a fait l'expérience d'Icare. Il sait maintenant qu'il ne peut plus prétendre atteindre directement des valeurs absolues. Désillusionné, il est retombé. Non pas noyé pour autant. Mais retombé sur la terre. Retombé sur lui-même et sur sa destinée à gérer. Il veut toujours trouver un sens

1. J'emprunte cette image à Chantal DELSOL, *Le Souci contemporain,* Éd. Complexe, Bruxelles, 1976.

à sa vie. Mais il le revendique désormais en croyant en l'homme et en s'engageant pour en sauvegarder la dignité, en soi-même comme dans les autres. Albert Camus le disait déjà : « En vérité, aucun homme ne peut mourir en paix, s'il n'a pas fait tout ce qu'il faut pour que les autres vivent et s'il n'a pas cherché ou dit le chemin d'une mort pacifiée. »

Il s'agit bien de sauver sa vie. Celui qui veut lui donner du sens, qui s'interroge donc pour savoir où elle va et comment la vivre, celui-là perçoit bien qu'un risque d'échec pèse sur elle. On peut la réussir ou la gaspiller. Et cela dépend de nous. En partie du moins. De nous qui nous savons liés aux autres, partageant un même destin que l'amour éclaire, ou, pour le moins, peut rendre supportable. C'est sans doute dans cette solidarité active et aimante que du sens se donne à saisir. Pour l'être humain qui, concrètement, au pas même du quotidien, s'efforce d'aider à vivre en hommes d'autres humains, la vie n'est pas insensée, malgré les contradictions où elle se déploie. Voilà le credo de l'homme moderne : lutter pour le respect de l'humanité de tout homme peut remplir une vie d'homme et conduire à une mort pacifiée.

Comment situer alors la proposition chrétienne, elle qui croit que le salut vient de « Dieu » qui nous sauve gratuitement ? Devrons-nous ici nous démarquer de ces valeurs où se reconnaissent les meilleurs de nos contemporains et faire exister ce salut ailleurs que dans ce combat pour l'homme ?

On peut légitimement penser que non. Et entrer dans ce débat avec deux affirmations.

D'abord ce propos de Denis Vasse, jésuite et psychanalyste : « L'Esprit de Dieu n'est pas réservé aux chrétiens. Être chrétien, c'est devenir un homme en vérité à la suite du Christ. Est chrétien celui qui devient homme. Il ne sait pas toujours que c'est en Jésus Christ que cela se passe. Mais là n'est pas notre affaire. »

Et ce credo d'un prêtre suisse Maurice Zundel [1] : « Je tiens à dire que le premier article du Credo chrétien, c'est, pratiquement, "Je crois en l'homme". C'est là en effet la chose difficile.

1. Dont Paul VI disait qu'il était sans doute un des plus grands mystiques de notre temps.

"Je crois en Dieu" peut n'engager à rien. C'est en prétendant défendre l'honneur de Dieu que les juges du Christ l'ont condamné au supplice de la croix. Mais "je crois en l'homme" engage tout. "Je crois en l'homme" si nous allons au bout de cette affirmation, si, du moins nous essayons de la vivre, il n'y aura besoin de rien ajouter. Car si je crois vraiment en l'homme, je crois en Dieu va de soi puisque la grandeur humaine est toujours finalement une transparence à Dieu [1]. »

Mais cette foi en l'homme demande d'être réfléchie. Qu'est-ce que croire en l'homme. Est-ce s'arrêter à le contempler béatement, en soi-même ou en quiconque, comme une merveille déjà accomplie ? La moindre lucidité a vite fait de dénoncer ce défaut de perspective. Au lieu de se satisfaire de l'homme tel qu'il est, il s'agit plutôt de croire, dans chaque individu, à cette humanité dont il porte en lui l'attente et qu'il est capable de devenir. Croire en l'homme, c'est croire en l'homme qui est à faire.

Un mot de l'éthologiste autrichien Konrad Lorenz ouvre bien la perspective dans laquelle doit se situer cette foi en l'homme. Il écrit : « Le maillon manquant entre le singe et l'homme, c'est nous. » Boutade, mais au sens très profond. Elle déplace la célèbre question qui préoccupe tous les théoriciens de l'évolution des espèces : quel est le chaînon par lequel on passe des anthropoïdes à la race humaine ? Et Lorenz de constater que, tel qu'il est présentement, l'homme est loin d'avoir atteint son véritable statut. Il est encore en deçà et comme en attente de sa véritable identité. L'humanité, telle que nous la vivons, est en transition entre l'animal et l'humanité véritable. Le mouvement même de l'évolution appelle l'homme à devenir ce qu'il croit être. Mais cette démarche est maintenant remise à sa liberté et à ses efforts individuels et collectifs.

Devenir humain ! C'est dire qu'effectivement, il faut

---

1. M. ZUNDEL, *Conférence de l'Avent* à Saint-Séverin, Paris, 1961. On peut consulter aussi du même auteur : *La Vérité, source unique de liberté*, Paris, Éd. Anne Sigier, 2001, p. 145. *Ton visage, ma lumière*, Paris, Desclée de Brouwer, 1989, p. 42, 44, 49. *Ta parole comme une source*, Paris, Anne Sigier, 1987, p. 92.

sauver l'homme dans l'homme. La pensée humaniste et la proposition chrétienne sont en accord sur ce point. Parler du sens de la vie et parler du salut reviennent, l'un et l'autre, à évoquer un point à atteindre, donc un dépassement. La réalisation de quelque chose qui n'est pas acquis d'emblée. Un « au-delà » de l'humanité telle qu'elle est. Mais un au-delà dont elle porte en elle l'appel et la capacité pour peu qu'elle veuille bien s'y ouvrir.

Je propose la thèse suivante : *l'homme trouve le sens de sa vie quand il tend à façonner, en lui-même et dans les autres, ce qu'il est appelé à devenir, c'est-à-dire humain. Le salut de chaque homme comme celui de l'histoire humaine tout entière, c'est donc la participation de tous les hommes à la venue au jour d'une authentique humanité.*

Certes la proposition chrétienne ira jusqu'à dire que se faire homme ainsi, c'est devenir la ressemblance de « Dieu ». Pas du « Dieu » de nos rêves, de nos légendes, de nos habitudes mentales ou de nos peurs. Non ! un « Dieu » si humble qu'il se révèle, d'abord au travers de l'histoire d'un petit peuple, le peuple hébreu, qu'il tente d'aider à devenir libre, puis dans un homme véritable. Tellement vrai dans son humanité qu'il sera capable d'aimer jusqu'à donner sa propre vie. Mais, après tout, ce n'est là qu'avoir porté à sa limite et à sa dernière conséquence la revendication du sens de la vie. Et vivre ainsi n'est pas, et heureusement ! une exclusivité des chrétiens.

INHUMAINE HUMANITÉ

Qu'est-ce que l'homme ? Cette question fonde toutes les anthropologies. Mais, pour y répondre, peut-on se contenter de décrire les comportements et les modes de vie qui caractérisent de fait chaque civilisation ? Car, s'il est vrai qu'aucun groupe humain, si primitif soit-il, ne se satisfait d'une soumission totale et brute à la nature – tous inventent une façon de la dominer, peu ou prou – il est aussi évident que chaque groupe risque toujours de se satisfaire de ce qu'il est et de sa façon de vivre. Et même de les survaloriser. Il en fait volontiers le modèle standard de toute civilisation. On notera, par exemple, que de nombreux peuples se désignent eux-mêmes par des termes qui, dans leur langue, signifient : « L'homme ». C'est le sens du terme « Inouk », le vrai nom de ceux que nous appelons improprement et de manière péjorative des « esquimaux ». On trouve le même phénomène en Nouvelle-Calédonie : les Kanaks sont « les hommes ». La prétention de notre civilisation occidentale à disposer du modèle qui apporterait à tous le bonheur n'échappe pas, elle non plus, à cette critique.

Sans avoir à multiplier les exemples, on voit combien est fréquente la tentation spontanée de l'être humain – individu ou société – de se croire arrivé au top niveau de l'humanité. Alors que – et c'est une contradiction violente à l'intérieur de cette conscience de soi – surgit toujours l'exigence morale qui est aspiration à « plus d'humanité ».

Un constat : l'homme n'est pas humain… et il le sait.

Une nuance d'abord : Dire que l'humanité est largement inhumaine n'empêche pas de reconnaître qu'existent des gens – individus ou groupes – qui se conduisent en humains véritables. Mon propos n'est nullement pessimiste quant à la réalité du combat mené par beaucoup pour inscrire dans les sociétés plus d'humanité. Un combat qui s'enracine justement dans le fait que, trop souvent, c'est encore l'inhumanité qui domine.

Notre XXe siècle nous oblige à cette prise de conscience si jusqu'alors nous avions pu nous faire illusion. En cela, nous nous démarquons de l'humanisme des Lumières et de son optimisme quant au progrès qu'allait, disaient-ils, effectuer, de manière quasi nécessaire, « la perfectibilité humaine » (le mot est de Rousseau). Le siècle suivant, le siècle romantique, bien qu'y perce chez certains un sens plus aigu du tragique de la condition humaine, a globalement nourri la même certitude. Elle s'est fracassée, on le sait, sur la boucherie que fut la Première Guerre mondiale. Quant au rêve que celle-là serait « la der des ders », tout ce qui a suivi et les désordres actuels de la planète comme le désarroi de tant de vies individuelles y apportent un démenti cinglant. Le beau mot d'humanité n'arrive pas, dans les faits, à voir se joindre ses deux significations : dire à la fois le genre humain, pris dans sa totalité, et la bonté, cette vertu qui justement peut seule rendre humains nos rapports mutuels et, par là, toute notre existence.

Comment se fait la prise de conscience qui nous appelle à sortir de cette inhumanité ? À la différence de tout autre animal, « le singe nu [1] » porte en lui l'idée de perfection. S'ouvre alors pour lui, le double et unique mystère du Bien et du Mal.

Le bien, l'idéal, ce qu'on aimerait qui soit, ce qu'exige la dignité de l'homme et, à partir d'elle, le respect de toute créature sont des produits de l'esprit humain. Et témoignent de sa noblesse. Hors de l'homme, la réalité quant à elle est ce qu'elle est. En soi, ni bonne ni mauvaise. Je peux la rêver ou la souhaiter autre ; mais dépouillée des exigences de mon esprit, elle se limite à ses données brutes. On m'objectera que le vivant, quel qu'il soit, tend vers ce qu'il n'a pas et qui lui est nécessaire pour survivre. Certes ! mais pour autant on reconnaîtra là le jeu complexe de données biologiques. Et rien ne permet d'y découvrir l'interrogation sur un quelconque « devoir-être ». L'animal souffre, tend à sauvegarder sa vie, mais, limité à lui-même tel qu'il est, il ne peut rien entreprendre pour l'améliorer. Selon un mot de Marc Oraison : « Ce ne sont pas les animaux qui ont inventé le vétérinaire. »

Dans l'homme, la conscience réflexive est, elle, capable de s'interroger – et de se scandaliser – face à ce qu'elle analyse justement comme des imperfections ou des violences de la nature. Nous imaginons ce que le monde devrait être pour répondre aux valeurs légitimes que la conscience fait lever en nous.

L'humanité apparaît comme ayant charge d'assumer le devoir-être de l'univers que l'esprit lui fait désirer. La découverte du mal (il faudrait dire du mal-être) du monde impose des tâches : penser ce qui doit être, concevoir les moyens d'y tendre et les construire autant que faire se peut. Le mal doit

1. Selon le terme employé pour décrire les comportements humains par Desmond MORRIS, *Le Singe nu*, Paris, Grasset, 1969.

mobiliser les forces des hommes et cette lutte qualifie le sens fondamental de leur existence.

Or l'engagement décidé et responsable dans les tâches dont le mal signale l'urgence s'inscrit bien dans la dynamique ascendante qui caractérise l'évolution de l'univers et des espèces. Né d'elle, mais devenu veilleur de la marche du monde, l'homme, capable désormais d'en imaginer l'idéal, n'a pas d'excuse pour se dispenser de remédier à ce qu'il déplore. Globalement, toute civilisation humaine entre dans cette dynamique. Avec plus ou moins « d'humanité » il est vrai. Celle-ci est donc bien l'objectif à atteindre et l'enjeu de toute la création.

L'homme n'est pas « naturellement » humain.

De là découle une idée essentielle à tout débat dans une perspective humaniste. Quand des hommes vantent l'homme et sa dignité et font de la lutte pour ces valeurs l'axe même, le sens de leur vie, je suis avec eux. Mais, pour moi, cette foi en l'homme ne repose pas sur l'idée qu'il serait « naturellement » bon. Je le crois capable de bonté ; mais cela demande toujours un dépassement de la nature.

Il faut récuser toutes les idées qu'on a pu tirer de la formule de J.-J. Rousseau : « L'homme naît bon ; la société le déprave. » Le fameux idéal du « bon sauvage », ce poncif que certains vont répétant, depuis le XVIIIe siècle, sans remarquer que, cité ainsi hors de son contexte, il fausse la pensée de son auteur. Et cela a pour conséquence que, depuis lors, il a marqué d'un optimisme souvent naïf tout un courant progressiste.

Du reste, cette même naïveté fausse, dans bien des esprits, la lecture qu'ils font du principe fondamental de la Déclaration des droits de l'homme. « Tous les hommes naissent libres et égaux en droit. » Si on reconnaît que l'égalité ici proclamée est de l'ordre du droit et non pas du fait, on oublie, me semble-t-il, que le « en droit » porte aussi bien sur le terme « libre ». L'homme est en droit de devenir libre. Rien ne doit s'y opposer. Tout doit même y concourir. Nul n'a le droit de rendre l'homme esclave. En cela il naît homme libre. Mais il a lui-même à devenir ce que son statut lui permet d'être. Cela justement parce que la liberté n'est pas un fait naturel. Pas plus que l'humanité. L'une et l'autre sont à conquérir.

Il y a un risque à dire que l'homme doit devenir humain. C'est de voir revenir des attitudes paternalistes ou cléricales. J'entends ces conceptions selon lesquelles l'homme tout seul ne pourrait être que faible et méchant. Et donc, pour être vraiment humain, il devrait se soumettre à des autorités extérieures à lui, seules capables de déterminer quel est son bien, de le guider vers lui. De le lui imposer le cas échéant. (On notera que la doctrine chrétienne du péché originel qui, à sa façon, dit assez bien la situation de mal et de malheur où naît notre humanité, a malheureusement souvent servi à légitimer une telle soumission des individus.)

Voilà le chemin de crête où doit se situer le débat. Certes l'homme n'est encore ni libre ni « humain ». Et j'entends par là aussi bien les diverses sociétés ou cultures que chaque individu, moi-même en premier lieu. Mais cela ne justifie pas les pouvoirs qui prétendraient pallier cette « immaturité » en la sommant d'obéir à des maîtres dominateurs.

Non ! le chemin d'humanisation de l'homme est, lui aussi, directement confié à la responsabilité des hommes faisant ensemble leur histoire au travers des conflits où leur « inhumanité » les conduit. Cette responsabilité, en vertu de laquelle l'homme est autonome pour s'humaniser, est possible à cause de cet autre fait qui caractérise dès le départ la nature de l'homme, c'est-à-dire la raison. « Ce bon sens, la chose du monde la mieux partagée [1] » mais que l'homme doit apprendre à « utiliser bien ». C'est à une raison dialoguale, donc travaillant à travers des débats et des échanges, qu'est confiée la construction de l'humanité.

Il va sans dire que cette raison n'est ni désincarnée, ni planante au-dessus des événements et de l'histoire. À travers elle, ce sont aussi les affections et les engagements volontaires des partenaires qui interfèrent dans cette marche tâtonnante vers le salut de l'homme. D'autre part, celui-ci se caractérise

1. R. DESCARTES, *Le Discours de la méthode*, Ier §.

par la tension vers une « plus grande humanité ». Une expression, qui a, elle aussi, deux sens indissociables l'un de l'autre : se vouloir plus humain, l'approche donc par chacun de sa très singulière humanité, impose de tendre à l'accord de tous les hommes, de tous les peuples rassemblés un jour en une seule humanité globale. Cet horizon fait que ma recherche de l'homme que je peux devenir m'appelle à être rassembleur d'hommes là où je vis.

L'éclairage de la pensée chrétienne sur ce constat.

Le constat de ce divorce en nous-mêmes, « humains inhumains », loin de disqualifier l'humanisme, permet d'en mieux cerner les perspectives. L'affirmation chrétienne les assume et les éclaire à sa façon. Le fond de l'affaire est bien que l'aventure humaine, dans toute son histoire aussi bien que comme enjeu de chaque liberté individuelle, est en tension entre deux pôles : s'arracher à l'inhumanité pour tendre à une humanité achevée, c'est-à-dire enfin vraiment humaine.

En théologie, ce sont les deux pôles du péché et du salut. Il y a péché, nous dit-on, quand l'homme se forge son propre « Dieu », quand il pose par lui-même un absolu et donc qu'il n'accepte pas de dépendre d'une source située au-delà de lui. La notion de péché dénonce le piège le plus secret de l'homme : vouloir se suffire à lui-même. Se passe-t-il autre chose quand je me ferme sur moi-même, que je ne reconnais pas que je suis lié, dans mon être même, à l'autre, aux autres ? En effet, le péché n'est pas la transgression d'une loi ; ce n'est pas non plus le sentiment de culpabilité que traquent les psychanalystes, c'est en sa racine une sorte de prétention à vivre par soi-même et sans l'autre. En effet, le péché, ce désordre, mieux, ce refus dans le rapport avec « Dieu », se réalise concrètement par le refus de l'autre. On rejette par là ce qui fondamentalement nous humanise, à savoir la relation ouverte, non dominatrice ni possessive avec l'autre humain sans le respect – et au fond l'amour – duquel je n'avancerai jamais en ma propre humanité. De plus, ces refus font boule de neige. Ils s'incrustent dans nos habitudes, prennent de fait des formes collectives et vicient les institutions comme les approches interhumaines. Tout cela engendre des façons de vivre, des mœurs collectives perçues souvent comme des (pseudo-) valeurs. On y est englué. Et bien souvent consentant.

Le salut vient alors quand l'appel à être plus humain reprend force et forme en nous. « Bien faire l'homme », disait Montaigne. Non en se contentant de soi ; mais en osant dépasser la part d'inhumanité qui nous habite, pour réaliser le vœu d'amour, cœur de la liberté.

La proposition chrétienne donc ne fait rien de plus que de dénoncer tout enfermement sur notre humanité telle qu'elle est. Par là, elle valorise l'aspiration à devenir soi-même. Seulement elle la pousse jusqu'à un point qu'on n'aurait pas osé imaginer puisqu'il s'agit de se réaliser jusqu'à la ressemblance de « Dieu ». Mais une ressemblance chaque fois unique, parfaitement inédite et à nulle autre semblable. Plus que n'importe quelle autre conception, la foi chrétienne croit en l'homme, en chaque homme, en sa capacité de devenir totalement homme, c'est-à-dire, dit-elle, l'image réelle d'un certain « Dieu ». Mais pas n'importe lequel, nous aurons à le rappeler.

« L'HOMME PASSE L'HOMME. INFINIMENT »

Comment se réalise cette marche de l'être humain vers son accomplissement, sa véritable humanité ?

L'animal dénaturé.

L'humain se caractérise par l'insatisfaction devant ses propres conditions d'existence. Il cherche sans cesse à se dépasser. Longtemps on a cru que ce besoin de transcendance ne pouvait se fonder que sur la soumission à des puissances extérieures à la conscience, face auxquelles, en tout cas, ma conscience devrait se plier sans que son propre jugement intervienne. (On pense à des forces ou des autorités, réputées surnaturelles ou magiques, bénéfiques ou terrorisantes que relaient sur terre des autorités réputées infaillibles.) Hors de cette obéissance, l'homme ne pourrait, disait-on, que dévier. Seulement la requête moderne de l'autonomie interdit de fonder ainsi l'appel au dépassement qui se lève au creux de la conscience. Dans ce sens, on a pu écrire : « L'homme est toujours au-delà de lui-même. Mais cet au-delà de soi-même doit finalement avoir conscience que c'est lui-même qui est la source de la transcendance [1]. »

Certes, la pensée chrétienne nuance ce propos. Elle récuserait l'idée qui ferait de cet appel ouvrant l'homme à l'au-delà de lui-même une donnée brute de la nature. Elle considère que cette transcendance se fonde sur un don de « Dieu » fait à tout être humain, et qui le constitue justement comme être spirituel. Tout à fait premier et gratuit, ce don s'appelle la grâce.

Quoi qu'il en soit, il reste que, dans le concret de l'expérience, c'est bien en lui-même, au centre de sa liberté que chacun vit cet appel qui l'attire au-delà de lui-même. Et cet humanisme-là n'est en rien contradictoire. Comment l'homme peut-il expérimenter en soi ce qui le justifie de sortir de soi ? C'est, je crois, à condition qu'il aille au bout de lui-même. André Malraux pose bien la question de ce fondement dernier des valeurs qui font l'humanité. Entendons ce qui peut créer l'entente, la communion entre les hommes. Le croyant pense se fonder sur l'ordre de « Dieu », dit Malraux, mais qu'en est-il pour l'incroyant ? « Il est possible qu'un croyant voit d'abord dans la transcendance le plus puissant moyen de fonder sa communion. Il est certain que, pour un agnostique, la question majeure de notre temps devient : peut-il exister une communion sans transcendance, et sinon sur quoi l'homme peut-il fonder ses valeurs suprêmes ? Sur quelle transcendance non révélée peut-il fonder sa communion [2] ? »

En d'autres termes, où se trouve dans l'homme ce qui l'appelle hors de lui-même ?

Il n'y a pas à chercher loin pour montrer que la transcendance marque l'existence humaine de multiples façons. Tous

1. Jean WAHL, cité dans E. LEVINAS, *Altérité et transcendance*, p. 11.

2. A. MALRAUX cité dans *L'Actualité religieuse*, Paris, 1996, nº 149, p. 48.

les appels pour lesquels l'homme se mobilise et s'arrache à la recherche immédiate de son seul confort en sont des formes réelles. Par exemple : la recherche de la liberté, l'amour, le respect de soi, le bien des autres. Mais ces valeurs dérapent souvent. À l'envi ! L'histoire – autant celle de l'humanité que celle des individus – manifeste les déformations continuelles et, en tout cas, toujours possibles et renaissantes dans lesquelles elles tombent. (« Liberté, que de crimes on commet en ton nom ! ») Il est clair qu'à chaque chute, une même racine est en cause : la limitation à soi, l'enfermement sur soi au nom même de ce que l'on prétendait servir hors de soi. On a mis au service de la protection de soi cela même qui appelait à son dépassement. La capacité de grandir, de se surélever, se dénature en capacité de faire le mal.

Cependant, malgré tout, on ne saurait nier le souci de dépasser les données, celles de la nature ou celles de la situation. Souci qui demeure, quoi qu'on fasse au cœur de chacune de ces transcendances. Ce qu'on pourrait nommer leur « charge de divin ».

L'homme est-il condamné à rêver sans cesse de se dépasser et à sans cesse se fourvoyer ? Le développement de soi et ce qu'on pourrait appeler l'extension de soi, qui sont, au premier abord, les domaines où se réalise la transcendance sont-ils condamnés, comme par une malédiction première, à rabaisser l'homme dans des comportements infra-humains ?

L'interdit fondateur.

Quand il en est ainsi, c'est que nous avons franchi la limite qui justement détermine le territoire de l'humanité authentique. Il s'agit de l'interdit qui naît dans la conscience à l'origine même de son éveil, c'est-à-dire quand elle se découvre en découvrant l'autre conscience : *Autrui et son visage*. Ce visage qui, d'une même saisie, me révèle l'autre être humain comme inaccessible – ce qui me dit en retour ma propre singularité – et, dans le même moment, m'interdit d'empiéter sur lui, de le nier. Levinas, dont il faudrait évoquer plus longuement les analyses, dira même que cette rencontre du visage de l'autre fait que m'incombe, d'emblée, une responsabilité à son égard. Je suis responsable de lui et sans que je puisse exiger quelque compensation en retour car « la réciproque, c'est son affaire ».

Nous sommes à la source de la véritable humanité. L'humanité « humaine » naît de l'interdit par excellence : « Tu ne tueras pas. » Remarquons aussitôt que sa forme immédiate est : tu sépareras, c'est-à-dire tu reconnaîtras la dualité. Elle seule arrache au risque de fusion dans laquelle l'être humain meurt quant à sa vraie valeur humaine, c'est-à-dire singulière. Ce qui est en jeu, c'est le fondement vraiment solide du respect de tout homme. Respect de l'homme humain que tout homme doit pouvoir devenir et qui demande à grandir en lui. Respect, au fond, des Droits de l'homme.

Sur quoi s'appuient en définitive les Droits de l'homme ? Les fonder sur des décisions politiques ou sociales ou sur des choix culturels ne suffit pas. L'histoire le montre. Ces décisions et ces choix ont eux-mêmes besoin d'être fondés sur autre chose que sur un consensus toujours réversible d'un groupe humain. Le seul fondement absolu des Droits de l'homme est bien l'interdit du meurtre, fondateur de toute conscience droite. Il en épouse, à la fois, la fragilité et l'intransigeance.

Je dois à un ami juif [1] une remarque étonnante et riche de conséquences. Le terme hébreu *El* qui signifie « Dieu » au singulier peut aussi se lire *Al*. Il signifie alors « l'interdit ». Dans le même sens, du reste, le terme *el shaddaï*, fréquemment employé dans la Bible pour désigner « Dieu » peut se traduire (selon l'opinion de certains rabbbins, et parmi beaucoup d'autres sens possibles) : « Celui qui dit la limite [2] ».

---

1. Pierre MICHEL commentant les trois premiers mots de la Bible hébraïque : *« Bereschit bara elohim »*.

2. En hébreu biblique, les consonnes non vocalisées se prêtent à des sens divers. Une des traductions courantes est « Le Tout Puissant ». On remarquera que ce sens consonne bien avec celui que nous employons, la puissance de Dieu consistant dans ce cas à arrêter les hommes toujours portés à outrepasser les limites de ce qui fait leur statut humain. Leur vocation, dirait la Bible.

Nous tenons sans doute là ce qui fonde la transcendance dans l'homme à partir de sa propre conscience. Que signifie au fond l'exigence éthique prise dans sa radicalité (au double sens de « ce qui tient de la racine » et de « ce qui va jusqu'au bout de ses conséquences ») ? En affirmant le « Tu ne tueras pas », nous posons du même coup ce fondement de toute existence, à la fois immédiat et interne à nous-mêmes et cependant toujours inaccessible, que nous nommons « Dieu ». D'autres diront l'absolu. Qu'importent ici les mots ! Il s'agit toujours de l'expérience où la conscience vient au jour dans la rencontre de l'autre dont le visage, dans sa fragilité et son mystère, m'interdit de tuer.

Il est également instructif de suivre plus avant le commentaire juif. On y fait remarquer que, muni d'un tout petit signe complémentaire, le terme *el* signifie « vers ». Pris alors dans ces deux sens, imbriqués l'un dans l'autre, « l'interdit » et « ce vers quoi on tend », c'est un mouvement double qui se dessine : le fondement, présent à la source de toute « humanité » est en même temps ce vers quoi on ne cesse de tendre, et qui n'est jamais atteint. On remarque bien sûr que cela vaut pour « l'humanité humaine » elle-même en chacun de nous. Comme cela vaut, à l'évidence, pour « Dieu ».

Redresser l'homme, ou le parti pris des victimes.

La réalité quotidienne oblige à constater que l'interdit fondateur est souvent méprisé et que l'inhumain s'étale.

La reconnaissance de l'humanité en chaque individu pris pour lui-même et non plus comme membre d'un tout (race, tribu, famille, classe, etc.) n'a rien de spontané ni d'évident. Dans nos cultures, il s'agit d'une lente conquête historique. (Sans s'y attarder, on peut en noter trois éléments déterminants : l'apport de la pensée judéo-chrétienne, la réflexion philosophique, puis la montée de l'idéal démocratique.) Nos démocraties donc se targuent des « Droits de l'homme ». L'avancée est certaine par rapport à d'autres époques ou à d'autres situations. Mais une réflexion sur « l'humanisation de l'homme » ne peut pas se dispenser de s'interroger tant sur la signification profonde de ces droits que sur leur application. Surtout quand elle rencontre l'affirmation chrétienne qui a hérité de la Bible juive le souci du plus faible à travers l'évocation des trois personnages qui, dans l'Ancien Testament, sont emblématiques de la relation du fidèle avec l'alliance qui le fonde : l'émigré, la veuve et l'orphelin. On parle des droits. Mais qu'en est-il des droits de ceux-là quand sont si souvent méprisés ou piétinés les droits des petits, des faibles ? Tandis que se revendiquent hautement les droits des nantis.

À y bien regarder, qui dit droit, dit « redressement ». On revendique de modifier un état de fait. Et on rejoint alors ce qui fait le fond de toute conscience humaine. Elle pose ce que le réel devrait être. Elle vise donc le Droit – qui débordera toujours le droit établi dans un peuple. C'est à partir de cette aspiration fondamentale à la rectification de ce qui est au nom de ce qui n'est pas que la prise de conscience s'opère. En cela elle se différencie radicalement de la conscience animale. Toute conscience humaine, si commençante soit-elle, est « morale », disait Alain.

Ce qui est « de travers », voilà le champ premier d'application du droit. Il s'agit de redresser pour rendre droit. Il découle de là que, si notre humanité se veut humaine, l'homme victime doit être l'objet premier de la revendication du droit. On ne s'humanise donc vraiment qu'à la mesure où on s'engage et l'on se donne pour redresser l'homme, dans les autres comme en soi-même. L'innocent abusé, l'innocent souffrant. L'homme blessé, l'homme condamné. Poussant à la limite, on rencontre l'homme condamné à mort. Que nous sommes tous. Face à cela, nous avons le même mouvement de révolte et d'insurrection, de lutte pour le redressement de l'écrasé. Qu'on n'ait pas le moyen de mener ce combat à son terme ne le disqualifie pas pour autant. Car c'est l'acte propre de l'esprit que de se dresser ainsi contre le désordre, la brutalité (au sens étymologique), la dégradation de la condition des humains et finalement contre la mort.

Cette lecture dynamique des Droits de l'homme assume les revendications de 1789 et les conquêtes de droits qui ont suivi, mais aussi dépasse les unes et les autres et donne un critère pour les juger. Sans entrer dans le débat, dirait-on sans hésiter que tous les « droits acquis » servent toujours à redresser des situations injustes ?

Au terme, il apparaît bien que l'idéal moral et spirituel – faire accéder à lui-même l'homme qui n'existe pas encore en moi-même comme dans les autres –, l'idéal humaniste donc prend ici toute sa force. L'homme est blessé ; les hommes, les sociétés, les rapports entre les hommes, le monde lui-même sont blessés. Du fait des autres hommes, du fait des circonstances, du fait d'eux-mêmes et du fait que, matière, ils sont mortels. Si au lieu de nous soumettre résignés à cet état de fait, nous entrons dans la pratique visant quotidiennement la remise sur pieds, le nouveau surgissement de cette humanité-là, n'est-ce pas alors que nos vies prennent sens ? Et que nous pouvons nous rallier les uns aux autres. Solidaires et fraternels. Comme le souhaitait Malraux.

Dans ce choix, « l'animal dénaturé » aura rempli son contrat. Et la proposition chrétienne n'est pas dépaysée, elle qui voit le règne de « Dieu » parmi nous quand « les aveugles voient, les boiteux marchent, et les pauvres entendent une bonne nouvelle [1] ».

DES CHEMINS VERS L'HUMAIN

Trois options de base.

Quand on entre concrètement – en hommes et femmes de la modernité – dans ce vaste chantier d'humanisation de l'humain – un chantier qui n'est rien d'autre que notre propre vie – les termes de la devise républicaine proposent un guide de l'action : « Liberté, Égalité, Fraternité ». Or, dans la ligne de ces valeurs, la pensée chrétienne propose trois démarches essentielles qui les approfondissent à leur manière. Des démarches qui se révèlent déterminantes à qui veut vraiment « bien faire l'homme ».

---

1. Mt 11, 5.

Dès qu'on parle de conduite proprement humaine, la liberté apparaît. Aussi centrale que l'amour. Mais, comme lui aussi, très ambiguë et donc discutée. Dire l'homme libre, c'est affirmer que le sujet conscient est maître de son propre jugement, de ses choix et de son action. Ce qui légitime la reponsabilité qu'on lui reconnaît. Mais le risque est grand de croire cet idéal atteint du seul fait qu'on a accédé à la conscience et à la réflexion. Et alors de confondre la spontanéité de ses propres comportements avec de véritables décisions volontaires. La liberté peut n'être que l'expansion la plus large possible donnée à ses propres désirs sans que la raison les ait contrôlés [1].

Celui qui aura mesuré ainsi combien facilement nos conduites peuvent devenir inhumaines alors qu'elles se disent libres, celui-là comprendra aisément l'intérêt du langage biblique. Il ne parle pas d'abord de liberté, mais de libération. Les Dix Paroles qui fondent le code de l'Alliance passée avec « Dieu » s'adressent à « Toi qui as été libéré [2] ». Il n'est de liberté que dans l'expérience de libération d'un esclavage. « Dans la Bible, l'homme est considéré comme naturellement esclave et non pas naturellement libre. Il est esclave d'oppression politique (L'Égypte au temps de Moïse, Rome au temps de Jésus) et aussi d'aliénations intérieures. L'homme est esclave de son besoin de nuire à son prochain et de façon plus générale de ses besoins, de ses désirs et de ses mensonges. Et Dieu promet à l'homme qu'il peut devenir libre de tous ces esclavages. Les Dix commandements sont en fait dix promesses faites par Dieu à l'homme. L'avez-vous remarqué ? "Tu ne commettras pas de meurtres, tu ne feras pas de faux témoignages, etc." Ce ne sont pas des impératifs, ce ne sont pas des commandements. Ce sont des promesses exprimées au futur [3]. »

Des promesses d'humanisation, de comportements vraiment humains. Libéré par un choix radical : « Tu adoreras Dieu

---

1. Il est, je crois, une autre conception de la liberté. J'y reviens plus loin, p. 81.
2. Ex 20, 1.
3. Alain HOUZIAUX dans *Réforme*, du 28 novembre 1996.

seul, c'est-à-dire rien de terrestre », l'homme peut devenir libre.

On conçoit aisément qu'entre hommes libres, l'égalité aille de soi. En théorie du moins. La libération, qui ouvre à la vraie liberté, doit entraîner une reconnaissance effective de l'autre homme. De dignité semblable à tout autre.

Je surgis à la conscience humaine dans la perception de l'autre. Se pose la question du vis-à-vis. Se reconnaître visage à visage, si l'on entend bien la formule de l'ancien français. Du même coup apparaît l'exigence d'égalité entre nous, dans l'affirmation toute aussi forte de la différence. Je ne reconnais vraiment l'autre – et c'est réciproque – que lorsque je l'établis face à moi sur pied d'égalité. Certes, des fonctions, des préséances, des aptitudes, des rôles ou des statuts nous hiérarchisent les uns par rapport aux autres.

Plus profondément, chacun demeure en lui-même singulier. L'égalité humaine fondamentale n'est donc pas l'égalitarisme qui prétendrait effacer les différences. On devait ici le rappeler. Mais ces différences ne constituent pas des suprématies ontologiques qui justifieraient la domination d'un homme par un autre. (Et pas plus la domination des femmes par les hommes, cette attitude machiste si courante entre autres dans les religions monothéistes.) Il reste donc que je ne saurais reconnaître l'autre en vérité sans instaurer une réelle équivalence entre nos droits. Et instaurer voudra souvent dire promouvoir.

L'amour exige cette égalité, du moins lorsqu'il veut aller au bout de l'élan qui le porte et qui tend à réellement l'humaniser. Sans vouloir invalider des formes d'amour plus tâtonnantes parce qu'elles sont encore plus ou moins pleines de la recherche de soi par une certaine utilisation de l'autre, on reconnaîtra que ce qui leur manque est cette radicalité dans la volonté de faire de l'autre son égal, malgré et à cause de tout ce qui le caractérise comme non identique. On comprend ici que le vis-à-vis structure une situation faite de deux opposés qui se reconnaissent mutuellement. S'accordant même valeur et mêmes droits.

La démocratie, avant d'être le droit du peuple à déterminer lui-même ses lois, repose sur la reconnaissance de l'égalité de toute personne. Par là même, la démocratie est, par essence, l'institution du vis-à-vis sur pied d'égalité. Et cela simplement parce qu'il est un humain. Comme moi.

Pourtant, cette égalité est difficile à pratiquer ; et, au fond, rarement mise en œuvre dans son intégralité. Si on la reconnaît à ceux qui sont comme soi – de la même classe, par exemple – on a vite fait de réintroduire une supériorité fondée sur la différence face à ceux qui ne sont pas de notre rang, de notre milieu, de notre race, de notre sexe. D'où la formule d'un humoriste : « Tous les hommes sont égaux, mais il en est qui sont plus égaux que d'autres. » C'est malheureusement vrai ! Et il suffit de considérer les conditions de vie sur la planète, ou simplement dans nos rues, pour reconnaître que nos sociétés sont loin d'accorder des chances égales à chaque être humain.

À nouveau la radicalité du langage biblique – « Ton prochain qui est comme toi-même [1] » – invite à dépasser ces dérives. Et à redire les conditions d'accès à l'humain. Tant au plan du principe : « Il n'y a plus ni Juif, ni Grec ; il n'y a plus ni esclave, ni homme libre ; il n'y a plus l'homme et la femme. Car tous vous n'êtes qu'un en Jésus Christ [2]. » L'affirmation chrétienne pose bien l'égalité totale sans effacer les différences. Elle la pousse à sa vraie limite quand on passe au plan de l'action. Pour s'en convaincre, il suffit de relire la parabole du Samaritain [3]. À l'inverse du prêtre et du lévite que leur volonté de pureté rituelle fait se placer au-dessus du blessé, c'est un « hérétique » qui se fait le prochain de cet homme et qui le traite comme un autre lui-même, c'est-à-dire qu'il se voit à son niveau. Il s'égalise avec lui. Il se fait serviteur. Mais l'égalité n'y perd pas car on ne sert vraiment que si on se reconnaît comme égaux ; jamais comme un supérieur qui s'abaisse. Le paternalisme est refus d'égalité. Et le Samaritain, lui, est un homme vrai.

Il s'est voulu frère, pressentant le grand mot de l'Évangile : « Ma vie, j'ai le pouvoir de la donner [4]. » L'entrée de ce

1. Dt 13, 7.
2. Ga 3, 28.
3. Lc 10, 29-37.
4. Jn 10, 18.

troisième terme, la fraternité, dans la formulation officielle de l'idéal républicain a été tardive. Les Déclarations successives de Droits de 1789, 1791, 1793 ne s'y arrêtent guère. Il faudra attendre 1848 pour que la référence à la fraternité soit définitivement jointe à liberté et égalité dans la devise républicaine. Par ailleurs, longtemps, dans nos textes républicains, l'idéal de fraternité vise tous les membres de la nation, mais ne porte pas au-delà. C'est que l'idée d'un rapport fraternel *avec tout homme* ne va pas de soi. Autant il est facile de montrer que l'idéal de liberté et d'égalité est fondé dans les données mêmes de la nature, autant une fraternité s'étendant de manière universelle n'a rien de naturel. Au plan de la nature, on est frère ou sœur d'abord par le sang. De là, le sentiment peut s'élargir au clan, aux compagnons de travail ou de combat. La communauté de langue, de culture et de destin peut encore l'étendre à ceux avec qui on partage l'identité nationale (ce que revendiquent tous les partis nationalistes). Mais on ne va pas au-delà. Bref, si on se limite aux données de la nature, la fraternité appartient à ce qu'on nomme les valeurs « charnelles [1] » celles qui nous relient aux proches. On sous-entend par là qu'ainsi liés à eux dans la défense de nos intérêts communs, nous serons forts pour nous distinguer des autres. Parfois pour les combattre.

La pensée démocratique moderne vise, elle, « l'homme abstrait » et non pas celui qu'on identifie par sa parenté (de sang, de race, de culture, etc.). Il y a donc, au cœur de l'idéal républicain tel qu'il est entendu aujourd'hui, une rupture qui met en cause l'enfermement sur soi-même, un appel au dépassement des intérêts naturels, le souci d'une disponibilité à l'égard de tout autre. Ou, pour parler le langage de Levinas : « Sortie de soi qui en appelle à l'autre, à l'étranger. La rencontre, c'est entre étrangers que cela se passe ; sans cela, ce serait de la parenté [2]. » Reconnaître en tout autre et d'abord dans l'étranger un frère ou une sœur et s'employer à le faire vivre, c'est entrer dans la dynamique d'un amour qui peut nous paraître inouï puisqu'il pourrait, à la limite, nous conduire à

1. D'autres disent « substantielles ».
2. E. LEVINAS, *Altérité et transcendance*, p. 108.

mettre notre vie en jeu pour la sienne. Penser ainsi la fraternité nous conduit sans doute au sommet de l'humanisation. Utopie diront certains. Au contraire, je crois, réalisation suprême de la liberté. Aussi est-ce à ce point et dans ce domaine précis qu'il faut revenir un instant sur ce qui constitue l'essence de la liberté. Je le fais en m'appuyant sur la pensée de Maurice Zundel.

Être libre, c'est échapper à tout enfermement. Donc, dira Zundel, cela demande de n'être plus captif du dedans de son propre moi ; ce qui demeure le cas quand celui-ci se limite à lui-même, entortillé dans ses convictions et ses ambitions. À l'inverse, la liberté, c'est le pouvoir de se prendre en main et de se donner. Alors cette liberté permet d'être soi, c'est-à-dire d'être vraiment source, origine de ses propres actes.

Zundel explique cela en distinguant le « Je complice » et le « Je autonome ». Le « je complice », c'est l'homme « préfabriqué dans son être cosmique qui le rive à l'univers et l'accroche à sa propre biologie ». Complice, pourquoi ? L'homme comme tout vivant forme dans l'univers une autonomie qui sans cesse cherche à défendre sa propre vie. En empruntant autour de lui ce qui lui permet de la maintenir et en se protégeant contre tous les facteurs internes ou externes de désagrégation. Cela vaut aussi bien du moindre moustique que de chaque individu humain. Et, au fur et à mesure que, montant dans l'échelle des vivants, le psychisme se développe, il devient spontanément de plus en plus complice de cette lutte pour la vie. « Tout psychisme, écrit Zundel, est donc naturellement égocentrique, aimanté par ce qu'il éprouve être son intérêt et incliné à le faire prévaloir autant qu'il le peut [1]. » De là, ce que nous appelons le « Je » en chacun de nous, c'est-à-dire ce qui prend conscience et ce qui décide, ce « je » peut n'être que le reflet, « la résultante et la pesanteur de tous nos déterminismes, physiques et psychiques, individuels et collectifs. Réduit à cela, l'homme n'est rien de plus qu'un objet préfabriqué, que nous nous acharnons, du reste, à demeurer, en nous identifiant avec lui dans un narcissisme passionnel qui

1. « Présence de Maurice Zundel », *Bulletin des amis de Maurice Zundel*, Paris, nº 13, janvier 1993, p. 11.

nous entraîne à le subir, sans même songer à le mettre en question. Notre être nous échappe ainsi dans sa racine. Nous sommes pris dans un jeu dont nous ignorons le sens et que seul un appétit animal de vivre nous engage à poursuivre. À ce niveau, l'homme en nous n'existe pas encore. C'est-à-dire que le phénomène humain s'y manifeste comme un phénomène cosmique – le plus compliqué de tous – qui relève du même type d'explication physico-chimique que les autres et qui ne signifie rien de plus qu'eux. [...] Dans cette perspective, responsabilité, liberté et inviolabilité, justice et amour ne seraient que l'écume d'une illusion à laquelle il serait temps de renoncer[1]. »

Mais l'homme n'est pas condamné à n'être que l'expression de ses pulsions biologiques. Il peut en prendre conscience, se mettre à distance des forces qui le font et le manipulent, mais dont par cette distance même, il va pouvoir disposer. Il est libre de se demander ce qu'il peut faire de soi-même, de cette vie singulière qu'il est. Il sort alors, peu à peu, du « Je complice » pour faire émerger en soi un « Je autonome », c'est-à-dire prenant une réelle maîtrise de soi. Il va alors se définir en se mettant au service d'une valeur « dont la rencontre nous fait lâcher prise sur la possession narcissique de nous-mêmes dans un retournement radical qui lui offre l'entière disposition de nous-mêmes[2] ».

Faisant ce choix, notre volonté ne s'applique plus à la seule défense de notre moi. Elle se découvre un objectif hors de soi auquel elle va se donner en lui consacrant justement ces forces de vie – ce moi – dont elle émerge et qu'elle maîtrise. Par là, loin de se nier, elle se réalise vraiment comme liberté. Au fond, le choix est entre un enfermement frileux, avare et finalement animal sur sa propre vie ou bien le plein emploi de soi-même pour faire vivre hors de soi une œuvre, une découverte, un amour. Les autres.

Il ne s'agit nullement d'un oubli de soi où le moi devrait être méprisé – et que, malheureusement on a si souvent prêché jusqu'à l'annihilation des personnalités. Il s'agit, au contraire,

1. « Présence de Maurice Zundel », p. 12.
2. *Ibid.*, p. 13.

du geste vraiment libre par lequel on se consacre à faire vivre ce qui en vaut la peine. Et donc d'abord l'autre homme, les humains. La vraie fraternité humaine est à ce prix. « Ma vie, nul ne la prend, mais c'est moi qui la donne [1]. » L'humanisation de l'homme ne peut pas sans doute aller plus loin. Mais peut-on imaginer que le salut soit autre chose que l'entrée dans cette dynamique ? Entrée modeste et lente. Difficile souvent ; mais têtue et déterminée.

Réussir l'humain… à la mode de « Dieu ».

Cette réussite n'est pas gagnée d'avance. Car il s'agit de la mettre en pratique dans la réalité d'une vie quotidienne où dominations, rivalités, violences, meurtres règnent et risquent d'écraser les gestes d'authentique humanité. Gestes réels mais trop souvent ignorés. D'autant plus que les décisions personnelles des individus ne sont pas seules en cause. Le poids des structures sociales sur le comportement individuel est indéniable. Des structures qui sont souvent oppressives et aliénantes. Des systèmes d'organisation sociale se mettent en place au service des puissances dominantes, le plus souvent économiques aujourd'hui. Elles génèrent des façons de penser qui déconsidèrent l'idéal que nous décrivons. Et qui le dévaluent. Faisant ainsi admettre l'exploitation de l'homme par l'homme.

Dans ce monde trop souvent inhumain, les hommes risquent de désespérer de leurs semblables et d'eux-mêmes. On en viendrait vite à dire que nous sommes incapables de réaliser le beau programme d'humanisation. Un rêve généreux sans doute, mais qui se brise chaque jour sur la volonté de domination des individus et des États, la barbarie native de l'animal humain et nos lâchetés personnelles. Que faire dans ces conditions pour oser croire cependant que l'idéal de voir des humains devenir enfin réellement libres, égaux et fraternels devienne réalité ?

1. Jn 10, 18.

Pour cela, il conviendrait d'élaborer des manières d'agir qui osent croire en l'homme même lorsque lui désespère. Des façons de vivre qui osent pousser à leur maximum les termes de l'idéal pour ainsi faire brèche aux pesanteurs qui tentent sans cesse de le disqualifier.

Pour la pensée chrétienne, « Dieu », lui, n'a jamais désespéré de quiconque. Loin de se contenter de mots, il est venu montrer comment sauver l'homme. Il y a donc une façon d'entrer dans le processus d'humanisation qu'on peut dire : à la mode de « Dieu ». Elle repose sur les trois caractéristiques les plus essentielles du « Dieu » qui se révèle dans l'Évangile. Et qui sont le cœur de la foi chrétienne. À savoir : *En Jésus, nous reconnaissons un « Dieu » débarrassé de puissance, un « Dieu » qui s'est fait l'égal de l'homme et un « Dieu » qui pardonne.* Que l'homme fasse siens ces trois chemins d'humanité et sera guéri en lui tout ce qui peut venir vicier respectivement la liberté, l'égalité et la fraternité.

Que faire de la puissance ? La tentation de toute liberté est d'écraser celle des autres. Qui que l'on soit, on dispose d'une certaine puissance, si minime soit sa force et si localisé son point d'application. Le sentiment qu'on en a constitue une part importante de l'idée qu'on se fait de son identité personnelle. À cela correspond l'image du « Dieu » « tout-puissant » fabriqué conformément à nos propres rêves de domination. Cette image traîne encore dans nos têtes et dans celles de nos contemporains – qui, à juste titre, la refusent. Or le « Dieu » qui se donne à voir en Jésus n'est pas de cet ordre. Sa manière d'être trace autrement le chemin de l'humanisation.

Ce qui fait problème, c'est donc l'usage que chacun fait de ses propres moyens. Une tentation naît de l'expérience même qu'on a de son propre pouvoir, c'est la tentation de s'en servir pour dominer. Comme si on était davantage soi-même dans la mesure où se renforce l'avantage qu'on a sur les autres. Inutile d'insister. L'idéologie régnante aujourd'hui valorise ainsi les gagneurs au mépris des laissés-pour-compte. Il y a un consensus humain qui, à travers toutes les cultures et sous des formes diverses se fait autour de l'idéal d'une « toute-puissance ». Ce qui justifierait chacun de dire que réussir sa vie, c'est trouver le moyen d'agrandir son propre pouvoir.

Mais cela revient à se soumettre à la loi naturelle, la raison du plus fort. On est alors largement en deçà de « l'humanité humaine ». Le vrai processus d'humanisation exige un retournement de cette situation. Il s'agit de mettre sa puissance au service de l'autre. Non pas dans ce qu'on veut pour lui, mais dans ce qu'il est en vérité, ce qui veut dire dans ce qu'il vise pour lui-même, à savoir s'exhausser en humanité. Alors apparaît le paradoxe de toute-puissance qui se veut créatrice : pour l'être vraiment, elle doit s'effacer. Ce qui ne consiste pas à se nier. Elle soutient, mais n'impose pas.

Un autre usage de la puissance peut donc s'implanter dans notre monde. Elle ressemblera fort à celle du « Dieu » dont parle la proposition chrétienne : un « Dieu » faible, accompagnant l'homme par sa parole pour qu'il invente son monde sans jamais empiéter sur sa liberté. Une puissance qui met sa noblesse à servir.

Le refus de la domination des forts passe, nous l'avons dit, par la revendication d'une stricte égalité. Elle est si peu naturelle qu'elle exige non seulement un fondement absolu, mais aussi un principe d'application qui vienne faire brèche à tous les passe-droits que nous nous accordons si facilement. Et cependant l'égalité ne doit pas araser les différences qui font chacune de nos personnes singulières.

La foi juive puis la foi chrétienne annoncent justement une telle égalité. C'est « l'égalité des enfants de Dieu ». Reconnaître en chaque être humain un fils ou une fille de « Dieu », c'est le dire unique et doué d'une valeur absolue, puisque personnellement aimé de « Dieu ». À ce niveau, aucune hiérarchie ne peut se mettre en place, ni une réduction à une masse anonyme où l'individu disparaîtrait.

L'affirmation chrétienne fonde cette égalité de manière étonnante. Le Christ, dit-elle, est « Dieu » fait homme. « Dieu » en chair et en os. « Dieu » s'est donc fait l'égal de tout homme. Il est désormais son vis-à-vis. Il ira même plus loin puisqu'on le verra s'agenouiller aux pieds de l'homme pour les lui laver [1]. Comment me serait-il possible de m'imaginer

1. Jn 13, 1 s. Voir aussi ci-après p. 199.

encore supérieur à quiconque quand j'affirme que « Dieu » lui-même s'est fait mon égal ?

Allons plus loin encore. On remarque que l'affirmation par laquelle chaque être humain exprime le sentiment et la revendication de sa valeur égale à tout autre est le « Je suis ». Souvent formulé en un « mais enfin ! je suis », ce qui veut dire : je ne suis pas rien. Que ce soit modulé souvent bien faiblement ou en forme de plainte ne change rien à l'affaire. Au contraire ! Or si ce mot, qui est celui de la conscience se retournant sur elle-même – et Descartes a montré qu'il est ineffaçable : « Je pense donc je suis », – ce mot est aussi le terme même qu'emploie le « Dieu » de la Bible pour se désigner lui-même. Jésus l'a repris à son compte bien souvent. Et pour cela on l'a tué parce qu'il se faisait *ainsi* l'égal de « Dieu », lui notre égal en humanité.

Dernière remarque, mais vertigineuse. Si je crois que tout homme est également aimé par « Dieu », cela revient à dire que n'importe qui a, aux yeux de « Dieu », dignité égale à celle de Jésus, l'homme de Nazareth en qui le Père reconnaît sa propre image. « Dieu ne fait pas acception de personne », dit l'Écriture. Il reçoit donc tout être humain à l'égal de son Fils. On comprendra qu'une égalité ainsi fondée ne soit jamais dissociable du respect de la différence toujours infranchissable entre les personnes puisque le « Dieu » trinitaire dont nous revendiquons le modèle ne peut se concevoir que dans la parfaite égalité de trois personnes distinctes.

Les conséquences de ce fondement de l'égalité sont nombreuses. Et d'abord comment, à notre tour, manifester à l'égard de tout homme une « dévotion » semblable à celle que nous donnons à Jésus-Christ en nos Églises ? S'il est fidèle à ce qu'il affirme, le chrétien doit aller jusque-là. Cela passera bien sûr par des analyses et des médiations politiques, économiques et sociales puisque cette égale singularité de chacun se réalise dans l'entrecroisement de tout ce qui fait le monde, nature, sociétés et cultures. Mais la dévotion en question doit fixer l'axe et l'orientation de ces actions. Et puis, soyons conscients que reconnaître, vivre et promouvoir l'égalité réelle des personnes fait corps avec l'acte de foi en « Dieu ». Même si celui-ci n'est nullement explicite. Le seul lieu réel de la rencontre de « Dieu » est de le rejoindre dans son œuvre. Et quoi de plus proche de lui que celle ou celui auxquels il porte un amour singulier ? Ce qui entraîne l'exigence d'entrer dans le combat pour redresser l'humanité blessée. La dignité de tout homme bafouée, c'est l'œuvre de « Dieu » piétinée. C'est bien là le péché.

Dans ce combat, jusqu'où doit aller la fraternité ? L'Évangile répond : jusqu'au pardon. Dans la mise en place d'une « humanité humaine », on ne saurait rêver les rapports humains sans heurts, sans malentendus, sans mésententes, sans conflits. Les intérêts ne sont pas naturellement accordés. Au contraire, la soif de toujours plus qui caractérise le désir pense se satisfaire en étendant le champ matériel et social de son emprise. D'où des empiétements des libertés les unes sur les autres. Sans oublier toutes les jalousies ; ni les désordres structurels ; ni enfin le mépris, la méchanceté, la volonté de faire du mal, et même de faire le mal. On comprend où peut mener cette accumulation de torts mutuels. Il n'est plus rien de fraternel dans un monde où régneraient, se démultipliant d'elles-mêmes à l'infini, la violence, la peur et la vengeance. Une spirale qui conduit à la déshumanisation.

D'où la nécessité qu'intervienne un mouvement contraire : vouloir le respect de l'humanité de chacun et en chacun et donc le pardon des torts. Non seulement pour faire brèche à l'avalanche du mal ; mais aussi et d'abord pour permettre au « coupable » de reprendre espoir en sa capacité de devenir – redevenir – humain. Il ne s'agit pas seulement de restaurer un *modus vivendi* où chacun dit oublier les griefs tandis qu'il reste dans une espèce de paix armée. Il s'agit de se réconcilier par un vrai pardon. Le pardon ne nie pas les injustices commises ni les nécessaires réparations. Mais c'est l'acte d'amour par lequel j'affirme que la personne qui m'a lésé vaut mieux que son geste. Et donc je me refuse à l'y laisser enfermée. Même si elle doit le payer.

C'est alors le chemin de réconciliation dont témoigne le « Dieu » des évangiles : « Il nous a réconciliés avec lui dans le Christ en ne mettant pas leurs fautes au compte des hommes [1]. » Ici plus question de donnant donnant, d'équilibre des intérêts. « Dieu » ne calcule pas, il ne négocie pas. Il donne Sa vie pour nous réapprendre à vivre. C'est la générosité totale du pardon, ce don par excellence qui ne demande rien en retour. L'humanité pourrait-elle exister, c'est-à-dire demeurer humaine, si la fraternité qu'elle affiche ne disposait pas, comme un supplément d'âme, d'un tel appui, d'un tel recours ?

Décidément, pour devenir humains, suffirait-il qu'il nous soit donné de tendre à ressembler à « Dieu » ?

L'homme, enfin !

Par-delà le mal qui nous assaille et que nous faisons, il est une façon de faire l'homme qui peut le sauver en nous-mêmes et dans les autres : se servir de toutes ses capacités pour que tout homme apprenne, dans les faits et non seulement dans les discours, sa propre imprescriptible dignité qui le destine, à égalité avec tout autre et à sa place singulière et irremplaçable, à être constructeur d'un monde à « visage humain ». Pour que cela advienne, oser le pardon, cette reconstruction où chacun découvre qu'il vaut toujours mieux que ses actes. Cela parce qu'il est aimé. Agir ainsi porte certes très en avant la revendication d'humanisation de l'humanité. Jusqu'à un sommet auquel elle n'osait plus rêver. Mais loin de l'idéaliser, c'est au contraire l'ancrer dans le réel et l'authentifier dans sa visée la plus profonde.

Si l'homme trouve le sens de sa vie en se « dévouant » pour que l'humanité vive en vérité – et elle vit en moi-même quand je l'aide à vivre dans les autres ; et réciproquement – dirait-on que l'affirmation chrétienne n'y trouve pas tout autant son compte ? Elle qui pose comme critère du salut : « Tu aimeras ton prochain comme toi-même. »

Certes ce programme de vie « Aimez-vous les uns les autres » se retrouve dans la plupart des grandes religions ou spiritualités, la juive évidemment, mais aussi la musulmane ; et encore le confucianisme et nombre de spiritualités

1. 2 Co 5, 19.

orientales, etc. Quelle est alors la spécificité chrétienne ? Elle tient en un mot : « Aimez-vous les uns les autres *comme je vous ai aimés.* » Le chrétien croit qu'à un moment de l'histoire humaine il y eut un homme, une existence, qui a totalement réalisé le programme d'humanisation où, aujourd'hui encore, nous cherchons le sens. Cette existence s'appelle Jésus, le Christ.

« *Ecce homo*[1] *!* » « Voici l'homme ! » Pouvait-on mieux dire que ce ricanement peut-être de Pilate qui jette à la foule : « Tenez, le voici cet individu ! » Il ne voyait pas, le procurateur romain, qu'il avait devant lui l'homme qui portait à sa perfection ce que l'humaine condition peut devenir. Et que, du même coup, le salut se réalisait car l'accomplissement du projet qui oriente tout le dynamisme de la création devenait possible : l'homme humain existe. C'est le Fils, entendons l'expression même de « Dieu » en terre des hommes. Ce qui donne son sens à l'histoire du monde : rendre humaine l'humanité[2], le « Fils de Dieu » l'a vécu pleinement.

Être vraiment humain n'est donc pas un projet impossible. Les choix, les engagements, la façon de vivre de Jésus de Nazareth peuvent servir de critère pour reconnaître celles et ceux qui, avant lui comme après, se seront avancés dans cette voie. Mais il y a plus ! Cette aspiration fondamentale où l'humanité prend souffle mais qui se heurte à la mort reçoit ici la promesse qu'elle peut s'épanouir au-delà de sa propre attente. L'existence du Nazaréen fut telle qu'en son humanité se lève une lumière inattendue. Au cœur de notre finitude humaine et sans s'y dérober en rien, un amour a fait brèche. La réalité mystérieuse que nous nommons « Dieu » s'y est impliquée jusqu'à la mort. Elle en a fait un chemin de vie. À le suivre, l'humanité enfin humaine est soulevée jusqu'à devenir « divine ».

---

1. Jn 19, 5.
2. Et achever par là l'enfantement de la création. Voir Rm 8, 19-22.

4

Car il y eut un homme !

ou la singularité du christianisme

« Il voulait vivre libre comme les oiseaux.
Aussi les chasseurs l'abattirent-ils. »

KALIL GIBRAN, *Jésus, fils de l'homme*.

Entrer dans une histoire.

La proposition chrétienne se réfère à une histoire. Si, aujourd'hui, elle s'appuie sur des textes, c'est parce que ceux-ci parlent d'abord d'événements. Certes, la manière dont ces textes écrivent l'histoire n'est pas celle des historiens modernes. Il n'empêche que les évangiles font bien référence à un personnage historique et à ce que fut son expérience humaine. Aux premières années de notre ère, un juif, nommé Jésus, un nom très courant à l'époque, a vécu sur la terre du Proche-Orient appelée aujourd'hui Palestine. Ceux qui ont été proches de lui ont raconté ce qui les avait marqué dans ce compagnonnage et qui s'est ensuite révélé déterminant pour leur propre existence d'homme ou de femme. À leur écoute, d'autres ont appris d'eux cette histoire et y ont à leur tour puisé un sens pour leur façon de vivre, individuelle et collective. Ainsi, les textes que nous possédons racontent l'influence exercée par celui que le peuple de son temps nommait Jésus de Nazareth, le fils du charpentier. Aujourd'hui aucun historien sérieux ne conteste la réalité historique de ce Galiléen mis à mort sous Ponce Pilate aux alentours de l'an 30 [1] après un temps de prédication publique fort court, entre dix-huit mois et trois ans au maximum.

C'est donc bien rendre à la pensée chrétienne son statut premier et déterminant que de lui donner pour objet l'histoire d'un homme et le sens que cette rencontre fait naître dans la vie de celui qui l'aborde comme tel. Si, depuis vingt siècles, des gens peuvent se dire chrétiens, c'est bien, fondamentalement, « parce qu'il y eut un Homme ». Et si la notion de « Dieu » peut avoir un sens pour notre existence, cela ne peut être qu'à partir de cet homme-là.

CONDITIONS D'ACCÈS À CETTE DÉMARCHE

Le merveilleux n'est pas celui qu'on croit.

Pour entrer dans cette histoire, il est nécessaire de mettre à sa place le caractère merveilleux des récits qui la transmettent. Ces textes furent produits dans des cultures (aussi bien juive que grecque) dans lesquelles la saisie du réel se faisait à travers des expressions sinon mythologiques, du moins se référant à une certaine vision du surnaturel qui n'a plus de sens aujourd'hui. On peut mettre à distance ces modes d'expression en reconnaissant leur statut littéraire sans rejeter pour autant la signification qu'ils veulent traduire. Pour ne prendre qu'un exemple, le très grand nombre des exégètes reconnaissent que les récits de l'enfance de Jésus ont été composés par des communautés chrétiennes qui entendaient, par là, proclamer leur foi en la résurrection du Christ. Et elles ont inscrit cette certitude, dès la naissance de Jésus, en la racontant à l'aide des procédés littéraires faisant appel au merveilleux, des procédés qui avaient cours dans la Bible pour signaler une action de Dieu intervenant dans l'histoire.

1. De nombreux exégètes croient pouvoir préciser aujourd'hui qu'il s'agit du 7 avril 30.

Cette mise entre parenthèses du merveilleux, que l'on confond si souvent avec l'action de « Dieu », ne vise nullement à rejeter le texte. Mais, en vue de mieux le comprendre, on tend à atteindre l'intention du texte qui est de nous parler de quelqu'un qui est né, qui a agi, qui a aimé et qu'on a tué. Nous rendre perceptible cette existence-là qu'on dit être Parole de « Dieu ». Une parole alors singulièrement plus parlante que ne le sont les « merveilles mythologiques ». Témoin l'humilité, on dirait presque la dérision, des deux signes donnés pour introduire au « Dieu » qu'annoncera le Galiléen : un nouveau-né couché dans une mangeoire et un innocent condamné au supplice de la croix. À y bien regarder, et si on oublie la magnificence dont peintres ou sculpteurs ont entouré ces événements, ne sommes-nous pas en face de situations courantes et malheureusement banales comme en connaît journellement l'actualité du monde ?

Le comportement de Jésus est, lui aussi, révélateur. À ses yeux, l'être humain passe avant le sacré que prônait sa propre religion. Chaque fois qu'il s'agit de sauver un être humain ou de l'aider à vivre, il transgresse allègrement les tabous : celui de la loi avec la femme adultère, celui de la pureté rituelle avec le lépreux, celui du Temple [1], etc. La plupart de ses gestes publics sont de cet ordre, « car le sabbat est fait pour l'homme et non pas l'homme pour le sabbat [2] ». Il se démarque ainsi de « la vieille religion ». Et toute religion est vieille quand, réfugiée dans le sacré dont elle se prétend garante, elle s'en sert pour intimider le peuple en ramenant l'homme à des craintes infantiles. Mais le comportement de l'homme de Nazareth ne va pas sans conséquence : ces transgressions sont perçues par les officiels de la religion comme des blasphèmes vis-à-vis de « Dieu ». Celui qui est admis et qu'ils prêchent. C'est pourquoi des gens ont pu croire en un « Dieu » au nom duquel on a condamné Jésus à mort. Raison de plus pour ne pas parler de n'importe quel « Dieu ».

1. Successivement : Jn 8, 1-11, Mt 8, 2, Mc 11, 15-18.
2. Mc 2, 27.

Veiller à ses codes de lecture.

Apparaît alors la nécessité de lire l'existence de Jésus selon des codes adaptés. Jamais nous ne percevons les choses, les événements ou les personnes à nu, si l'on peut dire. Chacun de nous est porteur d'une culture. Elle est, pour une grande part, collective, c'est la culture de la société et des milieux où l'on baigne ; et, pour une part plus faible, elle est personnelle, j'entends la culture que nous donne notre propre histoire. Quelle que soit son origine, cette culture impose des cadres à travers lesquels nous organisons notre perception de la réalité. Ainsi, par exemple, un scientifique n'a pas le même regard sur le monde qu'un poète, un ouvrier qu'un agriculteur ; et un individu relevant d'une culture patriarcale et machiste ne percevra pas le même monde que celui que voit un défenseur des causes féminines, etc. On dira que les uns et les autres n'ont pas les mêmes codes de lecture de la réalité.

Pour aborder honnêtement l'approche de l'existence de Jésus de Nazareth, il importe de savoir selon quels codes on peut déchiffrer les textes qui nous y donnent accès.

Comment Jésus de Nazareth fut-il perçu par ses contemporains qui crurent en lui ? Nécessairement selon les codes religieux juifs de l'époque. On peut schématiser ainsi leur découverte : en Jésus, ils ont reconnu d'abord la figure du Messie, un homme marqué par l'Éternel pour guider et sauver son peuple. Mais, peu à peu, au contact de la façon dont Jésus menait son existence, tant par ses actes que par ses mots, ceux qui le fréquentent en viennent à voir en lui, non seulement un témoin de « Dieu », mais « l'action du Dieu de l'Alliance » faisant corps avec l'existence charnelle de cet homme. Au point qu'à terme et après une expérience particulière qu'ils nommèrent résurrection, ils en arrivèrent à l'identifier comme l'expression parfaite et exhaustive de « Dieu » en langage d'homme. Donc à le reconnaître comme étant « Dieu » lui-même.

Cette lecture de « l'agir-Jésus » – j'entends par là toute son existence, ce qui transparaissait à travers lui, ce qu'il mettait au jour par la provocation apportée dans la vie de ceux qui choisissaient de le suivre – cette « lecture », les compagnons de Jésus l'ont nécessairement traduite en décrivant les faits et gestes qui les captivaient à l'aide et au travers des codes culturels et littéraires de leur temps.

Pour nous aujourd'hui, le lieu de rencontre de « l'agir-Jésus », ce sont les évangiles. Ces récits, témoignages de la foi des premières communautés chrétiennes, traduisent à leur tour, et toujours dans des codes culturels qui leur sont propres, la lecture que ces premières communautés firent de l'existence de Jésus sous l'éclairage de la foi en la Résurrection. Ce sont ces évangiles qu'à notre tour, nous avons à lire. Pas seuls certes ; appuyés sur la lecture qu'en fait l'Église. Mais il ne peut s'agir, en toute hypothèse, que d'une lecture d'aujourd'hui. Donc qui utilise les codes et les moyens d'aujourd'hui, et fait appel, en particulier, aux acquis de l'exègése scientifique et des sciences de l'homme. S'ils permettent une lecture plus affinée que celle qui était possible hier, il serait illusoire – et contradictoire – de croire qu'ils épuisent définitivement la compréhension du texte. Cela dit, ils sont bien des instruments de lecture dont on ne peut plus se passer, actuellement. Le refuser, c'est oublier que toute lecture est acte d'interprétation où sont engagées subjectivités et intersubjectivités. Ce qui ne veut pas dire qu'on puisse affirmer n'importe quoi. Lire fait se rencontrer l'activité du lecteur et la donnée objective forte qu'est le texte. L'éclairer par la science n'affaiblit nullement cette objectivité. Dire que chacun a nécessairement « son (image de) Jésus », une image qui est du reste toujours en chantier si on cherche à lire vraiment le texte, c'est une évidence pour la pensée contemporaine. Les prises de position, fort variées au travers des siècles, des théologiens, des mystiques, des littérateurs ou des peintres le corroborent facilement.

S'il est une chance pour que l'histoire de Jésus et sa signification profonde redeviennent accessibles, et donc d'abord lisibles pour l'homme contemporain, c'est dans la mesure même où elle apparaîtra à travers des codes culturels qui lui soient familiers. Alors, de même que les disciples et les premiers chrétiens ont dû singulièrement dépasser l'idée qu'ils se faisaient de « Dieu » pour pouvoir le reconnaître en Jésus, de même sommes-nous amenés à nous débarrasser d'images et d'idées coutumières, rassurantes mais devenues fausses, c'est-à-dire inadmissibles dans la culture actuelle, pour pouvoir à notre tour répondre à la question : « Et vous, qui dites-vous que Je suis [1] ? » Tout l'imaginaire chrétien est à revisiter et à reprendre en charge pour pouvoir en renouveler la portée [2].

LA VIE D'UN HOMME

Quatre lignes de Charles Péguy : « Philippe a vu Jésus. Nous ne voyons que les curés. Ce n'est tout de même pas pareil. Heureux ceux qui l'ont vu passer dans son pays. Heureux ceux qui l'ont vu marcher sur cette terre ! Quand on pense, mon Dieu, quand on pense que cela n'est arrivé qu'une fois ! Ça s'est fait une fois pour toutes, un jour dans le temps, dans ce pays-là. Histoire terrestre, histoire unique, qui passa si vite, qui ne recommencera point [3]. »

Rendre à Jésus son humanité.

Sans entrer dans le détail historique de leur évolution [4], on doit constater que les dogmes concernant le Christ ont été élaborés à partir d'une vision prenant les choses de haut en bas. Depuis les cieux jusqu'à la terre. Vision dans laquelle, le Christ, Verbe de « Dieu », descend du ciel pour le salut des hommes. La profession de foi elle-même, le *Credo*, s'exprime ainsi, de manière descendante [5]. Et toute une prédication des

---

1. Mc 8, 29.

2. On trouvera une lecture de la vie de Jésus enrichie des connaissances d'aujourd'hui dans Gerd THEISSEN, *L'Ombre du Galiléen*, Paris, Éd. du Cerf, 1989.

3. Ch. PÉGUY, *Morceaux choisis-Poésie*, Paris, NRF-Gallimard, 1948, p. 16.

4. Voir Joseph MOINGT, *L'homme qui venait de Dieu*, Paris, Éd. du Cerf, 1993. La première partie « Jésus dans l'histoire du discours chrétien » présente cette histoire des dogmes.

5. Cette formulation « descendante » du *Credo* est certes parlante

Églises fonctionne encore le plus souvent sur ce modèle bien que celui-ci fasse appel à une conception du monde et du temps qui n'ont plus cours aujourd'hui. Cependant, et spécialement depuis le XIXe siècle – mais il y a des précurseurs dès le XVIIe –, de nombreuses recherches se sont intéressées à l'homme Jésus pris dans l'histoire. Au risque, du reste, de s'arrêter à une biographie dont on évacuerait la signification quant à l'ouverture vers un au-delà. Ce qui revient alors à mutiler les textes eux-mêmes. Quoi qu'il en soit, ces recherches ont ouvert la voie à une démarche où la réflexion sur Jésus va maintenant de bas en haut.

Il ne s'agit pas ici d'entrer dans ce débat, ni sous son angle historique – une biographie de Jésus, au sens moderne du terme, est vraisemblablement impossible – ni sous l'angle du débat théologique, du moins tel qu'il existe entre chrétiens, c'est-à-dire parmi des gens partant de la conviction que Jésus est « Dieu ».

Parce que je cherche comment rendre l'affirmation chrétienne accessible à des consciences laïques et qu'en conséquence j'ai proposé de mettre entre parenthèse l'hypothèse « Dieu », il est indispensable de prendre un point de vue qui parte d'en bas, c'est-à-dire qui s'enracine dans l'humanité de Jésus. Mais qu'on ne voie pas là une simple hypothèse. Ce point de vue fait toute l'originalité de la foi chrétienne. C'est une des caractéristiques essentielles qui la différencient de toutes les autres grandes religions. Et choisir cette perspective n'est pas nouveau. Dès les premiers siècles de l'Église, nombreux sont les auteurs chrétiens qui y insistent. Témoin, au IIIe siècle, Hippolyte de Rome : « Nous savons que le Verbe s'est fait homme, de la même pâte que nous. Car s'il n'en était pas ainsi, c'est en vain qu'il nous aurait demandé de l'imiter comme notre maître. Si cet homme est d'une autre substance, comment peut-il me prescrire de faire comme lui, à moi qui

---

pour celui qui a accédé à la foi. Mais est-elle la meilleure pour y conduire, du moins aujourd'hui ? On peut en douter. Un autre cheminement est possible. Voir ci-après p. 335.

suis faible par nature [1] ? » De la même pâte que nous ! Lui aussi faible par nature ! Bien d'autres pendant ces vingt siècles l'ont dit. Cependant, c'est un visage de Jésus qu'on a eu souvent et longtemps tendance à oublier. Aussi est-ce avec joie qu'on entend comme un écho moderne de cette idée dans la formule de Boris Pasternak : « Il est venu léger, vêtu de lumière, homme avec insistance. »

À la réflexion, on s'étonne d'avoir à insister pour défendre ce point de vue et sa radicalité. L'originalité du christianisme, celle qui le différencie, je le répète, de toutes les autres religions, c'est d'affirmer l'incarnation de « Dieu » : affirmer qu'il y a eu, un jour du temps et en un village perdu de la planète, fils d'un petit peuple sans gloire ni renom, un homme, celui-là dont nous parlons. Et donc reconnaître que, selon le mot de Pierre Emmanuel,

> [...] Soit toute autre qu'ordinaire
> La foi qui se connaît un Dieu
> Dans cet enfant qu'il faut laver
> De l'odeur de sang et d'eaux-mères,
> Fils de David, Fils de Yahvé,
> Fils du froid et de la misère.

Il importe donc de redonner aux textes évangéliques leur véritable proximité humaine pour que la Parole puisse nous parler. On ne dira jamais assez jusqu'où et comment Jésus fut l'un des nôtres. Comment c'est dans le très bas qu'il s'est manifesté. Un humain parmi la foule humaine.

Le corps de Jésus n'est donc pas une façade. Un des paradoxes de la pensée chrétienne, dont la double affirmation de l'Incarnation et de la Résurrection glorifie pourtant le corps humain, est d'en être venu à le dénigrer. Là encore, l'histoire des idées éclaire cette dérive, montrant, entre autres, la contamination qui s'opère dans les écrits chrétiens dès le IIe siècle à partir des idées platoniciennes et stoïciennes. On aboutit vite à penser que la matière est mauvaise. Imparfaite et impure, il

1. HIPPOLYTE DE ROME, « Contre toutes les hérésies », cité dans *Le Livre des jours*, Paris, Éd. du Cerf-Desclée de Brouwer, 1993, p. 104.

faudrait la fuir. Ainsi, dès la première épître de saint Jean [1], qui s'élève contre cette tendance, on voit se dessiner dans les communautés chrétiennes ce qu'on a nommé « le docétisme » (du verbe grec qui signifie : « apparaître »). Pour ces chrétiens, le Christ, au cours de sa vie terrestre, n'avait pas un corps réel, mais seulement une apparence de corps, comme celui d'un fantôme. Et, au IIe siècle, des docètes en viendront à nier toute participation du Christ à la matière ; et donc à affirmer que sa naissance, ses actions, ses souffrances et sa crucifixion ne sont que des apparences.

Ces positions ont été refusées par la majorité des chrétiens. Mais on sait quel chemin souterrain elles ont pu faire dans notre mentalité occidentale pour mener à une dépréciation du corps. Celui-ci ne serait que l'apparence – une guenille, diront certains – et seule l'âme serait la réalité véritable de l'être humain. De là tous les mépris pour le corps qui jalonnent l'histoire du christianisme.

Cette attitude de dénigrement du visible, du sensible et de l'histoire a pu prospérer car elle rencontre une des requêtes *religieuses* de l'être humain : la tendance à penser qu'il faille *sortir* de l'humanité pour trouver « Dieu ». Parce que la vie humaine ici-bas est tellement fragile, limitée, contradictoire, ses rêves et ses espoirs constamment battus en brèche, etc., la tendance est d'en chercher ailleurs, dans un ciel mythique, le sens, la sécurité, et même la réalité. Donc bien loin de « l'implacable grandeur de cette vie » dont j'ai montré que la première honnêteté était de ne pas la fuir.

De telles attitudes dévitalisent totalement le christianisme. Dans toute les autres religions, les dieux perdent leur divinité s'ils se manifestent sous des traits humains. C'est que, pour nos habitudes mentales et pour l'idée de « Dieu » qu'elles se fabriquent, il y aurait incompatibilité entre la transcendance divine et les limites corporelles de l'existence humaine. La proposition chrétienne est strictement inverse. Elle pose qu'il n'y a qu'un lieu où ce qu'on nomme « Dieu » se soit rendu lisible : l'humanité. D'abord l'histoire d'un petit peuple, puis

1. 1 Jn 4, 2 *et passim.*

celle d'un homme. Non pas en voilant son mystère derrière la façade d'un corps, mais très directement en animant, au plus intime, une existence bien humaine. Ce qu'elle peut révéler n'est pas au-delà d'elle, mais au-dedans, rayonnant par des gestes, des mots, des choix, des luttes, des amours. Une option de vie. Ce Jésus, on le verra risquer sa vie pour défendre une certaine idée de l'homme et de « Dieu ». Et il semble bien que pour lui, ce soit la même chose. Ce qui permet à Michel Legrain d'écrire : « Depuis la venue de Jésus, on sait que le corps humain est capable de porter la densité de la vie divine [1]. »

Donc quand nous lisons : « le Verbe s'est fait chair [2] », il importe de rendre aux mots leur sens. La chair dont il s'agit ne se réduit pas au corps, à l'enveloppe charnelle comme nous sommes toujours portés à l'entendre dans notre mentalité dualiste qui sépare et hiérarchise le corps et l'âme, la matière et l'esprit. Dans la langue où écrivent les évangélistes, la chair, c'est l'être humain concret, vivant son existence fragile et mortelle. Sans doute approchera-t-on mieux du sens de l'expression en traduisant « chair » par « personne humaine ». Donc, « se faire chair » équivaut à dire : se faire humain. Quant au Verbe, à la parole, l'expérience courante nous l'apprend, la parole n'existe que lorsqu'elle prend forme dans la matérialité des mots ou des gestes qui par là deviennent des signes et nous parlent. *Il n'est de parole que dite* ; celle qui se dit en Jésus n'échappe pas à la règle. Mesuré à partir de notre expérience humaine, il n'est de Verbe qu'incarné.

Une parole de chair et de sang.

Jésus est un homme et non pas une abstraction théologique. Faut-il y insister ? Il n'est pas question ici d'entrer dans le détail du parcours existentiel qui fut celui du « fils du charpentier ». Ce sont les évangiles qu'il nous faudrait relire.

---

1. Michel Legrain, théologien moraliste, *Croyants en liberté*, n° 17, Paris, janvier 1994, p. 28.
2. Jn 1, 14.

À chacun, s'il le veut, de le faire. Ou de se plonger dans tel ou tel des innombrables ouvrages retraçant cet itinéraire.

Je veux seulement évoquer deux aspects, fort différents l'un de l'autre, tant dans le style où ils sont écrits que dans le point de vue qu'ils abordent ; mais l'un et l'autre permettent de toucher du doigt combien nous sommes en présence d'une vie humaine concrète. Une vie semblable aux nôtres.

Tout d'abord, une évocation de ce qu'on nomme la vie cachée à Nazareth. Une bonne trentaine d'années d'un homme de tous les jours. Pour en parler, j'aime ces quelques lignes d'un prêtre du midi de la France. Il offre de ces années, plus des neuf dixièmes de la vie de Jésus, une lecture émouvante et qui aussi peut nous faire participer à ce qui fut sans doute une des expériences des premiers croyants : « Jésus a été petit enfant jouant avec les enfants de son village, et les enfants de Nazareth ont su, après coup, qu'ils avaient eu comme compagnon d'école et de jeu, le Fils de Dieu… Puis il prit le métier de son père… il faisait des araires, il faisait des jougs, il faisait des clôtures pour les brebis… et les gens de Nazareth ont su, après coup, qu'ils avaient eu travaillant à la journée chez eux, le Fils de Dieu !… Cette humanité de Jésus me passionne [1]. »

D'un autre point de vue, il est captivant de regarder l'existence de Jésus au travers de ce qui la constitue comme humaine, l'histoire d'une liberté. L'être humain concret, c'est-à-dire chacune des personnes humaines, est tout autre chose que le déploiement d'un programme préétabli. Il n'est prédéterminé ni par ses données génétiques, ni par l'héritage inconscient de son enfance, ni par les mécanismes des conditionnements sociologiques dans lesquels il baigne. Ce sont là bien sûr des conditions qui pèsent sur la réalisation de soi ; mais ce ne sont pas des causes qui pourraient le manipuler aveuglément. En d'autres termes, nous vivons dans le temps, nous sommes marqués par notre histoire, donc par les choix que nous faisons ; et peu à peu nous nous transformons. Ce que nous sommes n'est jamais donné au départ ; nous le devenons, nous façonnant nous-mêmes, jour après jour, par les

1. A. FABRE, dans *André Fabre, laboureur de l'unité*, Angers, Siraudeau, 1984, p. 20.

démarches quotidiennes où nous investissons le sens de nos existences. Et, comme par un effet de réverbération, ce sens se découvre lui-même à nos yeux, bien souvent après coup, formant une ligne directrice le long de laquelle s'organisent les actes que nous avons posés. En termes philosophiques, on dira que c'est dans le devenir de nos existences que se révèle l'être que nous sommes. Toute autre perspective ferait de la personne humaine une marionnette ; au mieux, un acteur docile interprétant au théâtre un rôle préécrit et qu'il ne signe pas.

Humaine, l'existence de Jésus ne saurait déroger à ce schéma, sauf à l'imaginer d'une autre « pâte » que nous. Libre, il n'est pas plus préfabriqué que moi. Ce sont ses compagnonnages, ses engagements, les partis qu'il prend, ses engagements, ses luttes et finalement sa mort qui révèlent, en le façonnant dans notre espace humain, son être le plus profond. Bien sûr, ce qu'il fait, il le vit avec une prise de conscience de plus en plus vive du choix radical qui l'anime et qui oriente tout son itinéraire. Et qui constitue le cœur de son identité, sa personne. Son humanité va jusque-là : c'est en vivant qu'il dévoile ce qu'il est. Trente et quelques années de vie, au fil desquelles, comme chacun de nous, il va se révéler à lui-même, vont peu à peu mettre au jour, et donc rendre visible et lisible, une façon de vivre où l'être humain va au bout de son humanisation. En d'autres termes, une humanité parfaite. C'est en elle que le croyant reconnaît un « Dieu » bien « inattendu [1] ».

HOMME JUSQU'À L'EXTRÊME

Tout lecteur des évangiles ne peut qu'être frappé par l'importance que chacun de ces quatre textes accorde au récit de la passion de Jésus. Non seulement chacun y consacre deux chapitres ; mais, si l'on remarque toutes les allusions à ce dénouement qu'on trouve précédemment au long des récits antérieurs et qui font souvent apparaître l'existence publique

1. L'expression est de Gérard BESSIÈRE, *Jésus, le Dieu inattendu*, Paris, Gallimard-Découvertes, 1993.

du Galiléen comme conduisant inéluctablement à son rejet et à sa condamnation, c'est dans l'exécution de Jésus que se découvre le sens de son itinéraire humain ; et que va se révéler en définitive qui il est. Si je cherche « l'image du Dieu invisible », comme dit saint Paul [1], c'est dans le Crucifié que je dois la chercher.

Notre projet n'est pas de nous arrêter ici à une méditation à laquelle tout chercheur de sens pourrait se confronter. Je veux seulement dégager deux points qui, me semble-t-il, font le cœur même de l'affirmation chrétienne quand elle propose de lire, en Jésus donnant sa vie, ce qui fait le sens ultime de toute vie humaine.

« Il a blasphémé : il mérite la mort. »

Pour quelle raison l'a-t-on condamné ? Sans doute n'est-il pas anecdotique de noter la brièveté de la vie publique de Jésus. Au maximum, près de trois ans ; peut-être seulement, une grande année, ou dix-huit mois. Or ce sont les puissants du pays, certains pharisiens et la caste sacerdotale utilisant l'occupant romain, qui y mettent le terme brutal que l'on sait. Il fallait que cet homme de Galilée les gênât terriblement pour qu'ils fussent si prompts à le faire taire. À une époque où le judaïsme tolérait très bien en son sein des expressions nombreuses et très diverses, des mouvements de pensée et parfois d'action que, nous, nous aurions qualifiés de dissidents ou de sectaires. Ceux qui suivaient le Galiléen ne formaient-ils pas qu'un groupe de plus parmi d'autres ? Alors pourquoi faire disparaître celui-là ? Et si vite ? Ou, pour prendre un point de comparaison, connaît-on, dans l'histoire, beaucoup d'hommes ou de femmes, réputés révolutionnaires par le pouvoir en place qu'on ait aussi rapidement détectés et éliminés ? Un historien comme Jean Delumeau n'en repère, je crois, aucun autre.

Cela nous conduit donc au motif de la condamnation. Le motif avoué est clair : « Il a blasphémé [2]. » Donc, c'est bien

1. Col 1, 15.
2. Mt 26, 65.

dans le domaine de ce qu'on peut nommer « l'honneur de Dieu », le respect de Son Nom – et du Temple, centre de la religion juive – que le conflit s'est noué. Mais, en fait, il se déroule sur deux plans, indissociables l'un de l'autre. D'une part, clairement, la question de « Dieu », mais d'autre part et tout autant le conflit porte sur le terrain de l'humanisation de l'homme.

On l'accuse de blasphème. Pourtant Jésus n'a aucunement prêché un autre « Dieu » que celui qu'annonçait la loi juive. Son « Dieu » est le « Dieu » de son peuple. Fidèle certes au culte et à la Loi, il vit cependant, sa foi autrement que ne l'avaient codifiée religieusement ceux qui étaient les représentants patentés de ce « Dieu ». Et paradoxalement, il va se trouver en opposition avec le « Dieu » qu'ils prêchent. Pour être fidèle au « Dieu » qui lui parle, il est conduit à se démarquer des comportements religieux officiels.

Jésus est quelqu'un qui a vécu pour une certaine idée de « Dieu ». Mais cette idée déroge à l'idée que s'en font presque toujours les hommes. Là où nous cherchons la puissance et la sécurité, là où nous aimerions être reçus selon ce que nous croyons être nos mérites, et distingués de ceux qui ne vivent pas comme nous, etc., – toutes choses que nous attendons de « Dieu » – Jésus présente un « Dieu » qui invite à se mettre soi-même debout, un « Dieu » qui provoque à la liberté, un « Dieu » qui ne fait pas acception des personnes, un « Dieu » qui pardonne « parce qu'on a beaucoup aimé [1] », etc. Et un « Dieu » qui se donne à reconnaître en chaque homme, très spécialement dans le pauvre, l'infime, le perdu, celui qui a faim, celui qui est nu ; un « Dieu » enfin qui veut redresser les opprimés, rendre la vue aux aveugles, libérer les captifs. Tous les captifs.

Alors apparaît l'autre face du motif de la condamnation de Jésus. Ce qu'il faut bien nommer le plan socio-politique. Il est remarquable que les accusateurs de Jésus réussiront à le faire condamner au prétexte qu'il aurait voulu se faire roi. Ce sera l'écriteau porté par Pilate sur la croix : « Jésus de Nazareth, roi des Juifs [2] ». Pourtant, Jésus n'a nullement contesté les

1. Lc 7, 47.
2. Jn 19, 19.

pouvoirs en place qu'ils soient religieux ou économiques. Mais eux ont vite perçu que son action les mettait gravement en danger tout simplement parce qu'il invitait chacun à reprendre en main sa dignité d'homme dans la liberté personnelle et le partage fraternel avec tous. Et parce qu'il croyait en un « Dieu » qui l'aime comme il aime tous les humains, sa foi en son « Dieu » a pris corps dans son combat pour les hommes.

Ces remarques conduisent à une première conclusion. Si nous sommes amenés à confesser un « Dieu » se révélant à travers l'histoire de Jésus, cela supposera que nous acceptions de changer toute idée « humaine » sur « Dieu ». Une conversion sans cesse à reprendre. Car l'histoire du christianisme aussi bien que notre propre expérience nous apprennent que nous cherchons toujours à concilier l'idée de « Dieu » que nos intelligences et nos cultures nous recréent continuellement avec ce « Dieu » étrange auquel Jésus croyait et sur lequel il a joué sa destinée. Ce « Dieu » qui fut le sens de sa vie.

« Il les aima jusqu'à l'extrême. »

« Tout homme porte en lui un idéal et, quel qu'il soit, ce qu'il peut y avoir de solide dans cet idéal n'est pas autre chose que l'idée de perfection que nous lui reconnaissons [1]. » En Jésus, l'idéal de sa propre perfection le pousse au maintien dans l'amour total se refusant à opposer violence à violence. Ce qui va le conduire jusqu'au dépouillement de soi-même par fidélité à soi. Aller au bout de soi-même, au bout de la fidélité à soi-même, voilà comment l'adhésion profonde au sens de sa propre existence va l'affronter à sa mort. J'emprunte à Maurice Bellet un longue citation qui analyse cette démarche ultime.

Toute l'inimitié de l'homme pour l'homme se concentre alors contre l'innocent. Et que fait-il ? Comment réagit-il à la violence qui lui est faite ? Par le refus d'utiliser la même arme. Plongé à l'extrême dans ce qui est le fond du drame humain, la violence de l'homme

1. Jules LAGNEAU, *Célèbres leçons et fragments*, Paris, PUF, 1950.

contre l'homme, il refuse d'en accepter simplement le jeu. [...] C'est ainsi que la violence peut être supprimée quand elle est vécue et pâtie par celui qui ne lui cède en rien ; c'est ainsi seulement que l'amour passera de la superficialité à la profondeur. [...] Au moment même où il est couvert de plaies, il est l'Homme de l'amour invulnérable, précisément parce que son amour pour l'homme demeure identique quand les hommes le nient, parce que pas un instant ne se pervertit son regard. Rien n'affleure d'autre, en ce moment de vérité, que ce qu'il a toujours manifesté. Il s'est mis lui-même dans une situation d'infériorité terrifiante, alors qu'il aurait pu jouer le jeu. Mais il ne recourra pas aux moyens de ses adversaires. [...] *Son arme est d'être jusqu'au bout ce qu'il est : l'homme qui sait aimer* [1]. Mais cette attitude fondamentalement simple n'a rien d'inerte ; elle inspire toute la complexité de son histoire, la logique de son agir qui, en ce moment décisif, révèle sa cohérence ; tous les moments se tiennent selon une signification une.

Si donc il est en un sens la victime sans défense, il est aussi l'homme de l'insurrection absolue, du refus inexorable de l'ordre ancien. Du même coup, il pose que rien n'est absolu pour l'homme hormis ce que lui-même vit, et qui est l'amour réel de l'homme, traversant toute l'épaisseur de la réalité humaine pour faire naître l'homme vivant. Il rend donc relatif tout pouvoir et toute pensée humaine ; la puissance, désormais, de l'homme sur l'homme ne peut être que service de l'homme.

C'est pourquoi sa mort est en un sens son triomphe : il n'a cédé en rien. Il crée le type d'homme où l'amour absolu de l'homme ne défaille pas, même devant la menace suprême : être exécuté, et, dans cette mort, voir disparaître ce qu'il a commencé. Sa mort affirme que l'homme peut vivre s'il sait mourir à ce qu'il est [2].

Un jour du temps, dans l'immense histoire de la terre où, éphémères, nous les humains, nous passons, il y eut au moins un homme qui osa aimer jusqu'à l'extrême. Un homme qui a réellement donné sa vie. Sa mort fut une vraie mort. Et, comme pour chacun de nous, elle apparaît comme le terme de son histoire humaine. C'est dans cette mort, dans la réalité de ce don de soi, que les chercheurs de sens que nous sommes sont

---

1. C'est moi qui souligne.
2. Maurice BELLET, *La Peur ou la Foi*, Paris, Desclée de Brouwer, 1968, p. 305-307.

invités à reconnaître ce que nos vocabulaires nomment un « Dieu », autrement dit l'Existence qui nous désigne le Sens ultime de chacune de nos vies. Et nous en ouvre le chemin.

« Des hommes amoureux de vivre à en mourir », disait un poète [1]. Le « Dieu » qui se donne à voir en Jésus est un de ceux-là, de tous ceux qui ont compris que vivre, c'est aimer et donner sa vie pour ceux qu'on aime. Il l'a fait à la perfection.

Les derniers mots.

Est-il visage de « Dieu » parmi nous celui qui, homme comme un autre, perdu dans la foule anonyme, vraie personne humaine vivant l'infime d'une de nos minuscules vies, accepte de la perdre et, poussière, de retourner à la poussière, mais de mourir par amour, parce que l'amour n'est pas négociable ? Personnellement, je le crois. Mais, en tout cas, et ce n'est nullement contradictoire, bien au contraire, il est bien un homme qui est allé au plus haut qu'il soit possible dans l'humanisation de l'humain.

On en trouve une nouvelle preuve dans les deux dernières paroles que rapportent les récits qui témoignent de sa mort. Certes son premier cri de crucifié a dit le sentiment d'horreur et d'abandon de tout être humain face à la détresse du mourir : « Mon Dieu, mon Dieu pourquoi m'as-tu abandonné [2] ? » Mais, à ce point ultime de la vie et de l'expérience humaine et comme plus fort que toute angoisse, voici maintenant le geste du pardon, ce point culminant de l'humanisation [3] : « Père, pardonne-leur, ils ne savent pas ce qu'ils font [4] ! » Et puis, dans un dernier souffle, voici, plus profond que toute angoisse, le premier sentiment sans lequel la vie humaine n'aurait pas ses chances : c'est l'affirmation de la confiance, ce fondement

1. Aragon, « L'affiche rouge » dans *Le Roman inachevé*, Paris, Gallimard-Poésie, 1972, p. 227.
2. Mc 15, 44.
3. Voir ci-dessus chap. 3, p. 87.
4. Mc 15, 44.

ultime et nécessaire du sens : « Père, entre tes mains, je remets mon esprit. » « Et sur ces mots, il expira [1]. »

Ici, à nos yeux, s'achève un parcours humain. Il est sans faute. Désormais s'ouvre l'ère des témoins.

AU DIRE DES TÉMOINS

L'histoire d'un homme ne se clôt pas immédiatement après sa mort. On doit prendre en compte le retentissement qu'elle peut avoir encore sur les proches du défunt. C'est vrai pour Jésus comme pour tout un chacun. Lui mort, son histoire n'est pas finie pour autant. Plus exactement, elle est immédiatement relayée, disent toujours les textes, par celles de quelques personnes – cinq cents est le chiffre maximal qui soit avancé – qui avaient vécu à son contact. Du moins à une exception près, celle d'un jeune pharisien, Saul, celui qui latinisera son nom en Paul. Tous les autres sont dits avoir fréquenté le Galiléen, à un moment ou l'autre, entre son baptême dans le Jourdain par un des baptistes de l'époque, Jean qui était son cousin, jusqu'à sa crucifixion. Pour tous ceux-là, les récits dont nous disposons évoquent des « rencontres [2] », de formes et dans des circonstances diverses, que ces personnes ont faites, après sa mort, avec celui qui venait d'être crucifié.

L'affirmation chrétienne prend en compte ces rencontres. Mais une première remarque s'impose : la véracité qu'on peut accorder à ces récits relève du crédit que nous donnons à ces témoignages. Les accepter, c'est se reconnaître tributaire de l'expérience vécue par ces témoins. En d'autres termes, ce que l'on peut dire maintenant, quant à ce qui s'est passé au-delà de l'exécution de Jésus, dépend de ce qu'ont cru les témoins dont nous parlons. Quand elle parle de ces faits, la proposition

1. Lc 23, 46.

2. L'exégète Xavier LÉON-DUFOUR préfère ce terme à celui d'« apparition » pour éviter le caractère toujours plus ou moins visionnaire, hallucinatoire ou fantasmatique auquel apparition fait penser.

chrétienne accepte de dépendre de leur parole. La cohérence, ou non, que celle-ci manifeste avec ce que nous savons déjà de la vie de Jésus est un critère sérieux du crédit qu'on peut leur faire ou leur refuser.

Il convient donc d'abord d'écouter ce qu'ils disent. Cela permettra de saisir, en essayant d'aller à l'essentiel, ce que vise la foi chrétienne lorsqu'elle parle de la résurrection de Jésus. Pour l'heure, il ne s'agit pas de se demander si, oui ou non, Jésus est ressuscité, mais bien d'entendre ce que disent les témoins qui parlent à son sujet. En d'autres termes, ce que « ressuscité » veut dire.

La résurrection de la chair.

Une évidence s'impose : ceux qui parlent de ces « rencontres » disent pratiquement tous qu'ils ne reconnurent pas, de prime abord, celui qui prenait l'initiative de venir vers eux. De Marie Madeleine qui le prend pour le jardinier, aux deux hommes d'Emmaüs qui discutent longuement avec lui sur la route, en passant par les disciples qui se sont remis à leur métier de pêcheurs au bord du lac, tous, quand il vient à leur rencontre, « ne savaient pas que c'était lui [1] ».

Cette insistance dans les récits signifie clairement que dire « résurrection » ne peut aucunement signifier réanimation d'un cadavre. À trois jours de sa mort, si le Ressuscité était revenu avec son corps, dans sa propre peau, on l'aurait reconnu d'emblée. Donc ces récits le présentent bien comme vivant, mais ce qui manifeste cette vie révèle autre chose que ce qui tombait immédiatement sous le regard avant qu'il soit mort.

La proposition chrétienne parle plus souvent de « résurrection de la chair » plutôt que de résurrection des corps. Qu'est-ce à dire ? En langage biblique, la « chair », c'est l'homme singulier tel qu'il se manifeste concrètement. En langage d'aujourd'hui, disons la « personne ». Or en chacun de nous, la personne est une réalité paradoxale. D'une part, tout

1. Successivement Jn 20, 15, Lc 24, 13 s., Jn 21, 4.

au long de notre histoire individuelle, elle s'incarne nécessairement dans nos données corporelles, elles-mêmes changeantes selon l'âge ; mais, d'autre part, elle ne se réduit pas à cette réalité matérielle sans cesse évanescente. Façonnée par ce que nous vivons – et c'est notre corps qui le réalise – à la fois elle en résulte et le dépasse. D'où, par exemple, quand nous comparons des photographies nous représentant à des âges différents : « C'est bien moi, mais qu'est-ce que j'ai changé ! » La personne est d'un autre ordre que celui de la seule matérialité corporelle. Plus exactement, elle transcende tous les ordres de réalité dans lesquels elle est pourtant nécessairement impliquée, mais aussi auxquels elle confère une cohérence unique. Celle qui fait justement la singularité de chacun. Et, parce que la personne s'engage et se réalise dans les choix et les actes effectivement vécus, on peut sans doute dire qu'elle est saisissable dans le sens qu'ils traduisent. Mais, je le répète de nouveau, le sens, tel que nous le vivons au long de nos jours, n'est jamais d'ordre purement intellectuel. Pris dans toute l'amplitude de sa triple signification, le sens d'une existence humaine porte en lui toute l'épaisseur de la présence au monde qui a fait son histoire singulière. Si donc résurrection de la chair il y a, c'est de la personne qu'il s'agit, la personne se manifestant, avec ses souffrances et ses joies, à travers le sens de sa vie irradié par la miséricorde de « Dieu ».

La carte de visite du Vivant.

Dans cette perspective, les indices par lesquels le Ressuscité se donne à reconnaître doivent retenir particulièrement l'attention. Les récits mentionnent essentiellement trois signes par lesquels les témoins l'ont perçu comme vivant par-delà sa mort. Or chacun renvoie à des gestes précis posés durant sa vie.

– Voici Marie de Magdala qui le cherche éplorée et demande à celui qu'elle prend pour le jardinier de le lui rendre « si c'est lui qui l'a enlevé ». L'homme l'appelle par son nom : « Marie ! »… et elle le reconnaît.

– Voici Thomas et son incrédulité. Et c'est la scène célèbre où il dit à Thomas : « Avance ton doigt ici et regarde mes mains, avance ta main et mets-la dans mon côté… » On notera, du reste, que ces stigmates de la crucifixion sont la preuve de son identité la plus fréquemment avancée. En plus de la démonstration faite à Thomas, les textes les évoquent deux autres fois.

– Enfin c'est l'auberge d'Emmaüs : « Or, quand il se fut mis à table avec eux, il prit le pain, prononça la bénédiction, le rompit et leur donna. Alors leurs yeux furent ouverts et ils le reconnurent à la fraction du pain. » On se rappelle alors bien sûr le « Prenez et mangez, ce pain c'est ma vie livrée [1]. »

Une évidence s'impose de nouveau. L'ensemble de ces trois signes renvoie a ce qui a fait le sens constant et ultime de la vie de Jésus : vivre d'amour jusqu'à donner totalement sa vie. Un don que la croix a signé et que le pain rompu et partagé rappelle et renouvelle. Or cet amour, s'il est certes pour tous, ne fut jamais seulement global et comme indifférencié. Il a été vécu comme un attachement précis et personnel aux individus rencontrés, une affection singulière portée à chacune et à chacun. La voix qui interpelle Marie est bien celle de celui qui l'a aimée, elle.

Donc à voir les signes qui le révèlent sous son nouveau visage, il apparaît clairement que ce que les témoins des « rencontres » avec le Ressuscité ont perçu de lui comme étant vivant au-delà de la mort ce n'est pas sa stature corporelle, mais de nouveau, dans toute leur richesse singulière, les gestes dans lesquels, de son vivant, il a traduit l'orientation et l'engagement de toute sa vie. Son sens donc. Avec toute la densité charnelle et relationnelle qui le portait.

Il est un quatrième signe. Le récit le situe au bord du lac de Tibériade. Le Jésus ressuscité qui accueille les disciples rentrant d'une longue journée de pêche leur a tout simplement préparé à manger [2]. Comme si le service était sa seconde nature. Ou plutôt sa vraie nature.

1. Jn 20, 16 ; Lc 24, 40 et Jn 20, 20 ; Lc 24, 30-35, Lc 22, 19.
2. Jn 21, 9 s.

Tel qu'en lui-même…

En tout cas, à lire les textes et donc à travers le retentissement qu'au-delà de sa mort son existence a eu dans la conscience des témoins de sa vie, voilà les caractéristiques essentielles de son identité qu'il leur a laissées. Autrement dit, sa nouvelle carte de visite.

Quand on regarde le sillon tracé par cet homme au fil de son itinéraire humain, tant dans ses jours mortels que dans la lumière révélée par sa mort, une étonnante cohérence apparaît. Jésus est celui dont toute la vie manifeste la force de l'amour « qui n'est pas un devoir, mais l'essence même de la vie, l'essence même de "Dieu" » (G. Morel). La résurrection de Jésus renvoie à l'expérience fondamentale des apôtres : parce qu'ils l'ont vu vivre et mourir, ils ont cru à la force de l'amour plus fort que la mort.

De cela, l'affirmation chrétienne ne peut pas démordre. Aujourd'hui moins que jamais.

5

La preuve par la croix

ou l'historicité de l'affirmation chrétienne

« Ils ont vu l'homme
et ils ont cru en Dieu. »

SAINT AUGUSTIN.

L'histoire d'un homme sans auréole...

L'histoire du christianisme s'amorce dans l'aventure humaine de cet homme-là, Jésus de Nazareth. Dans sa vie, dans sa mort et dans ce qu'ont perçu de sa vie après sa mort ceux qui furent ses proches. Les événements dont il a été le protagoniste sont le socle de toute la proposition chrétienne. À ce titre, celle-ci relève, au premier chef, de l'histoire. En soi, elle n'a rien à voir avec des expériences ésotériques de révélation mystérieuses directes dans lesquelles d'autres religions peuvent trouver légitimement leur fondement. Cela ne veut pas dire que le christianisme ne fasse pas place au mystère ; mais le mystère chrétien ne tombe pas du ciel ; il est à déchiffrer dans les faits et gestes d'un homme juif du premier siècle qu'aucune auréole ne distinguait parmi ses contemporains.

Dire que la proposition chrétienne relève d'une donnée historique cela oblige à comprendre qu'elle se légitime par un récit. Le fait historique n'existe que raconté ; et sa cohérence est celle dont témoignent ceux qui en furent spectateurs ou acteurs. Autrement dit, un fait historique trouve sa validité dans la parole argumentée de ceux qui le racontent. Une parole qui s'inscrit dans leur propre expérience. Cela vaut bien sûr pour ce qu'affirme le christianisme car c'est au fil d'un processus historique qu'on a pu aboutir à dire que, dans l'événement-Jésus, « Dieu » s'était rendu visible. En effet, de même que Jésus a vécu une véritable histoire humaine, de même l'expression de la foi chrétienne s'est façonnée à travers des événements. En d'autres termes, le dévoilement de ce qui s'est révélé dans la vie de Jésus suit lui aussi la loi de l'incarnation : il est le fruit de l'expérience vécue d'hommes et de femmes marchant sur les traces du Galiléen.

Deux questions naissent de là. Le fait historique où s'enracine l'affirmation chrétienne est-il crédible ? Je ne m'interroge pas sur la validité des récits évangéliques pris dans leurs détails. C'est le travail des exégètes. Je me demande si, oui ou non, les premiers chrétiens doivent être pris au sérieux quand ils disent qu'ils tirent de leur compagnonnage avec ce dénommé Jésus la conviction qui désormais les guide dans leur vie. De là découle une seconde question : comment expliquer que se soit élaborée en eux la conviction qu'à travers l'histoire singulière de cet homme, bien ordinaire aux yeux des autres, c'était le visage de l'Absolu qui s'était révélé ?

Que leur foi ait été confirmée par les « rencontres du Vivant » qu'ils ont faites après sa mort, c'est indéniable. Mais faut-il pour autant y voir une illumination soudaine où se serait révélé d'un coup et dans le détail tout ce que les évangiles vont raconter une génération plus tard ? Rien n'oblige à le croire. Sans doute répond-on mieux aux deux questions posées en essayant de comprendre la démarche de ceux qui, les premiers, avant de nous la transmettre, se sont raconté l'histoire du Galiléen. La proposition chrétienne prend sa source dans la lecture qu'ils ont faite de ce qu'ils avaient vécu et qui éclairait, par là même, ce qui leur arrivait dans leur propre vie.

... racontée dans le langage d'une époque.

Ensemencée par la vie et la mort de cet homme-là, Jésus de Nazareth, l'aventure chrétienne germe dans le fait que des hommes et des femmes vont consacrer leur vie à témoigner de ce qu'ils viennent de vivre près de lui et du message dont ils s'estiment porteurs.

Leur engagement ne s'explique et ne se comprend que parce que, pour eux, le sens de leur existence était désormais limpide : à vivre comme ils avaient appris à le faire à son contact, ils étaient sûrs désormais de réussir leur vie.

Ce qu'ils ont ainsi appris, ils vont devoir le faire connaître. Ils vont raconter la vie de Jésus, pour inviter à y voir un chemin de sens et de salut, et ils vont le faire en affirmant bientôt qu'en l'existence de cet homme, Jésus, « Dieu » s'était rendu visible. Or leur langage est éminemment religieux et le terme « Dieu » y tient la première place. Ainsi vont-ils en venir à reconnaître à Jésus le titre de « Fils de Dieu ». Ils iront jusqu'à l'appeler lui-même « Dieu [1] ». Moins rapidement, du reste, que les évangiles pourraient nous porter à le croire.

Est-il possible de pressentir ce qu'ils voulaient dire par là ? On peut le tenter en considérant les faits sur lesquels les premiers témoins s'appuient, puis la prise de conscience qu'ils en ont tirée.

---

1. Ici, du reste, faudrait-il s'entendre : La culture religieuse juive fait bien évidemment référence à Celui dont l'action se manifeste à travers la libération du peuple hébreu sans cesse appelé à s'arracher à tous les esclavages et soutenu par Lui pour le faire ; mais cette même culture évite de prononcer son Nom et va jusqu'à l'interdire. Or cette « Présence-là », nos langues latines la nomment « Dieu »... un terme emprunté donc à une tout autre aire culturelle où il est, originellement, loin d'avoir ce sens. De plus, quand nous le prononçons aujourd'hui, il a traversé une longue histoire. Un terme donc qui peut être très inadéquat pour traduire aussi bien la foi juive que la réalité nouvelle révélée dans l'existence de Jésus. Mais nous n'en avons pas d'autre.

LES FAITS

La naissance d'une foi.

Au regard de l'histoire, deux faits sont incontestables. Ils se déroulent entre les années 30 et 40 de notre ère et ils doivent être articulés l'un à l'autre. En les prenant dans l'ordre chronologique, on trouverait d'abord la crucifixion d'un Galiléen nommé Jésus ; puis, dans les années qui la suivent immédiatement, l'apparition, dans l'est du Bassin méditerranéen, de groupes d'hommes et de femmes se réclamant de cet homme et de son histoire. Mais, pour l'historien, les choses sont à prendre dans l'ordre inverse. Il faut partir de l'émergence de ce fait socio-religieux, nouveau dans cette région, pour être sûr que l'histoire du crucifié n'est pas un mythe.

Personne n'a jamais contesté que, dans le second tiers du premier siècle, soit venu au jour, « le mouvement Jésus », ces communautés primitivement juives auxquelles, très rapidement, à Antioche, des gens vont donner le qualificatif de « chrétiens ». On leur attribue ce nom parce qu'ils se réclament d'un certain « Messie », *Chrestos* en grec. Entendons par là un homme que, selon la tradition biblique, on considère comme revêtu d'une mission particulière par « Dieu » pour le bénéfice et le salut de son peuple. Cet homme s'appelle Jésus. En effet, ces groupes où l'on se raconte son histoire et qui puisent une règle de vie dans son enseignement le présentent comme celui qui vient de réaliser la grande attente d'Israël, celui qui aurait définitivement réalisé le projet de « Dieu » sur son peuple.

Or proclamer que cet homme est le messie est très paradoxal. En effet, après de très brèves années d'annonce de ce Royaume de « Dieu » tant attendu par un peuple soumis depuis trois siècles à l'occupation étrangère, il a échoué dans son entreprise. Pris, condamné, il a été crucifié sous Ponce Pilate [1].

1. Procurateur romain, de 26 à 36, de la province comprenant alors la Judée, la Samarie et l'Idumée.

Un fait terriblement banal dans la pratique du pouvoir romain de l'époque.

Cette crucifixion constitue donc le second fait que rencontre l'historien. Il y trouve la garantie de l'existence de ce Jésus de Nazareth. C'est de lui que découle la crédibilité historique des évangiles. Non l'inverse. Certes, les évangiles ont leur source dans des actes de mémoire d'hommes et de femmes qui se remémorent ce qu'ils ont vécu avec ce Jésus, ce qu'il leur a enseigné ; et ils le font à partir du sens de tout cela qu'il leur a été donné de découvrir. Mais l'histoire qu'ils écrivent est marquée en son centre par la lecture qu'ils ont faite après coup de l'événement de sa mort. Un fait qui a bouleversé leurs vies et qui va peu à peu devenir déterminant pour la foi chrétienne : la crucifixion d'un homme. Le christianisme est né du renom d'un crucifié. Car, aussi scandaleusement anonyme et scandaleusement injuste que des milliers d'autres parmi lesquelles son souvenir aurait dû se perdre, cette crucifixion-là fait preuve depuis vingt siècles.

Cette preuve est double car elle porte sur deux domaines différents. D'une part, elle prouve *l'historicité* de Jésus, et c'est alors à la raison historique de l'établir. D'autre part, la crucifixion témoigne, avec la résurrection, de ce qu'on en viendra à nommer « *la divinité* » de Jésus. Nous sommes cette fois dans l'ordre propre de l'affirmation chrétienne. C'est ce dont nous devons ici rendre compte.

Il est plus que jamais nécessaire de ne pas anticiper. Une affirmation prématurée de la foi peut conduire à faire l'impasse sur l'essentiel. Serait-ce que l'essentiel soit trop bouleversant ? En tout cas, allons lentement. Ne disons donc pas trop vite que Jésus est « Dieu » quand il s'agit d'abord de voir mourir un homme.

L'historicité de l'événement fondateur.

Il n'est ni de ma compétence, ni de mon projet de m'y arrêter longuement. Mais l'essentiel ne saurait être nié. Les communautés d'un type nouveau, d'abord juives, puis bientôt ouvertes aux païens qui apparaissent au premier siècle dans tout l'Empire romain, portent, au-delà de nombreuses différences, une caractéristique essentielle. Saint Paul l'énonce dans sa première lettre aux Corinthiens, sans doute en l'an 55 : « Nous prêchons un messie crucifié – et il insiste – scandale pour les Juifs et folie pour les païens [1]. »

Fonder une démarche religieuse sur une telle affirmation est, en effet, aux antipodes de toute attente humaine possible. Il est inconcevable que quelqu'un ou quelques-uns aient pu inventer ce fait-là et réussir à le faire admettre par des gens de bon sens. Juifs de surcroît et qui donc attendaient la restauration du royaume d'Israël. Aucun inventeur de religion ne s'est donné une référence aussi négative : affirmer que le salut de l'existence humaine ait pu se révéler dans l'échec qu'est une mort. Et une mort qui n'était porteuse d'aucune revendication de type nationaliste ou identitaire laquelle aurait pu susciter un enthousiasme momentané. L'histoire en a des exemples. Rien de semblable ici.

Pour avoir pu maintenir envers et contre tout la nouveauté de l'annonce si paradoxale dont elles étaient porteuses, les premières communautés chrétiennes faisaient nécessairement référence à un fait que nul ne contestait. Leur événement fondateur était bien la mise à mort de Jésus. Un événement que l'historien romain, Tacite, évoque ainsi dans ses *Annales*. Il raconte comment Néron veut faire porter la responsabilité de l'incendie de Rome à ceux que « la foule appelait chrétiens. Ce nom leur vient de Christ que, sous le principat de Tibère, le procurateur Ponce Pilate avait livré au supplice [2] ». Sans s'attarder plus, il est une preuve *a contrario* : dès avant la fin du premier siècle, des dissidences vont se créer dans le camp chrétien, celles de gens qui ne peuvent pas accepter que le Christ soit réellement mort et qui, par conséquent, en viennent à récuser qu'il ait vécu vraiment la condition charnelle [3].

---

1. 1 Co 1, 23.
2. Cité par Michel QUESNEL, *Jésus-Christ*, Paris. Flammarion, coll. « Dominos », 1993, p. 16.
3. Il s'agit de la tendance dont sortira, au siècle suivant, le docé-

Le rayonnement dans la première génération de croyants.

N'allons pas croire, du reste, que se soient révélées immédiatement la portée et la signification de la mort de Jésus en croix [1], pas plus que la portée et la signification des expériences de vie qu'elle va permettre ensuite à ceux qui en ont été les témoins directs. Elles ne prendront leur sens plénier qu'au fil d'une maturation qui va s'opérer dans les premières communautés de disciples. Les évoquer permettra de voir où et comment a pris forme ce que disent les chrétiens.

Celui qui veut entrer dans l'originalité même de l'affirmation chrétienne doit saisir qu'elle ne s'enracine pas seulement dans la personne de Jésus prise isolément ; mais qu'elle a pris corps à partir de la rencontre de ce Galiléen telle que l'ont vécue quelques-uns de ses contemporains, puis tel qu'ils ont mis en œuvre l'élan qu'elle leur avait communiqué. Avec la diversité des approches que cela implique.

Bien sûr, la perception qu'ils avaient de cette histoire, ils l'ont traduite dans leur propre mode de pensée, c'est-à-dire dans les catégories culturelles et religieuses de la foi juive. Celles-ci sont étrangères à notre culture courante, l'avons-nous assez dit. Aussi, dans la mesure où nous voulons retrouver le sens premier de leur témoignage et rendre aux mots dont ils se servent leur portée véritable, il ne suffirait pas de s'attacher, de prime abord, au texte même du récit qu'ils nous ont laissé ; nous devons essayer de reprendre leur expérience à la base. Et pour cela, nous efforcer de comprendre comment l'aventure chrétienne a grandi dans le second tiers du premier siècle.

Comment donc saisir ce qu'on doit sans doute appeler les

---

tisme [du grec : *dokein* : « sembler », « apparaître », « avoir l'apparence de »]. Dès les années 90-100, semble-t-il, elle se dessine dans certaines communautés se réclamant de l'évangile selon Jean. C'est contre elle que réagit l'auteur des deux premières lettres de Jean.

1. À ce sujet, il convient de se défier des représentations picturales qui évoquent « la résurrection de Jésus » sortant du tombeau auréolé de sa divinité. Il s'agit de témoignages de foi, riches de nombreux siècles de méditation. Mais nullement de documents historiques.

christianismes primitifs ? On constate que, au-delà de la mort de ce Nazaréen, des hommes et des femmes, sans quitter la pratique juive, entreprennent de poursuivre son action. Les spécialistes de ces questions démontrent aujourd'hui que cela se fit dans plusieurs directions, selon que les uns et les autres mettaient davantage l'accent sur tel enseignement de Jésus plutôt que sur tel autre, cherchant, ou non, à reproduire directement ses propres façons de faire. Sans entrer dans le détail de ces analyses, il semble bien que, tandis que certains groupes accentuaient la fidélité à la loi juive dont ce messie venait de leur apprendre la vraie finalité, d'autres poursuivaient – et sans doute plutôt en Galilée – son itinérance de guérisseur. Pendant ce temps, d'autres insistaient plus sur la conversion, l'expérience d'une rupture radicale dans leur vie comme marque d'un esprit nouveau, et d'autres enfin soulignaient davantage le sens et la portée de l'événement même de sa mort-résurrection [1].

Cette diversité des christianismes primitifs s'explique. « Elle est liée à la répartition géographique des premières communautés, à la diversité de leurs milieux de vie, urbain ou rural, et enfin à leur interprétation de l'événement-Jésus et, en conséquence, à leur manière de vivre la foi [2]. »

On ne saurait donc légitimement s'offusquer de voir que se sont ainsi élaborées peu à peu des « lectures » différemment nuancées de l'événement-Jésus. Comme toute existence humaine, celle de Jésus ne peut parler à ceux qui la rencontrent qu'à travers la reprise par chacun de ce qu'il en perçoit. Tout fait, si objectif soit-il, est l'objet d'une interprétation par la conscience. *A fortiori* quand il s'agit d'un geste humain : le sens et l'intention qu'il porte doivent être décryptés à partir de l'opacité révélatrice du corps et des gestes. D'autre part, la mémoire ne restitue pas le passé brut mais le souvenir qu'on en garde. Et elle le fait toujours à partir du présent que l'on vit et qu'il vient, plus ou moins, éclairer. Étant entendu certes que ce

---

1. Sur ce sujet, on lira, par exemple, François Vouga, *À l'aube du christianisme, une surprenante diversité*, Poliez-le-Grand (Suisse), Éd. du Moulin, 1986.

2. *Ibid.*, p. 6.

travail de mémoire est sans cesse contrôlé par l'échange et la confrontation à travers les groupes humains auxquels chacun appartient.

Un acte d'écriture.

Les premiers écrits chrétiens – qui s'échelonnent sur toute la seconde moitié du premier siècle et les premières décades du deuxième – rassemblent, en les tissant ensemble, les actes collectifs de mémoire, et donc d'interprétation, de groupes d'hommes et de femmes qui vivaient dans le souvenir et la mouvance de ce Jésus. Quand sont rédigées ces « mémoires » que sont les évangiles, le témoignage qu'ils apportent a été repensé à travers les critères culturels et religieux de ces différents groupes tels qu'ils ont évolué par leur pratique même du message mis en œuvre. On peut en donner un exemple célèbre. L'évangile selon saint Jean fait dire à Thomas, mis en présence du Crucifié-Ressuscité, huit jours après Pâques : « Mon Seigneur et *mon Dieu*[1]. » Or une telle formule est impensable à l'époque même de la mort de Jésus. Thomas a bien pu témoigner de son passage de l'incrédulité à la foi, mais sûrement pas en ces termes. Pour le juif qu'il était, qualifier Jésus de « Dieu » à ce moment-là aurait été un véritable blasphème. Une telle affirmation n'est donc vraisemblable qu'après qu'a été réalisée toute l'élaboration théologique qui va finir par donner à Jésus ce titre de « Dieu[2] ».

LA PORTÉE D'UNE PRISE DE CONSCIENCE

Pour en venir à ce que peuvent signifier ce titre et cette affirmation, nous devons tenter de reconstruire l'expérience

1. Jn 20, 28.
2. Cet épisode devrait nous porter à nous interroger nous-mêmes pour savoir ce que nous disons vraiment quand, à partir de nos habitudes actuelles, nous redisons cette formule.

objective sur laquelle ils s'appuient. Ainsi, pour rendre à la proposition chrétienne toute son originalité, il faut essayer de ressaisir les éléments centraux de la prise de conscience dans laquelle, à l'origine, elle va s'enraciner. Cette prise de conscience qui a pu être celle des disciples.

Une simple vie.

Puisque toute la foi chrétienne repose sur la vie et la mort d'un homme et sur l'expérience qu'en ont faite, au-delà de sa mort, ceux qui s'étaient attachés à lui, il importe de repartir du témoignage qu'ils ont laissé et qui nous permet de rejoindre l'essentiel de cet événement-Jésus.

Pour le faire, sans dénaturer en rien le témoignage raconté dans les évangiles, on doit être très vigilant et circonspect quand ils parlent de « la divinité » de Jésus. Certes, il n'est pas question d'invalider ces textes, car un sens important est alors en jeu, mais d'éviter de se méprendre à son égard. Non seulement les mots et les images de ces récits portent la marque de la culture juive dans laquelle ils baignent, mais, de plus, ils se sont chargés, au fil des siècles, de notions empruntées, elles, aux différentes philosophies à l'aide desquelles – et à juste titre selon les exigences de l'époque – on s'est efforcé de leur donner leur pleine résonance dans les cultures qu'ils ont traversées. Ces interprétations successives encombrent toujours notre imaginaire et la lecture que nous faisons des textes. S'y laisser prendre fait perdre peut-être le meilleur du sens authentique des évangiles. Nous devons chercher à réentendre à neuf ce qu'ils veulent dire en évitant le piège de significations préconçues, c'est-à-dire nous efforcer à notre tour de penser l'événement-Jésus en cohérence avec les exigences et les attentes d'aujourd'hui.

Or nous sommes devenus particulièrement sensibles aux existences individuelles. Nous sommes attentifs au déroulement de la vie de ceux que nous rencontrons. À travers leurs faits et gestes, leurs attitudes et leurs paroles plus ou moins accordées à leur façon de vivre, nous cherchons à discerner le sens, l'intention profonde qui les anime. Nous pouvons donc chercher à penser le cœur de l'expérience chrétienne en tentant de rejoindre la découverte de ceux qui furent les témoins directs de la vie et de la mort du Galiléen.

Ils l'ont vu vivre. Et mourir.

Ce fut, on le sait, la condition même pour désigner les témoins du premier rang. Les disciples l'énoncèrent lorsqu'ils ont dû chercher un remplaçant à Judas dans le groupe des douze apôtres : « Avoir accompagné le Seigneur Jésus tout le temps qu'il a marché à notre tête, à commencer par le baptême de Jean jusqu'au jour où il nous a été enlevé [1]. »

Si donc quelque chose s'est révélé aux yeux de ces hommes et de ces femmes et sur quoi ensuite ils ont joué leur vie, on ne doit pas le chercher ailleurs que dans la vie qu'ils ont partagée durant quelques années avec ce Jésus et dans la façon dont ils l'ont vu vivre et mourir. Dans la façon enfin dont, au-delà de sa mort, ils ont pris conscience du sens de cette vie et de cette mort. Un sens dont la révélation leur a permis de croire qu'une telle vie avait traversé la mort sans être vaincue par elle.

Donc, à l'origine du mouvement-Jésus, on ne trouve pas les éclats du tonnerre qui, au Sinaï, accompagnèrent le don de la loi juive [2]. Toute la nouveauté de ce qui va devenir la proposition chrétienne est contenu dans le parcours humain d'un de ces prophètes – d'autres disent agitateurs, c'est selon le parti où on se situait à l'époque – qui parcouraient alors la Galilée et la Judée. Et celui dont nous parlons a été rapidement mis à mort par une collusion des pouvoirs romain et juif qu'il dérangeait. Une mise à mort historiquement indiscutable, redisons-le. C'est donc d'elle que doit repartir toute réflexion moderne sur ce qui est fondamental dans l'affirmation chrétienne.

---

1. Ac 1, 21.
2. Ex 19, 16.

Une telle « révélation » n'est donc en rien spectaculaire, quoique marquée de caractéristiques hautement significatives. D'abord, on est en présence d'une histoire vécue qu'il s'agit de lire et d'interpréter. On s'inscrit donc dans le même type de démarche que celle qui fonde la foi juive. Pour le juif, l'histoire de la libération de l'esclavage d'Égypte ; pour le chrétien, l'histoire de la vie et la mort d'un homme de Nazareth. Ensuite on cherche en vain la moindre grandiloquence dans cette manifestation. Au contraire, on est frappé de l'humilité de toute cette histoire. C'est simple et discret. Vrai aussi ! comme toute vie humaine qui va au bout de ses choix. En troisième lieu, si on en vient à nommer la « divinité » de Jésus, on ne pourra pas oublier qu'elle a d'abord à voir avec un certain art de vivre. Plus précisément, une façon de conduire son existence, un choix fondamental orientant chaque action.

À partir de là, l'affirmation chrétienne comprend une singularité extraordinaire : ne consiste-t-elle pas à admettre que ce soit cette vie-là, l'existence concrète d'un être humain, qui soit révélation complète et définitive de « Dieu » ? Une révélation qui cette fois ne passe plus par un intermédiaire délégué, comme Moïse pour la Première Alliance, ou Mahomet pour l'islam, ou tant d'autres. Au contraire, dans l'homme de Nazareth vivant, agissant, peinant et aimant, ce serait « Dieu » lui-même en visage humain. « Dieu » lisible, palpable à travers un mode de vie. Une vie toute quotidienne. Presque ordinaire au fond ! mais vécue jusqu'au bout sans dévier de son choix fondamental, quelles que soient les circonstances auxquelles elle se trouve affrontée. Une vie donnée jusqu'au risque d'en mourir. *Ce « Dieu-là » est de ceux qui signent d'une croix.*

Ils l'ont suivi.

Cette « révélation » pour exister comme telle demandait d'être reçue. C'est ce dont témoigne le second fait historique sur lequel nous nous appuyons : l'émergence des premières communautés chrétiennes. Le dévoilement du sens de cette humble histoire va s'opérer dans leur propre prise de conscience, adossée comme toujours à une façon de vivre. Elle est donc le lieu où l'affirmation chrétienne va prendre corps.

Les évangiles racontent certes la vie de Jésus [1]. Mais elle y est relue à la lumière de ce que vivent ces premières communautés. Au travers des situations qu'elles rencontrent et des problèmes auxquels elles doivent faire face.

Certains pourraient y trouver objection quant à la validité du témoignage transmis. Il ne serait pas recevable puisque marqué par l'expérience de vie de ceux qui le rapportent. Je crois, au contraire, qu'à nouveau nous sommes en présence d'une des caractéristiques précises de la « révélation » : son chemin demeure la voie humaine – j'entends la trace qu'elle ouvre dans l'histoire des croyants. Mais une voie orientée par ce qui, à travers elle, va transparaître, c'est-à-dire le mode de vie qu'elle génère et qu'il faudra peut-être nommer la façon de vivre de « Dieu ».

Il est nécessaire de répondre en détail à l'objection qui vient d'être soulevée. La proposition chrétienne devait s'élaborer à partir de la répercussion de ces événements fondateurs sur ceux qui les vivaient justement parce qu'elle ne repose pas sur un mythe, mais sur l'existence réelle d'un homme et une façon de vivre authentique. Elle obéit en cela au statut de tout événement proprement humain.

Notre humanité est relationnelle. Rien de ce qu'est chacun de nous ne prend forme et sens en dehors du système complexe d'interactions que nous tenons avec le monde matériel et surtout avec les autres humains. Murés dans nos seules limites, nous ne serions que peu de chose. Jamais, au fond, nous ne nous « achevons » à nous-mêmes. Poreux à la présence des autres, pesant sur eux à notre tour, nous nous donnons mutuellement les moyens d'être et de vivre comme

1. Et contrairement à ce que, dans les années vingt, pensait BULTMAN – par exemple dans son *Jésus, mythologie, démythologisation* (Paris, Éd. du Seuil, 1968), les spécialistes s'accordent aujourd'hui à reconstruire historiquement la vie de Jésus et à reconnaître la probable historicité d'un nombre important des faits rapportés.

des humains dans l'entrecroisement des relations où nous échangeons, avec plus ou moins d'adresse et de réussite, ce que nous sommes et ce qui nous fait vivre. « Nul n'est une île. » Ce sont les mille liens de l'adhésion ou du refus, de l'ouverture ou du rejet, de l'entraide ou de l'indifférence, de l'amour ou du mépris, bref les divers modes de la reconnaissance mutuelle qui nous font exister en vérité. Et, sans doute, le sens le plus profond de nos vies et l'adhésion que nous pouvons, ou non, lui donner dépendent-ils de la certitude que nous avons, ou non, d'être quelque part attendu et accueilli, aimé en un mot. L'histoire de tout homme prend corps dans la dialectique entre ce qu'il vit réellement et la réception qu'en opèrent, ou non, ses proches.

Voici un exemple simple et qui s'appliquera directement à notre sujet : toute parole porte certes la marque singulière de celui qui l'exprime, mais que serait-elle si elle n'était pas écoutée ? Car cette parole ne prend son sens que dans la mesure où elle réussit à se faire entendre et comprendre par quelqu'un. Je ne dis rien aussi longtemps que mon propos n'a pas été ressaisi par d'autres. Qui eux-mêmes ne vont l'entendre qu'en le mêlant, le malaxant, si je puis dire, à leurs propres réflexions, à leurs propres préoccupations.

Je nommerais volontiers : « jeu de l'entente » ce va-et-vient de l'un à l'autre et aux autres où se tissent les interrelations dans lesquelles se construisent nos personnalités et nos histoires. Un jeu de l'entente qui est le prix et sans doute une des grandeurs de l'exister vraiment humain. La voie par laquelle l'humanité avance et tente de s'humaniser.

Ne soyons donc pas étonnés que, si révélation de « Dieu » il y a eu à travers l'existence du Nazaréen, elle ait été soumise à cette voie-là. Ce qui s'est donné à entendre à travers la vie de Jésus passe à travers le filtre de l'expérimentation de son enseignement par ceux qui se sont mis à sa suite. Rêver qu'il en eut été autrement, ce serait déroger à ce que la proposition chrétienne nomme l'incarnation.

Cette saisie du sens de l'événement qui a lancé les disciples va se faire par l'entrée dans un mode de vie. Les premières communautés ne se nommaient pas elles-mêmes

« chrétiennes [1] ». On y parlait de « Ceux qui suivent la Voie [2] ».

Nous aurons à revenir sur cette « Voie », le chemin de sens qu'offre aux hommes l'existence de Jésus et dont la proposition chrétienne se doit d'être porteuse. Pour l'instant, il fallait simplement noter que la trace laissée par Jésus après sa mort ne s'est pas réduite à des souvenirs qu'avec enthousiasme ou nostalgie on aurait racontés. Son rayonnement s'opère à travers l'expérience d'une nouvelle façon de vivre. À partir de la réception de son message, ceux qui y adhérèrent entrèrent dans l'expérience d'une liberté nouvelle. Non pas sans hésitation, débats, clivages et oppositions entre tels ou tels choix concrets quand il s'agit de réaliser l'intuition fondamentale sur laquelle tous s'accordent. (On pense à nouveau à la diversité des formes de ces « christianismes primitifs » et très spécialement aux tensions entre ceux qui inscrivaient cette « vie nouvelle » dans la fidélité maintenue aux prescriptions de la loi juive et ceux qui les estimaient dépassées.)

Mais pour tous, il est une annonce qui ne saurait être remise en cause : l'alliance de « Dieu » avec les hommes vient de prendre un visage humain. Et ils sont sûrs que le point culminant de cette révélation a fait corps avec ce qui fut la signature de cette existence : le don total de soi-même conduisant à prendre tous les risques pour ne pas dévier d'une ligne radicale car constitutive du message apporté : *l'amour de « Dieu » s'identifie à l'amour du prochain.* À ce titre, ce prochain, quel qu'il soit, doit être libéré de tout ce qui l'entrave sur ce même chemin de l'amour. La lutte contre ces entraves pourra toujours conduire à la condamnation par les pouvoirs qu'elle conteste et donc mener à la mort. C'est ce qui s'est

1. A-t-on assez réfléchi au fait que le qualificatif de « chrétien » a été donné, de l'extérieur des communautés, par ceux qui voyaient vivre les disciples de « la Voie » (Ac 11, 26) ? Il sera intéressant de s'y arrêter pour constater peut-être que la qualification comme « porteur du salut de Dieu » (sens du terme Messie, soit *Chrestos* d'où chrétien) nul ne devrait se l'approprier à lui-même. Elle devrait relever du constat posé par ceux qui voient vivre ces disciples.

2. Ac 9, 2 ; 18, 25 ; 19, 9 ; 19, 29 ; 22, 4 ; 24, 14-22.

passé pour Jésus. Ce fut l'épreuve de la croix. Mais, affrontée dans la certitude de l'amour qui l'anime, celle-ci devient du même coup la preuve qu'une façon neuve de mener la vie est possible.

Des femmes et des hommes en ont été les témoins. Il leur fut donné d'en percevoir le sens après coup dans ce qu'ils vécurent comme des rencontres avec le Vivant passé par la mort. Cela leur fit dire que, ressuscitée, cette vie était « élevée » en « Dieu ». Ces témoins-là, s'efforçant d'entrer à leur manière dans ce style de vie où leur existence prenait sens reconnurent que cette vie était « divine » puisqu'elle ouvrait à l'absolu de l'amour. Et donc ils furent sûrs qu'ils avaient vu de leurs yeux « Dieu » vivre en homme. C'est ainsi, je crois, que, dans la mouvance de son Esprit qu'Il leur avait transmis, ils en sont venus à parler de la « divinité » de Jésus, le Christ. Mais le mot perdrait tout son sens propre et vraiment original s'il ne désignait pas – en première approche, c'est-à-dire là où l'homme se donne à voir – une certaine façon de vivre… et de donner sa vie.

Au nom d'un crucifié.

La proposition chrétienne repose sur un événement parfaitement historique et sur sa relecture dans des groupes humains eux aussi bien identifiés historiquement à partir du second tiers du premier siècle. Jésus de Nazareth, un prophète agitateur galiléen ayant été crucifié sous Ponce Pilate, ces communautés se rassemblèrent au nom et dans le sillage d'un « Messie crucifié, scandale pour les juifs et folie pour les païens, mais, pour ceux qui croient en lui, puissance et sagesse de Dieu [1] ». Voilà en effet la totalité de la phrase que Paul a pu écrire dans ce qui fut sans doute la seconde lettre qu'il ait rédigée. Or si ces premiers croyants reconnaissaient, dans ce crucifié, la révélation de « Dieu », c'est qu'ils étaient par là même conduits à expérimenter à leur tour la consigne libératrice qu'il leur avait laissée : *« Aimez-vous les uns les autres*

1. 1 Co 1, 23.

comme je vous ai aimés[1]. » Le précepte lui-même n'est pas nouveau. Mais ici la nouveauté repose sur le *« comme je vous ai aimés »*, c'est-à-dire « jusqu'à l'extrême[2] ».

La croix, ce témoignage ultime de l'amour qu'il a porté aux siens, est bien la preuve sur laquelle les disciples de Jésus, l'ayant vu vivre et mourir, ont fondé la foi qu'en lui s'était révélée « corporellement la plénitude de la divinité[3] » car « Dieu est amour[4] ».

Le « Dieu que nul n'a jamais contemplé[5] » s'est manifesté à travers cette humble vie-là. Et Il l'a donnée, « source de salut pour tous les hommes[6] ».

Là est le centre de la proposition chrétienne. Il est clair qu'elle met en cause assez radicalement tout ce qui vient à l'esprit humain quand il prononce le mot « Dieu ». Un terme donc à purifier et à renouveler. Cela peut conduire à un tel bouleversement de nos conceptions qu'on pensera, à la limite, *avoir changé de « Dieu »*.

---

1. Jn 13, 24.
2. Jn 13, 1.
3. Col 2, 9.
4. 1 Jn 4, 8.
5. 1 Jn 4, 12.
6. Tt 2, 1.

Deuxième partie

Une vie qui parle

6

Dieu, ce mot dangereux

ou « Dieu » n'est pas ce qu'on croit

« … Tant Dieu a été travesti
par ceux qui l'affirment… »

MARCEL LÉGAUT.

L'obstacle.

Une belle vie d'homme, cette histoire de Jésus. Peu de gens sans doute lui refuseraient ce qualificatif. Mais, dira-t-on, la proposition chrétienne parle d'autre chose. Les termes dans lesquels elle la raconte sont des termes religieux. Non seulement elle nomme « Dieu », mais elle va jusqu'à dire que cet homme est « Dieu ». Là beaucoup s'arrêtent : au regret ! disent-ils, je vous laisse à vos convictions, mais moi, je ne crois pas en « Dieu ».

Aussi, avant de poursuivre et d'esquisser le portrait de ce « Dieu » que les chrétiens croient voir en Jésus, le Christ, on doit se demander si ces formules que nous employons peuvent être acceptées par quelqu'un qui se situe hors de l'univers religieux. Ou bien n'ont-elles de sens que pour ceux qui font déjà profession de croire en « Dieu » ? Dans ce dernier cas, l'interlocuteur laïque et agnostique ne pourrait plus saisir la proposition chrétienne. Le projet de ce travail – faire entendre ce que pensent les chrétiens à des hommes et à des femmes participant pleinement à notre culture sécularisée et laïque – serait voué à l'échec. Ce qui voudrait dire alors qu'on ne saurait être en vérité chrétien et authentiquement laïque, c'est-à-dire hommes et femmes d'aujourd'hui.

Effectivement, l'idée de « Dieu » fait obstacle, interdisant à ceux qui n'entrent pas *a priori* dans une démarche de foi religieuse d'aller plus avant dans la voie chrétienne. Mais, tout autant, orientant sur une fausse piste ceux qui l'abordent avec une prétendue connaissance préalable de « Dieu ».

Regarder d'abord en face cet obstacle pour épurer la proposition chrétienne d'idées, sinon tout à fait fausses, du moins obscurcies et vagues qu'elle véhicule après vingt siècles de traversée des cultures humaines. Quoique réussissant à sauvegarder son Évangile, elle s'y est laissé contaminer par des convictions ambiantes. La plupart des sociétés portent avec elles, dans les données de leur culture, une certaine notion de la divinité. Ce qu'elles désignent comme tel peut être très variable quant aux caractéristiques qu'on lui attribue. Il n'en reste pas moins que le terme « Dieu », ou ses équivalents, éveillent toujours, chez celui qui les entend, l'idée d'une réalité échappant à l'ordre naturel et mortel où se déploie la vie humaine ; et une réalité plus ou moins maîtresse et juge des humains et de leur destinée. À ce titre, et parce qu'en définitive on dépend du bon vouloir de cette réalité suprême, il faudrait se la concilier. De là découlent des pratiques ritualisées de culte qui, elles-mêmes, signalent et renforcent, dans le corps social, l'idée qu'on s'y fait de « Dieu ». Il faut donc se méfier du « Dieu » qui vient spontanément à l'idée. Quand l'humanité, par ses seules forces, s'invente son « Dieu », elle aboutit toujours à projeter en lui les traits de sa propre image qu'elle pousse à la perfection. Celle dont justement nous rêvons pour nous-mêmes. Nous qui aimerions tant « être des dieux et ne pas mourir [1] ». Alors, si nous n'y prenons garde, c'est toujours ce « Dieu-là » qui nous vient naturellement à la pensée.

Une idée de « Dieu » qui habite notre mentalité collective, y compris dans la pensée de ceux qui la rejettent.

---

1. Voir ci-dessous p. 201.

Beaucoup le font, non pas seulement parce que cette idée a cautionné la mainmise des Églises sur les libertés humaines, mais tout autant parce que cette idée et les images qui lui demeurent associées leur apparaissent inutiles, contradictoires et dangereuses. Il est vrai que certaines de ces conceptions – par exemple, celle d'un « Dieu » vengeur se payant de l'atteinte des hommes à son honneur par la mort de Son Fils – sont devenues odieuses. « On devient athée, a dit Proudhon, quand on se découvre meilleur que le Dieu auquel on croyait. » On doit le redire aussi nettement que possible : la proposition chrétienne récuse tous ces « Dieux » faits à l'image et ressemblance de l'inhumanité de l'homme. Quand des chrétiens parlent aujourd'hui de « Dieu », ils doivent être conscients du lourd passif qui pèse sur ce terme dans l'esprit de leurs contemporains. Un passif qu'il leur faut assumer s'ils veulent aider à l'apurer. Si elle veut éviter d'être ainsi compromise, la proposition chrétienne se doit aujourd'hui de parler d'un « Dieu » qui n'a rien à voir avec l'idée courante qu'on s'en fait. Les Églises parlent souvent comme si l'idée de « Dieu » allait de soi. Au lieu de laisser pressentir un « Dieu étrange » qui ne ressemble à aucun autre.

CROIRE EN « DIEU » N'EST PAS D'ABORD NÉCESSAIRE

Pour lire la trace ouverte par Jésus de Nazareth au cœur de l'aventure humaine, la croyance en « Dieu » non seulement ne constitue pas un préalable, mais elle est même parfois un filtre déformant. En tout cas, elle n'est pas première.

D'abord pour une raison de fond interne à la démarche chrétienne elle-même : si quelqu'un entrant peu à peu dans la lecture confiante de la vie de Jésus en vient à croire au « Dieu » qui s'y révèle, ce sera en cours de route et non pas au départ ; et il s'agira d'un « Dieu » qui n'a rien d'ordinaire. Ce que toute la suite de ce travail tentera de démontrer.

Mais dès maintenant, on doit remarquer qu'il y va aussi de la capacité du christianisme à entrer dans n'importe quelle culture.

Parmi les raisons qui ont rendu la majorité de nos contemporains allergiques à l'idée de « Dieu », une est primordiale. Poser « l'hypothèse-Dieu » comme un préalable pour garantir la pertinence de la façon de vivre initiée par Jésus, c'est prétendre que la soumission religieuse serait première. Or le processus de sécularisation rejette ce primat des pouvoirs religieux et le droit de contrôle qu'ils prétendaient avoir sur la vie des individus et des peuples. Aussi donner la croyance en l'existence de « Dieu » comme soubassement nécessaire de la foi chrétienne – ce qui a pu se comprendre à d'autres moments de la culture – est aujourd'hui anachronique. Le maintenir reviendrait à dire que la pensée chrétienne est incompatible avec la mentalité moderne. Pour la première fois de son histoire, le christianisme ne pourrait pas s'intégrer à une culture nouvelle. Pendant vingt siècles, il aurait su le faire et entrer en dialogue avec des sociétés fort diverses. C'en serait donc fini. Il est vrai que, si diverses qu'elles soient, ces cultures admettaient toutes l'existence de la divinité et son droit de contrôle, sinon de gouvernement, sur les choix humains. Il n'en est plus de même. Chez nous du moins. Depuis quelques siècles en ce qui concerne les élites. Depuis au moins une génération pour le grand nombre des gens.

Mais rien n'autorise *a priori* à voir dans cette mutation un déficit, si du moins on accepte de mettre à leur place dans le passé les conflits au fil desquels elle s'est faite. Dans l'ensemble, elle a plutôt accompagné une meilleure prise en charge et une plus grande maîtrise par les humains de leur propre vie.

Si donc la proposition chrétienne exigeait de poser en premier lieu la croyance en l'existence de « Dieu », alors, au mieux, on pensera qu'elle ait pu autrefois constituer un chemin de sens ; mais on devrait constater qu'il est d'un autre temps. C'est aujourd'hui une condition irrecevable. Elle fermerait la porte de la Révélation à beaucoup de nos contemporains.

Le propre du christianisme est d'échapper à ce présupposé. S'il demeure bien sur son propre terrain, – proposer de lire un chemin de sens absolu dans l'existence de Jésus, montrer où il conduit et comment on peut le suivre – il évacue alors, du même coup, nombre des *a priori* que les humains peuvent se faire sur « Dieu ». Et c'est l'occasion de retrouver clairement l'originalité de la « révélation chrétienne ». La dire originale n'est pas nier que d'autres cultures aient pu, par d'autres voies, connaître une approche de « Dieu ». Mais le christianisme a une singulatrité forte à défendre dans ce domaine. D'autant plus que, mise en lumière, on la découvre en résonnance avec les attentes et les requêtes de notre modernité.

Loin de poser la foi en « Dieu » comme condition d'accès à l'Évangile, la proposition chrétienne invite au contraire à démasquer les idées préétablies qu'on s'en fait et à les passer au crible. Elle amène ainsi à lutter contre la tentation constante de se faire d'abord une idée de « Dieu », puis à plaquer cette représentation sur la personnalité et l'existence de Jésus, qu'on interprète à partir de ces *a priori*. Ce qui escamote l'expérience humaine du Nazaréen.

D'où le refus ici maintenu de toute idée toute faite de la divinité. Non seulement le souhait de voir mises en question nos attentes personnelles face aux interventions de la divinité – ou, à l'inverse, nos allergies face aux représentations dont nous avons hérité – mais, davantage encore, la volonté de se démarquer du « Dieu » – l'image de « Dieu » – de toutes les religions, fussent-elles les plus élevées.

Je formule donc la thèse suivante : *Non seulement l'affirmation chrétienne ne part pas de la conviction que Dieu existe pour déduire de là ce qu'elle nomme la « divinité » de Jésus. Mais c'est en reconnaissant l'existence humaine de Jésus et en adhérant au type d'humanité dont il a donné un témoignage sans faille qu'on est* invité à croire *à l'existence d'un amour éternel – et personnel comme tout amour véritable – qu'à notre tour nous nommerons « Dieu »*. Parce que, pour l'heure, nous n'avons pas d'autre mot.

Si quelqu'un s'étonne qu'on puisse entrer dans ce que revèlent la vie et la mort de Jésus sans préalablement croire en « Dieu », qu'il veuille bien considèrer ce détail du récit de la crucifixion tel qu'on le lit dans les évangiles : Qui fut le premier à reconnaître le caractère exceptionnel de l'existence qui venait de s'achever et à y lire la marque de l'absolu ? Un païen, le centurion romain qui commandait le peloton d'exécution [1].

POUR UNE APPROCHE CRITIQUE DE L'IDÉE DE « DIEU »

Le refus de se laisser enfermer dans les sens préétablis de la notion de « Dieu », précaution donc indispensable, ne suffit cependant pas. Le terme « Dieu » est là, courant à toutes les pages de nos textes. Un interlocuteur d'aujourd'hui peut-il l'entendre en toute honnêteté intellectuelle ? Autrement dit, le terme « Dieu » peut-il avoir sa place dans la mentalité actuelle et à quelles conditions ? Aussi, et de nouveau sans prendre actuellement parti quant au contenu de la notion, il est nécessaire de considérer rationnellement ce mot trop souvent employé à l'aveugle.

« Dieu », ce n'est d'abord qu'un mot souvent dangereux.

Les termes que notre langue traduit par « Dieu » ont recouvert, au fil de l'histoire humaine, des significations fort diverses et contradictoires. Ils se sont prêtés à des utilisations religieuses, sociales, morales ou politiques de tous ordres. Et, à ce titre, ils n'ont pas toujours servi à la promotion du respect de chaque être humain, loin de là. Le lieu n'est pas de reprendre ici l'étude critique que cela suppose, mais il est de bonne méthode de rappeler que le mot véhicule une notion mêlée et fort confuse. Donc d'être en garde contre les dangers qu'il recèle. Pour au moins deux raisons.

Le poids des habitudes d'abord. On doit se défier de la prégnance culturelle du mot « Dieu ». De nombreuses réalités sociales sont connotées par l'affirmation ou la négation de la validité de ce mot hors de toute approche un tant soit peu critique de sa signification. On distingue ceux qui croient en

1. Mc 15, 39 et Lc 23, 47.

« Dieu » et ceux qui n'y croient pas ; ceux dont il marque la pratique morale – à qui on reproche souvent de vouloir l'imposer aux autres – et ceux justement qui rejettent ce qu'ils appellent une mainmise sur leur liberté. Sans parler bien sûr de la présence des réalités religieuses sur le territoire et dans la vie publique : sanctuaires, offices, calendriers, prises de parole, çà et là prises de positions politiques dominatrices et tyranniques. (Aujourd'hui l'islamisme, mais autrefois souvent un certain christianisme et aussi d'autres religions.) Tout cela marqué du poids de l'histoire de chaque peuple. Qu'on le veuille ou non, le mot « Dieu » joue un rôle dans notre culture... et dans chacune de nos consciences. On y met souvent tout et n'importe quoi, bien souvent nos passions collectives les moins raisonnées... Et alors ce mot « boîte d'allumettes » – la formule est de Malraux – peut déchaîner des guerres.

Une autre raison de se défier : notre propre besoin de sécurité. Quoi qu'il en dise, chacun se ressent fragile et l'idée courante qu'on se fait de « Dieu » vient se greffer sur ce sentiment. L'humain est cet animal bizarre qui se sait faible et limité. Mortel, en un mot. Paradoxalement, il se rêve puissant et dispensé de tout malheur. Une contradiction lourde de peurs plus ou moins inconscientes. Nous compensons cette angoisse de vivre par l'invention d'un être absolu qui échapperait, lui, aux limites de notre condition passagère, disposerait de toutes les forces et de tous les succès que nous imaginons. Il mettrait sa toute-puissance à notre service, nous arracherait à nos propres limites et, au fond, nous dispenserait de nos responsabilités à la seule condition que nous lui soyons soumis [1].

Sans pouvoir prolonger ces analyses, mais conscients des risques de confusion, de manipulation, de démission, en un mot d'aliénation qu'il véhicule, reconnaissons que « Dieu » est d'abord un mot. Un mot dont il est sain de se méfier. Quant à moi, je garde présente à l'esprit la réponse ouverte que fit,

1. Je note que les pratiques de certains groupes chrétiens actuels accréditent toujours de telles attitudes. Quelques-uns de ces groupes sont catholiques.

dit-on, Einstein à quelqu'un qui lui demandait s'il croyait en Dieu : « Que voulez-vous dire par là ? »

Car les chrétiens ne sont pas dispensés de ces précautions à prendre dans l'usage du mot « Dieu ». Certains objecteront peut-être que son indétermination est levée pour eux. N'ont-ils pas appris au catéchisme des noms qui le définiraient et qu'ils redisent couramment dans leurs prières : Tout-Puissant, Créateur, Maître, Seigneur, Père, etc. Sans doute. Mais il serait bon de relativiser toute cette terminologie et de la confronter, par exemple, à ce qu'en pensait un des premiers Pères de l'Église, saint Justin (100-165). Il écrit dans son « Apologie pour les chrétiens » : « Personne n'est capable d'attribuer un nom au Dieu qui est au-dessus de nous et si quelqu'un ose prétendre qu'il en a un, il est atteint d'une folie mortelle. Ces mots : Père, Dieu, Créateur, Seigneur et Maître ne sont pas des noms, mais des appellations motivées par ses bienfaits et par ses œuvres. Le mot "Dieu" n'est pas un nom, mais une approximation naturelle à l'homme pour désigner une chose inexprimable [1]. »

Cela étant, le mot existe bel et bien. Peut-on légitimement lui reconnaître une validité ?

À quoi peut renvoyer le mot « Dieu » ?

Relevant du langage, le mot « Dieu » est nécessairement soumis aux conditions de validité de tout langage.

Les mots que nous employons renvoient toujours dans notre esprit à quelque chose. Ils sont liés à une représentation. À travers la signification qu'ils véhiculent, notre pensée se rend par là présente la réalité dont ils parlent. Le tout est alors de savoir quelle est la nature de celle-ci. Sommes-nous en présence de la représentation d'une donnée objective, qu'elle soit actuelle ou historique ? C'est-à-dire sommes-nous mis en face d'une expérience vérifiable sur laquelle des esprits doués de raison ont pu accorder leurs jugements ? Ou bien s'agit-il seulement d'une idée qui n'aurait alors sa valeur que dans la

1. Saint Justin, « Apologie pour les chrétiens » I/61 dans *Le Livre des jours*, p. 381.

mesure où elle s'imposerait à tout esprit comme nécessaire pour donner cohérence à notre saisie du réel ? Ou bien s'agit-il d'une fiction ? On devine qu'à la limite nos mots pourraient n'être que l'expression d'un fantasme individuel, soutenu et plus ou moins alimenté par des rêves collectifs, des lieux communs, des idéologies de masse, etc.

Le mot « Dieu » n'échappe pas à ces enjeux du langage. Il faut donc essayer de cerner sa signification fondamentale. Pour ensuite se demander s'il s'agit d'une construction chimérique de nos imaginations, ou bien si elle peut être fondée en réalité au-delà de l'esprit qui l'interprète ; et, dans ce cas à quelles conditions il pourrait la valider.

Pour nous, la signification essentielle du terme « Dieu », c'est l'affirmation d'une transcendance [1], c'est-à-dire, l'idée d'une réalité qui se situe au-delà des données contingentes où se déploie notre expérience humaine et sans aucune commune mesure avec elles. Un au-delà qui échapperait par lui-même au caractère éphémère, ambigu et contradictoire de nos existences soumises, elles, à la loi de dégradation de la matière dont elles sont faites. Il s'agirait « d'un absolu en opposition avec la finitude, la relativité, l'inachèvement » (K. Jaspers). Une réalité qui aurait donc quelque chose à voir avec le sens que nous accordons, ou non, à notre vie mortelle. C'est, en effet, la grande question. Nous vivons, de fait, dans des réalités toutes relatives et éphémères. Et cependant nul ne saurait vivre sans s'orienter vers quelque chose – activité, situation ou personne – à laquelle il reconnaît un caractère d'absolu. Fût-ce momentanément.

Toute intelligence humaine, dans sa démarche de réflexion, rencontre une telle représentation. Le terme employé est très variable : « Dieu », divin, sacré, amour, etc. Peut-être l'évocation d'un je ne sais quoi, mais qui se présente avec ce caractère d'absolu. Cette représentation peut nous paraître valable ou mensongère. Pour en décider en

1. Que le terme « Dieu » signifie la transcendance chez ceux qui l'emploient n'entraîne pas que tous ceux qui reconnaissent l'existence d'une transcendance affirment « Dieu » pour autant.

connaisance de cause, on doit examiner ce qui pourrait, ou non, la fonder.

Quelle source de validité lui reconnaissons-nous ? Le mot « Dieu » renvoie-t-il seulement à une idée, celle de l'existence d'un être absolu nécessaire pour fonder la contingence du monde ? Ou bien tire-t-il sa signification d'une expérience objective ? À moins qu'il ne soit qu'une pure fiction ?

La première hypothèse, « Dieu » comme une idée nécessaire pour penser le monde, fait appel au débat philosophique proprement dit. Elle ne relève pas directement de notre sujet. Un mot seulement pour noter que cette idée d'un « Dieu » tout-puissant et bon, gérant de l'ordre harmonieux du monde devient de plus en plus inacceptable au regard des sommes de malheurs et d'inhumanités qui, peut-être plus que jamais dans l'histoire, ont ensanglanté le XXe siècle. Un penseur comme André Glucksmann y voit « La troisième mort de Dieu [1] ». Pour nombre de nos contemporains, la proposition chrétienne est par là discréditée définitivement. Ce serait à juste titre si elle s'entêtait à s'appuyer sur ce « Dieu-là ».

Certes, dans le concret de son histoire, elle s'y est souvent attardée. Sans doute était-ce, entre autres, pour participer aux débats culturels de son temps. Mais elle a risqué d'y perdre sa véritable identité. Car fonder la réflexion sur l'idée de « Dieu » revient à dénaturer la portée de ce qui s'est manifesté tant dans l'histoire du peuple juif que dans l'existence de Jésus.

La Bible, elle, ne dit jamais « Dieu » à partir d'une réflexion purement intellectuelle ; elle en parle toujours à partir d'expériences historiques parfaitement objectives. Juifs et chrétiens s'affichent comme des groupes humains dans lesquels on en vient à affirmer une certaine conception de « Dieu » en relisant sans cesse et collectivement une histoire. Pour les juifs, celle d'un peuple ; pour les chrétiens, celle d'un homme à l'intérieur de ce même peuple. Relecture qui entraîne une pratique de la vie dans laquelle l'expérience de ce « Dieu » se poursuit. Mais à ce point, il est important de rappeler que la pensée juive s'interdit de prononcer le nom d'un tel « Dieu ».

---

1. André GLUCKSMANN, *La Troisième Mort de Dieu*, Paris, Éd. Nil, 2000.

Le christianisme n'a pas conservé la même exigence. On peut sans doute le regretter. Quoi qu'il en soit, il doit sans cesse revenir à l'expérience qui le fonde avant de se risquer à nommer « Dieu [1] ». Et cette expérience est une histoire d'hommes.

Il s'agit donc de penser les événements qui ont abouti à l'affirmation de la divinité de Jésus. Et cela sans court-circuit. La « divinité » étonnante dont on parle alors est à découvrir au bout de l'exercice et non pas à affirmer pour se dispenser de parcourir le chemin. Il y a bien une idée chrétienne de « Dieu ». Mieux, le christianisme porte un pressentiment de ce que peut être « Dieu ». Il le découvre en entrant peu à peu dans la façon de vivre de Jésus. Toute autre idée de « Dieu » s'en trouve, sinon totalement renversée, du moins mise en question.

Jésus en uniforme.

Puisqu'ils devaient se situer face aux « Dieux » des Grecs et des Romains, c'est-à-dire qu'ils se démarquaient des idées du sacré qui avaient cours autour d'eux, les premiers chrétiens se voyaient qualifiés d'athées. Ce pourrait être une bonne précaution de méthode pour nous aussi. À ce point de notre étude du moins. Car nous avons de même à nous démarquer des notions courantes, mais avec une difficulté particulière puisque l'obstacle est double : les idées sur « Dieu » préétablies dans le langage courant sont réputées être chrétiennes.

Issu de la pratique des Églises et de la réflexion théologique, tout un vocabulaire chrétien nomme « Dieu » à tout bout de champ. La liturgie, le discours catéchétique et les prises de parole des responsables comme des fidèles l'emploient sans arrêt pour parler de Jésus. Légitimement sans

---

1. Parlant d'expérience dans laquelle on peut « lire Dieu », je parle d'expérience historique parfaitement objective. J'exclus donc de ma réflexion toute « révélation » de nature purement subjective qui peut faire dire à certains : « Dieu existe. Je l'ai rencontré. » Affirmation légitime peut-être en ce qui les concerne personnellement, mais qui ne saurait, de soi, faire preuve pour d'autres.

doute s'ils s'adressent à des croyants, mais qu'en est-il pour les autres ?

On bute nécessairement sur ce langage et son « contenu préalable » quand on cherche à rejoindre le Galiléen dans son histoire humaine. Un langage qui peut rendre quasi impossible l'accès à ce qu'il veut transmettre. Dans les faits, et pour ce qui concerne la grande majorité des hommes et des femmes que nous côtoyons, on ne peut que constater l'inadaptation du langage habituel de nos Églises.

Si on n'y prend pas garde, ce vocabulaire voile, en le déformant par des préjugés, ce que l'Évangile raconte. Selon un mot de Georges Casalis : « On rencontre toujours un Dieu en uniforme », c'est-à-dire prédéfini par et dans le monde où l'on vit. Il ajoutait : « On a toujours Jésus aussi en uniforme. » On le pose d'emblée comme étant lui-même « Dieu ». Le plus souvent, sans s'être demandé au préalable comment l'idée toute faite de la divinité pouvait correspondre à ce qu'il fut, à l'histoire du mortel qu'il fut. Pour un très grand nombre de chrétiens, le choix qui les fait croyants ou incroyants se détermine en fonction de l'idée qu'ils ont de « Dieu » et du crédit qu'ils accordent à l'affirmation de « la divinité de Jésus » sans avoir cherché à mesurer ce que cette alliance de termes peut vouloir dire. N'est-ce pas s'interdire de comprendre ce que les témoins de la vie de Jésus ont découvert à son contact et en expérimentant son mode de vie ? Or il s'agit du cœur même de la proposition chrétienne. Un des grands enjeux de l'heure pour les croyants est de surmonter cette difficulté. Et donc de pouvoir chercher ce que signifie la vie de Jésus sans être enfermé dans des idées préconçues.

Pour le dire autrement, affirmer d'entrée de jeu que Jésus est « Dieu », c'est s'interdire l'accès à la portée de sa vie et à l'acte de foi. Et tout autant empêcher la plupart de nos contemporains d'entendre l'essentiel de l'affirmation chrétienne. Donc de pouvoir se déterminer à y croire, ou non.

Nous avons donc à lutter contre nos habitudes. « Sauveur, Messie, Fils de Dieu, Ressuscité, ces termes imposés, glorieux voilent l'image du Galiléen, tout comme les chapes, les ostensoirs d'or – les trônes pontificaux – empêchent de voir l'Homme torturé, l'humilité du pain et du vin. Au besoin de sécurité des “enseigneurs” qui mettent leur conscience en règle en proclamant la Vérité, répond le besoin de sécurité des enseignés qui se recouvre du nom de Foi. On dirait que, pour de nombreux croyants, l'essentiel est que Jésus soit d'abord *déclaré* Dieu, Christ. Ils ont cela dans la tête, apprivoisé, fixé en formules dont ils ignorent le sens. [...] Les voilà dispensés de percevoir jamais ce que l'existence concrète de Jésus contient d'insurgé. Comment le leur reprocher : ils furent manipulés, *forcés*, comme on force un cheval [1]. »

Une stratégie de contournement.

Refuser de dire « Dieu » pour se donner une chance de l'entrevoir. Il ne s'agit pas de nier « Dieu », ni de rompre avec la tradition chrétienne qui en a élaboré une certaine représentation à partir de sa réflexion sur la foi reçue du témoignage des apôtres. Une représentation que les chrétiens se sont efforcés de penser au fil de l'histoire pour la rendre perceptible dans la culture de chaque époque. Il s'agit, au contraire, de tenter de rendre à nouveau audible aux hommes et aux femmes d'aujourd'hui ce qui s'est dit d'un « Dieu » bien particulier à travers l'existence de l'Homme de Nazareth. Lui l'appelait « son Père et notre Père ». Et ce « Dieu-là » n'a sans doute rien à voir avec l'idée de « Dieu » que véhicule notre société... et peut-être aussi nos Églises sans qu'elles en aient assez conscience. Donc refuser « l'hypothèse-Dieu », l'affirmation de Dieu comme une donnée préalable, c'est entrer dans une démarche qui voudrait *« LE dire et le dire VRAIMENT »*. Pour cela, tendre à redire les choses simplement et à parler un langage – des mots et des notions – qui lui aussi parte de l'expérience ; celui à l'intérieur duquel nous tâtonnons les uns et les autres, au sein de notre culture laïque, quant au sens de la vie et à sa conduite. Non pas prétendre en parler mieux que d'autres ni en dire plus. Mais, pour peut-être en balbutier quelque chose qui permette de l'entrevoir, prendre le chemin

1. Jean SULIVAN, *Matinales*, Paris, Gallimard, 1977, p. 58.

qu'Il a pris pour se dire : épouser la condition humaine, vivre en homme, « le plus humain des hommes ».

Il faudra donc tenter d'explorer l'originalité de l'affirmation chrétienne avant de reprendre un terme dont peut-être elle modifie radicalement le sens convenu.

Pour un dialogue apaisé.

Cela dit, on peut se demander si la sécularisation de la culture porte, de soi et par elle-même, la négation définitive de toute idée de « Dieu ».

Ce qu'elle rejette – et c'est en cela qu'elle est laïque –, c'est l'idée de « Dieu » servant d'argument à la mainmise d'une religion sur les activités humaines. Aujourd'hui, dans nos sociétés occidentales – et sans doute bientôt dans toute société développée – la sécularisation de la politique, de l'éducation, de la culture et finalement de la morale consiste dans l'affirmation que la société civile est autonome et que ses choix ne sont en rien déterminés par l'emprise des Églises. Longtemps, ce ne fut pas le cas. Aussi, comme les Églises disaient agir directement au nom de « Dieu » et qu'au titre de son autorité suprême, elles pensaient devoir imposer leurs propres lois à tous les citoyens quelles que soient leurs croyances, la démarche laïque s'est traduite par un rejet très compréhensible de ce « Dieu-là ». Les luttes acharnées qui ont marqué cette émancipation ont rendu des populations entières allergiques à la moindre évocation du terme « Dieu ».

Cependant ne peut-on pas penser – et souhaiter ! – que le terme « Dieu » puisse se débarrasser de tant de scories accumulées par l'histoire ; et recommencer à être entendu comme évoquant, en première approche et avec toutes les précautions nécessaires, l'appel à la transcendance, c'est-à-dire désigner ce à quoi tend en chaque homme la source mystérieuse d'où lui vient, de l'intérieur de lui-même et cependant d'au-delà de lui, la tension constante vers le perfectionnement de toutes ses entreprises ; autrement dit, le mystère d'amour qui anime toute existence humaine. Un mot qui fasse signe et qui reste ouvert devant l'interrogation que pose ce mystère. Étant clairement posé que l'écoute de cet appel ne peut se vivre en vérité qu'au travers de la totale liberté responsable des individus et des sociétes. Dans une telle hypothèse, on ne pourrait pas dire qu'il y a nécessairement contradiction entre se vouloir pleinement laïque et cependant nommer « Dieu », *un certain « Dieu »*.

C'est alors une invitation supplémentaire à prendre ce terme avec beaucoup de précautions. Les chrétiens quant à eux tiennent à celle-ci : c'est l'aventure humaine de Jésus qui parle de « Dieu » et non pas l'inverse. Une aventure qui n'est pas une fiction.

7

Qui parle là ?

ou l'identité de Jésus

« Les grandes routes qui mènent
de ce qu'on voit
à ce qu'on ne voit pas. »

MAETERLINCK.

« Qui parle là ? » C'est sans doute la question que les proches de Jésus ont pu se poser. Dans la vie quotidienne et la pratique du Nazaréen à laquelle ils participaient, quelque chose se donnait à voir et à entendre au-delà de cette pratique elle-même. Ils avaient l'impression que l'essentiel apparaissait comme en transparence de ce qu'ils voyaient et entendaient. Un quelque chose qui expliquait sans doute la confiance qu'ils accordaient à cet homme. De quoi s'agissait-il ?

Cette interrogation ne pouvait pas ne pas accompagner l'expérience qu'ils vivaient ; elle est sans doute le chemin qui les conduira à dire que Jésus est « fils de Dieu », qu'en lui, c'est « Dieu qui était visible, « Dieu » en terre humaine.

Découvrir ce que cela veut dire, c'est répondre à la question : « Qui parle là ? »

Une vie à lire en transparence.

Les proches de Jésus ont vécu à son contact quelque chose d'étonnant. Il faudrait pouvoir raconter ce compagnonnage.

Comment retentissaient, dans l'immédiat de leur vie, les découvertes qu'eux-mêmes ont pu faire et comment ils se sont trouvés conduits à reconnaître en Jésus de Nazareth l'action de ce qu'on appelle « Dieu ». Le côtoyant durant toute sa vie publique ils auront, plus ou moins, pressenti le sens de cette existence étonnante malgré tout ce qu'elle pouvait avoir de paradoxal. L'aventure qu'ils vivaient, ils l'ont abordée sans doute avec leur espérance ; et, comme de nombreux juifs de leur temps, ils attendaient, avec impatience, le Messie. Mais ils ont dû dépasser leurs propres espoirs car en Jésus ne s'est pas révélé le messie politique qu'espéraient les juifs [1]. Cependant, c'est bien une libération qu'ils ont vécue. Traversant la désillusion de sa mort en croix et éclairés par les expériences de vie qu'ils ont faites ensuite – et que nous nommons résurrection – ils ont compris qu'en cette vie une parole leur avait été dite qui les éclairait et les soutenait pour leur propre cheminement. Ils n'ont pas pu ne pas s'interroger : Quelle était donc la source de cette vérité qui les entraînait au-delà de leurs propres attentes et de leurs propres forces ? Au point qu'ils en soient venus à dire : « À qui irions-nous ? Tu as les paroles de la vie éternelle [2]. »

Les évangiles n'ont pas le souci moderne de s'intéresser, pour elle-même, à l'expérience vécue des individus. Par exemple, on aimerait savoir comment les disciples ont perçu la réponse que Jésus fit un jour à Philippe. Ce « véritable Israëlite » – le mot est de Jésus – ne demandait qu'une chose : « Montre-nous le Père et cela nous suffit ! » Comment reçurent-il l'étonnante parole : « Philippe, depuis si longtemps je suis avec vous ! Et tu ne m'as pas reconnu ! Celui qui m'a vu a vu le Père [3]. »

Ces démarches intérieures, les évolutions par lesquelles se sont forgées les certitudes des proches de Jésus, les textes ne nous les livrent pas. Ils traduisent la conviction de foi à laquelle les communautés chrétiennes sont arrivées, sans beaucoup décrire comment elles y sont arrivées. Pour nous, aujourd'hui,

---

1. C'est, du reste, son échec, la mort sur la croix, qui, aux yeux des juifs, interdit à Jésus toute prétention à être le messie d'Israël.

2. Jn 6, 68.

3. Jn 1, 47 ; puis Jn 14, 8.9.

il nous faudrait retrouver, pour notre propre compte, les chemins de la découverte que firent les premiers chrétiens. Peut-être faut-il, pour cela, passer par notre propre expérience – une expérience de libération éclairée par ces textes – pour pouvoir saisir à notre tour la pertinence de la proposition chrétienne : Jésus est révélation de « Dieu », Jésus est « Dieu » en visage humain.

Mais une telle expression est-elle recevable pour un esprit rationnel ? En d'autres termes, l'anthropologie d'aujourd'hui nous permet-elle de penser comme non contradictoire qu'un homme puisse être perçu comme réalisant effectivement la présence de l'absolu ? Et qu'ainsi on puisse le voir comme le visage de l'Éternel se révélant dans le temps ?

JÉSUS EST À SITUER DANS L'ORDRE SYMBOLIQUE

On trouve dans les premières écritures chrétiennes un fait particulièrement déterminant pour notre recherche. C'est l'orientation fondamentale que donne à son récit l'évangéliste qui signe Jean. Ce quatrième évangile constitue la première entreprise de réflexion chrétienne confrontée peut-être à une culture différente de celle dans laquelle elle est née. Le texte s'ouvre par un prologue. Et, dès son premier mot, il situe Jésus et son histoire comme ressortissant au domaine de la Parole [1].

Pour se faire bien comprendre de ses interlocuteurs qui sont de culture grecque, Jean emprunte le thème grec *logos* – « Parole » en français. Mais, tandis que chez Platon ce *logos* appartient au monde des Idées et reste donc du domaine intellectuel, l'évangéliste se hâte d'ajouter – et c'est là la pointe de ce texte – « La parole s'est faite chair et elle a habité parmi nous et nous avons vu sa gloire [2]. »

L'intention est claire. L'histoire de Jésus est bien terrienne, inscrite comme chacune de nos vies dans l'espace et

---

1. Jn 1, 1-18.
2. Jn 1, 14.

dans le temps. À ce titre-là, elle se donne à voir, à toucher, à entendre. Ses faits et gestes s'inscrivent dans la réalité matérielle. Cette réalité – son corps, ses mots, ses actes – sera interprétée par ceux qui la voient, comme le sont, sous le regard humain, toutes les réalités qu'il contemple. Alors, dans cet acte de lecture qui la déchiffre, l'existence de Jésus peut être entendue comme une Parole qui nous permet de saisir ce qu'elle désigne : la Source où il fonde ses choix. Une source que nous serions dans l'incapacité d'appréhender si elle n'était pas ainsi venue au jour.

Bref, dire que Jésus est Parole, c'est nous mettre devant une réalité visible, signe d'une réalité invisible. On est alors dans *l'ordre symbolique, l'ordre humain par excellence*. Ce qui demande explication.

Le symbole dans la pensée humaine.

Quel est le rôle du symbole dans la pensée humaine ? Il nous faut surmonter une grave difficulté de notre vocabulaire français contemporain. *Revoir le sens que nous donnons au terme* « Symbole ». Un terme au sens malheureusement affaibli. Je vais employer l'expression « Jésus est le parfait symbole de Dieu » pour faire saisir le rôle que joue son humanité dans ce qu'il nous apprend sur l'absolu. Mais je risque d'être mal compris. Car le mot symbole a fréquemment aujourd'hui un sens très amoindri. Dans le sens courant de l'expression, une démarche symbolique s'oppose à une démarche réelle. On parle par exemple du « franc symbolique » pour désigner un geste de compensation – en justice ou lors d'une vente –, mais un geste qui est, en fait, sans aucune commune mesure avec ce à quoi il est censé correspondre. Et, dans ce sens-là, pour la plupart des gens, évoquer un symbole, c'est certes faire appel à un réalité qui en désigne une autre – les deux chevrons superposés évoquant les automobiles Citroën, par exemple, etc. – mais sans que la réalité se donne à voir réellement dans son symbole et, encore moins, puisse y être présente d'une certaine façon.

Le terme symbole, pris dans toute sa richesse, a un sens beaucoup plus profond. Il importe de le lui rendre [1].

Pour l'être humain, tout est symbole. Parler de symbole au sens fort, c'est dire que les réalités matérielles dans lesquelles nous vivons sont toutes porteuses de sens pour nous. L'esprit humain interprète tout ce qu'il voit, chaque réalité qu'il rencontre. La percevant, il la traverse spontanément pour découvrir ce qu'elle signifie, à la fois au-delà de ce qu'elle est et cependant seulement par son intermédiaire. Et comme le dit Baudelaire : vivant dans l'univers, « l'homme y passe au travers d'une forêt de symboles ».

Il est vrai que toute chose parle spontanément à l'être humain. Un coucher de soleil, une herbe qui vole au vent, le cri d'une mouette ou les pleurs d'un enfant, le regard d'un inconnu ou le vide du désert. Nous cherchons toujours un sens au réel, c'est-à-dire une réalité au-delà et à travers ce qui nous est donné à voir et à entendre. Comme vous qui m'entendez ou me lisez, vous cherchez, au-delà des sons que je prononce, ce qu'ils portent de sens ; autrement dit, vous cherchez dans mes mots ce que je veux dire. Et vous savez bien que ce sens, s'il ne peut passer que par les mots, les gestes, la mimique, les attitudes, etc., que je matérialise devant vous, est cependant d'un autre ordre.

En d'autres termes, nos attitudes, nos actions ne sont pas seulement des réalités matérielles. Elles renvoient à des intentions, conscientes ou non. Non seulement elles y renvoient, mais elles les traduisent. Et elles seules y donnent accès. Car, à l'inverse, tout ce qui est spirituel – idées, sentiments, imaginations, désirs, volontés, etc. – ne serait rien s'il ne se traduisait pas dans des gestes, des façons de faire, une conduite de notre corps. Et que ces gestes soient maîtrisés volontairement ou non ne change rien à leur caractère symbolique.

Le symbole est donc la seule voie d'accès à toute réalité

---

1. Sur cette question, R. PANIKKAR, *Le Culte et l'Homme séculier*, Paris, Éd. du Seuil, 1976 ; G. DURAND, *L'Imagination symbolique*, Paris, PUF, 1993, « Le vocabulaire du symbolisme », p. 7 s. ; E. AMADO LÉVY-VALENSI, *La Dignité des mots*, Le Plessis-Robinson, Synthélabo, 1995, p. 71 s.

« invisible ». Pour nous qui sommes des terriens, des êtres de chair et de relations mais aussi d'intelligence, de cœur et de vouloir, nous n'avons qu'un moyen de faire saisir nos intentions et l'orientation de notre existence, c'est de les « incarner », c'est-à-dire de les traduire en actes, de les matérialiser. Réciproquement, autrui n'a qu'un moyen de saisir ce que nous lui disons, ce que nous lui voulons, notre amour ou notre indifférence, etc., c'est de décrypter nos propres actes. Mais aussi, par ce jeu constant de symbolisation, notre existence devient lisible et révèle, du moins partiellement, à ceux que nous côtoyons, qui nous sommes et le sens qui guide nos choix. Ainsi va toute communication humaine.

Voilà brièvement évoqué l'univers symbolique où se déploie nécessairement toute vie humaine. Le seul aussi où ce qui est de l'ordre de l'esprit peut se donner à connaître.

Mais avec une nuance capitale : si le symbole est effectivement le seul moyen dont nous disposons pour accéder à une réalité d'ordre spirituel, une distance demeure toujours entre le symbole et la réalité qu'il traduit. Une distance infranchissable qu'on nomme justement la distance symbolique.

Un exemple, facile je crois, pour conduire à ce que je veux dire : Je suis là devant vous par mon corps. Il est cet ensemble de gestes et d'attitudes par lesquelles je vous suis présent. Mais mon corps n'est pas moi. S'il vous dit quelque chose, c'est que « je » l'anime. Non pas à la manière d'une marionnette dont le montreur pourrait se retirer. Car, si mon corps n'est pas moi, inversement je ne suis qu'à travers lui. Et cependant, incapable de me distancer de lui, je suis pourtant toujours au-delà de lui ; je suis appelé à juger mes actes – car mes actes, c'est mon corps –, à les guider, à les dépasser. Donc, ce que je suis est à la fois soumis et comme identifié à ma réalité corporelle et cependant, en même temps, la dépassant sans cesse, jamais épuisé par elle.

La distance symbolique, c'est cela : cette séparation entre la réalité – qui, pour nous, êtres temporels, n'existe qu'à travers son symbole – et le symbole lui-même. « Nous ne pouvons capter aucun être sans étreindre aussi son symbole, ou plutôt sans découvrir le symbole de cette réalité qui ne se révèle qu'à travers son propre symbole [1]. »

Une première conclusion s'impose et elle est double : Premièrement, toute existence humaine révèle à qui veut bien la considérer pour elle-même, quelque chose qui dépasse ses seuls constituants matériels et ses attitudes immédiatement perceptibles. Deuxièmement, seules des réalités d'ordre matériel peuvent révéler des réalités spirituelles. Nous n'avons aucun accès à une réalité de cet ordre-là sans passer par les données matérielles dans lesquelles elle se manifeste. Ou, pour être concret, seule une conduite humaine aimante peut témoigner d'un amour. De quoi témoignera alors qui osera aimer d'un amour absolu ?

Mais une réalité ne dévoile sa portée symbolique qu'à la mesure de la lecture qu'on en fait. « Il n'est de signes que pour ceux qui veulent les voir » a-t-on dit. Un symbole demande toujours à être reçu, c'est-à-dire déchiffré. C'est là une des grandes conditions de la liberté : aucune réalité spirituelle ne s'impose à moi de force puisqu'elle ne m'est jamais proposée qu'au travers de données matérielles et qu'en conséquence, je dois toujours m'en saisir pour qu'elle me parle. Réciproquement, cela engage ma responsabilité : à moi de me rendre disponible et attentif pour être ouvert à ce qui ne me parle que si je le veux bien.

Lecteurs d'une histoire.

Ces quelques remarques d'ordre philosophique étaient indispensables pour entendre ce que la proposition chrétienne nomme une révélation. Il ne s'agit pas, en général, d'une je ne sais quelle illumination subite directe, mais plutôt du lent déchiffrement d'une histoire. Cela vaut bien sûr quand il s'agit de faire entendre ce que veut signifier l'expression « la divinité de Jésus, le Christ ». Je crois qu'on peut dire équivalemment que Jésus est le parfait symbole de ce « Dieu tout autre »

---

1. R. PANIKKAR, p. 37.

dont l'identité a pu se dévoiler à travers son visage, son comportement à lui. Seul, sans doute, le langage du symbolisme permet de penser aujourd'hui ce qu'on nomme l'incarnation de « Dieu ». Et réciproquement, ce langage permet de dire, au plus près, ce qu'on signifie en nommant Jésus « *parole de "Dieu"* », expression de « Dieu », présence de « Dieu ». Du moins pour nos regards de terriens, c'est-à-dire compte tenu de la façon dont nous sommes bâtis, êtres de chair et de sang. Tel qu'il fut des nôtres. Cette lecture de l'incarnation n'est pas nouvelle. Témoin ces lignes de Thomas d'Aquin : « De même que l'homme voulant se révéler exprime par la parole les pensées de son cœur, les revêtant en quelque sorte de lettres et de sons, de même Dieu voulant se manifester aux hommes, revêt de chair dans le temps le Verbe qu'il a conçu de toute éternité [1]. »

Donc, si « Dieu » il y a, c'est un « Dieu » qu'on devra lire au travers d'une existence humaine. Au fil d'une histoire, par conséquent.

Le peuple hébreu en a fait le premier l'expérience. La libération qu'il a arrachée pour échapper à l'esclavage de l'Égypte (avec quelle force, alors qu'il « n'était pas un peuple » ?) lui a ouvert une histoire. Et c'est à travers les soubresauts de cette histoire qu'il s'est fait, peu à peu, une idée de celui qu'il nomme « l'Éternel ».

Pour l'affirmation chrétienne, cette histoire atteint son sommet dans un homme. C'est un juif, ne l'oublions pas. À travers lui, c'est l'histoire d'Israël qui se continue. Il est, à la fois, un grand témoin de cette histoire, et celui en qui se donne à lire définitivement la révélation qu'elle a fait mûrir au fil des siècles.

UNE EXISTENCE QUI DIRAIT « DIEU »

Comment penser le rapport entre une existence humaine, insérée donc en un point précis de l'espace et du temps, et cette

---

1. THOMAS D'AQUIN, *Commentaire sur saint Jean*, XIV, lect. 2 nº 1874.

réalité qu'on en viendra à appeler « Dieu », réalité au-delà du temps et de l'espace et qu'on nomme l'Éternel ? Comment entendre qu'une existence humaine soit la « parole » qui dise ce « Dieu-là » ?

Dire « Dieu-qui-parle », ce n'est surtout pas imaginer je ne sais quelle voix tombant du haut des cieux. C'est penser que, dans le déroulement de l'histoire, il y a des événements ou des personnes dont l'existence, dans ce qu'elle a de plus concret, peut être reconnue comme « symbolisant » la présence active de l'Éternel. Car c'est seulement en entrant dans le mouvement de l'Histoire humaine que pourrait se dire un « Dieu » qui ne se révèle qu'à travers lui et donc en l'épousant, tout en étant toujours au-delà. Le temporel comme symbole de l'Éternel.

Aussi, pour répondre à la question « Qui parle là ? » quand on scrute l'humanité de Jésus, il est nécessaire de rester fidèle au cheminement qui part de sa vie, sans le court-circuiter par des affirmations dont on a tendance à faire des préalables alors qu'elles ne peuvent être que des conclusions. Et, qui plus est, des conclusions de foi.

Deux pièges à éviter.

Le premier piège qui menace les croyants c'est de « déifier » Jésus avant d'entrer dans la connaissance de sa vie et de ce qui s'en est suivi. Pour les mentalités dans lesquelles son histoire a été racontée, la toute-puissance de « Dieu » allait de soi et l'idée de son intervention directe dans les événements du monde était une évidence. Aussi on ne s'étonnera pas que la lecture de « l'évenement-Jésus » ait été nécessairement reprise dans les données culturelles de l'époque. Si bien qu'on en est venu, assez vite peut-être, à contaminer par la notion de toute-puissance l'idée qu'on se faisait de lui. On tend toujours à refaire un souverain de celui que l'affirmation chrétienne présente comme la présence la plus humaine de « Dieu », le symbole dans lequel Il se dit à la fois dans sa faiblesse extrême et dans sa parole la plus vive. À ne pas vraiment partir de son humanité, on le dénature. Si Dieu se donne à voir à travers lui, c'est bien « un Dieu-autrement » que celui dont rêvent nos imaginations frustrées.

Secondement, il faut échapper à l'image de la filiation biologique. Nous ne parlons de l'Éternel qu'avec nos mots. Sans toujours assez nous rappeler que ce ne sont alors que des analogies. Ce qu'ils évoquent doit être pensé comme très différent de l'image qu'ils portent spontanément. Ainsi en est-il pour l'expression : « Fils de Dieu ». Un qualificatif fréquent dans les évangiles.

L'appellation est commune en Orient ancien pour désigner l'adoption d'un homme par le « dieu ». Appliquée dans l'Ancien Testament aussi bien au peuple élu, au roi – et, à travers lui, au Messie – ou aux Israélites fidèles, dans le Nouveau Testament à tous les hommes de bonne volonté, elle signifie d'abord qu'une relation spéciale unit ces hommes à « Dieu ». Et s'il est vrai que le terme recouvre des sens fort variés, Jésus n'a lui-même jamais utilisé l'expression pour se désigner ; il se présente seulement comme « le fils » par excellence [1].

Réfléchissant sur les problèmes de la traduction des évangiles, André Chouraqui a montré que ce titre, Fils de « Dieu », vaut d'abord pour toutes créatures. Il remarque que le terme hébreu : *« ben Elohim »* perd de son sens quand il passe en grec : *« uios tou Théou »*, puis équivalemment en latin : *« filius Dei »*, enfin en français « Fils de Dieu ». Voici son commentaire : « Pour les Gréco-Latins, le Dieu n'est pas créateur du monde supposé, lui, éternel ; mais les dieux sont facilement procréateurs (*Uios* et *filius* sont des noms qui impliquent une idée de filiation physiologique, une paternité physique). D'où toute une théologie d'engendrement, la filiation divine. Alors qu'en hébreu, *ben* (fils) vient de la racine *bana* qui signifie "construire". Elohim, créateur des cieux et de la terre, en est le père universel ; chaque créature est donc sa fille, son fils [2]. »

Ainsi, au sens premier du terme, « Fils de Dieu » dit que Jésus a vécu une existence de créature, comme la nôtre. Sans

---

1. X. Léon-Dufour, *Dictionnaire du Nouveau Testament*, Paris, Livre de vie, 1978, p. 260.

2. A. Chouraqui, *Réforme*, 24 février 1990, p. 6 et 7.

doute, l'expression prendra une résonance particulière quand on mesurera tout ce que cette existence-là donne à entendre, tout ce qu'elle va révéler peu à peu et qu'on nommera « la paternité amoureuse » de « Dieu ». Alors, la foi chrétienne essayant d'expliciter quelque peu le mystère même de « Dieu », le traduira dans l'image trinitaire. Et le terme « fils » appliqué à Jésus prendra de ce fait le sens d'être en personne l'expression même de l'amour du « Père ». Mais quel que soit ce mystère, on ne peut l'entrevoir qu'à partir des actions terriennes de Jésus.

Quant à la conception virginale de Jésus telle que la racontent les évangiles de Mathieu et de Luc, et qu'on pourrait être tenté d'évoquer ici, je m'en tiens à ce qu'en dit le cardinal J. Ratzinger : « D'après la foi de l'Église, écrit-il, sa qualité de Fils de Dieu ne tient pas au fait que Jésus n'ait pas de père humain : la doctrine de la divinité de Jésus n'en aurait pas été affectée s'il avait été le produit d'un mariage humain normal. Car la qualité de Fils dont parle la foi n'est pas un fait biologique, mais ontologique ; c'est un événement qui prend place non dans le temps, mais dans l'éternité de Dieu [1]. »

Tel fils, tel père.

En Jésus, nous sommes en face d'un homme en qui l'Éternel se donne à lire. Cet homme et son histoire sont le symbole – au sens que j'ai tenu à préciser – du « Dieu » au Nom imprononçable. Pour ce que nos regards humains peuvent en saisir, ce qu'on nomme « Dieu » ne peut pas être autre chose que ce que l'existence de cet homme-là a donné à voir : ses faits et gestes. On ne saurait donc se représenter ce « Dieu-là » sans les identifier. La façon de vivre, sinon qu'il inaugure, du moins dont il donne un témoignage parfait, voilà « Dieu » visible.

Pour la proposition chrétienne, Jésus, la manière dont a vécu Jésus, son existence au sens moderne du terme, voilà

1. J. RATZINGER, cité par Donald SPOTO, *Un inconnu nommé Jésus*, Paris, Le Pré aux Clercs, 1999, p. 48.

l'expression de « Dieu », la Parole que nous somme librement invités à déchiffrer pour découvrir quelle force d'amour anime nos vies et où elles mènent si nous suivons le chemin de sens qu'annonce justement cette parole. Jésus, c'est la visibilité de « Dieu ». Et on dira qu'il est « Dieu même » si on pense qu'en lui *tout est dit* de « Dieu ». Le chrétien ose dire que ce Nazaréen, assez anonyme en son temps et, en tout cas, méconnu des grands de son peuple, est la parfaite expression de « Dieu ». « Dieu » incognito pour tout dire.

Le langage du symbolisme permet d'échapper à une erreur qui a eu trop souvent cours dans le passé. Dans l'existence temporelle de Jésus, c'est bien tout le « Dieu » éternel qui se donne à voir, qui vit notre vie et qui vient partager notre mort humaine. L'éternel ne fait pas nombre avec le temps. Celui-ci, dans son déroulement continu et sans cesse évanescent, est le symbole de l'éternité. « Cet instant immobile » selon un mot d'Henri de Lubac. Ou encore, comme la définit Léon Brunschvicg : « Ce point hors du temps sans lequel il n'y aurait pas de temps. » Le point dont il s'agit est spirituel. C'est l'esprit qui, dominant le temps, hors duquel il ne peut pas se manifester du moins à nos yeux de chair, lui donne son sens. Aussi, quel que soit le mystère que cela soulève, l'affirmation chrétienne maintient qu'en Jésus de Nazareth – et tout au long du temps de sa vie terrestre – c'est bien « Dieu » tout entier qui s'incarne. Ce qui signifie, répétons-le, qui se rend visible à notre expérience de terriens et qui nous parle. Visible et parlant parce que cette expérience, il la partage.

On est donc loin d'une certaine imagerie [1] – dont on a pu faire, hélas ! une théologie. L'imagerie d'un « Père » se penchant du haut des cieux en spectateur du supplice que subissait « son Fils » pour réparer, par ses souffrances, l'honneur divin bafoué par les pécheurs. Qu'il ait ressuscité ce même « Fils » trois jours après ne suffit pas à rendre admissible un telle interprétation. Particulièrement scandaleuse pour

1. De nouveau, attention aux nombreuses représentations picturales présentant la Trinité comme trois personnages dont l'un est en croix. Cette imagerie pieuse est aujourd'hui dangereuse.

nos esprits modernes, elle les pousserait à rejeter la proposition chrétienne si celle-ci maintenait aujourd'hui de tels propos.

Ils doivent être rejetés car ils sont en contradiction formelle avec le texte évangélique. Pour ne prendre qu'un exemple, on peut entendre la suite de la réponse que Jésus apporte à la question de Philippe mentionnée plus haut : « Pourquoi dis-tu : "Montre-nous le Père" ? Ne crois-tu pas que je suis dans le Père et que le Père est en moi ? Les paroles que je vous dis, je ne les dis pas de moi-même ! Au contraire, c'est le Père qui demeurant en moi accomplit ses propres œuvres. Croyez-moi : je suis dans le Père et le Père est en moi. » Et il précise : « Si vous ne croyez pas ma parole, croyez du moins à cause de ces œuvres [1]. »

L'existence dévorée d'amour que mène le Nazaréen est la vie même de « Dieu ». Pour notre expérience d'êtres temporels, elle se donne totalement à voir au travers des jours de sa vie et de sa mort. Plus précisément encore, ce qu'est le « Dieu éternel » se révèle à travers les actes posés par Jésus. Des actes qui, comme ceux de chacun de nous, disent la vérité de ce qu'il est : aimant comme il aime, il est bien « Dieu », la présence active de « Dieu ».

Mais, chacun le sait aussi, si je ne suis pas hors de mes actes, aucun d'eux, ni leur somme, n'épuise ce que je suis. C'est ce que nous avons nommé la distance symbolique. Nous devons donc en appliquer également la règle à Jésus : ne pas prendre le symbole pour la réalité, ce qui veut dire : ne pas s'arrêter à Jésus. Dénoncer la tentation d'en faire *un* Dieu. Au contraire, lui rendre son grand rôle divin qui est de « montrer le Père », de conduire au Père. En d'autres termes, visage de « Dieu » en terre humaine, homme vivant parmi les hommes, son aventure nous renvoie sans cesse à travers lui au-delà de lui-même vers ce qui lui donne son sens, c'est-à-dire la vie de « l'Éternel » dont il est l'expression dans sa pleine réalité personnelle. Sa personne est de donner à voir et à rencontrer ce qui le fait être. Dépassement incessant donc, mais qui empêche qu'on confonde le « Dieu vivant » avec rien de créé. Pas même

1. Jn 14, 9-11.

avec les images qu'on se fait de Jésus. Et cela valait pour ses contemporains comme pour nous aujourd'hui. Redisons-le : pour l'affirmation chrétienne, Jésus n'est pas UN « Dieu » : Il est « Dieu-qui-nous-parle ».

Si « Dieu » existe, c'est seulement celui qui parle là. Pour nos consciences, sa connaissance vivante n'est jamais préalable au choix qu'il suscite et auquel il nous invite : entrer dans le chemin de vie par lequel Jésus est allé au bout de lui-même.

La gloire de son Père.

Un chant d'amour…

Des historiens des religions, étudiant les riches productions fantasmagoriques que recèlent les inventions religieuses de tous les peuples en viennent à laisser entendre, sinon à conclure, que les « dieux » sont de pures productions de l'imaginaire humain [1]. Il n'est pas question d'entrer ici dans ce débat. Mais je l'évoque parce que, si le « Dieu » de l'affirmation chrétienne est bien ce qui s'est donné à voir en Jésus de Nazareth et donc ce dont l'apothéose est sa vie risquée jusqu'à la mort que l'on sait, alors l'accusation de verser dans l'imaginaire ne tient guère. À moins de croire que l'amour, cette source authentique de lumière et de force pour nos humbles vies éphémères, ne soit qu'un beau rêve. En tout cas, qu'il y ait des hommes et des femmes *amoureux de vivre* – et de faire vivre – *à en mourir*, cela n'est pas un rêve. Et sans eux, où en serait l'humanité ?

Le christianisme ose poser comme réel – et même comme le cœur de toute réalité – l'amour, celui dont « Il n'y a pas de plus grande preuve que de donner sa vie pour ceux qu'on aime [2] ». Une preuve qu'a effectivement donnée l'homme de Nazareth, rendant par là toute gloire au « Dieu-qui-est-amour ». Là est la pierre de touche de la foi en « ce Dieu-là ».

---

1. Par exemple, Pierre LÉVÊQUE, *Introduction aux religions primitives : bêtes, hommes et Dieux*, Paris, Livre de poche-histoire, 1997.
2. Jn 15, 13.

… auquel chaque homme peut faire écho.

Deux citations pour le dire :

D'abord, cette remarque de Marcel Légaut : « Atteindre en Jésus une réalité essentielle qui n'est pas tout autre que ce qu'on est soi-même… Approcher ainsi Dieu en Jésus, sans faire de l'homme qu'il fut un Dieu, mais en le pressentant tellement de Dieu qu'il en est de son vivant comme l'image humaine, historique, accessible et visible et qu'il peut être lui aussi, en toute vérité, l'objet de l'adoration sans que l'on cède en rien à l'idolâtrie [1]. »

Puis, un passage très célèbre de saint Irénée : « Le Verbe montre Dieu aux hommes et il présente l'homme à Dieu ; il sauvegarde l'invisibilité du Père pour que l'homme n'en vienne pas à mépriser Dieu ; mais en même temps, il rend Dieu visible aux hommes (…). Car la gloire de Dieu, c'est l'homme vivant ; et la vie de l'homme, c'est la vision de Dieu [2]. »

Pour Irénée, dans la ligne de l'évangile de Jean, la « gloire de Dieu » signifie d'abord Sa révélation, la manifestation de ce qu'il est [3]. La gloire est ce reflet réel qui donne à voir ce qui échappe au regard. Exactement comme l'embrasement du ciel par les rayons de la lumière quand le soleil vient de se coucher et que l'on nomme justement « la gloire du soleil [4] ».

Dans l'amour dont vit le Galiléen rayonne la « gloire de Dieu » ; elle peut se réfracter dans chaque vie humaine à la mesure de l'authenticité de notre modeste amour, de l'amitié que nous savons donner.

---

1. Marcel LÉGAUT, *Mutations de l'Église et conversion personnelle*, Paris, Aubier, 1977, p. 190.

2. IRÉNÉE, « Traité contre les hérésies », 20, 5-7, *Le Livre des Jours*, p. 1466.

3. C'est en ce sens que l'évangéliste traite la passion du Christ en terme de glorification.

4. Ainsi BAUDELAIRE parle de « La gloire du soleil sur la mer violette », *Les Fleurs du mal*, Paris, Club des libraires de France, 1959, p. 281.

8

« Dieu » en visage d'homme

ou le Dieu de Jésus de Nazareth

« Aucun parti, aucune Église ne pourra réduire
à l'état de vérité définie
la question infinie. »

JEAN CARDONNEL.

Sans idées préconçues.

S'ouvre désormais la question centrale : que dire du « Dieu » qui s'est ainsi donné à voir, à toucher, à entendre… Dieu dans le commun cheminement des hommes ?

Une approche du mystère conforme à la culture et aux mentalités des femmes et des hommes de ce temps. Nous n'avons pas alors d'autre chemin que de chercher des analogies empruntées à nos expériences et aux savoirs de notre époque. Nous ne récuserons pas, ce faisant, des expressions du mystère plus anciennes – et plus élaborées. Mais référées à des cultures qui ne sont plus les nôtres.

Cela ne nous interdit pas de chercher le visage de « Dieu » éventuellement manifesté en Jésus. Mais tout ce qu'on pourra dire doit partir de l'expérience qui a été celle de sa vie, et se laisser instruire et déranger par elle sans aucun préalable. « Posée comme postulat, la divinité masque le visage de Jésus, mais découverte comme résultat de la confrontation à son exceptionnelle quoique tout à fait commune humanité, elle exprime bien ce qu'il y a d'unique dans sa personnalité et dans ce qu'il inscrit incessamment dans l'histoire [1]. »

Seulement, l'expérience personnelle nous l'apprend, et les Églises chrétiennes ne s'en sont pas privées au fil du temps, il est très facile d'abandonner cette perspective. Une belle réflexion de Maurice Bellet peut aider à mieux la fixer :

> Ce pauvre petit Juif abandonné, perdu aux bords de l'Empire et qui s'éloigne, un peu plus à chaque génération, dans le lointain d'un monde dont les dernières traces s'effacent aujourd'hui... Ce Juif, pris aux querelles de son peuple, dont nous n'avons aucun écrit, aucune parole en sa propre langue.
>
> Lui, l'infime.
>
> Si je le dépouille de tout ce que la vénération, la croyance, le fanatisme, les intérêts, la politique ont bâti autour de son nom, que reste-t-il ?
>
> Il reste : lui-même, identique à tout homme en sa pauvreté, qui ne s'aveugle plus dans la détresse, mais traverse et va vers l'élévation de la divine tendresse.
>
> Il reste ce que chacun connaît en lui-même, si son oreille demeure libre et si son regard est lavé de la tristesse ; il reste le souffle, la force de marcher soi-même en la Voie.
>
> Car de lui, de ce pauvre petit Juif trahi, vendu, supplicié, j'entends la parole, reprise, ruminée, amplifiée, trahie, méconnue, suppliciée : elle dit les premiers mots de la haute tendresse [2].

SA VIE COMME UNE LUMIÈRE

Pour parler de ce que l'existence de Jésus peut nous dévoiler [3], je propose de partir du regard que les autres ont pu

---

1. Georges CASALIS, dans la revue *Cultures et foi*, n° 118, Lyon, 1987.
2. Maurice BELLET, *« La Voie »*, Paris, Éd. du Seuil, 1982, p. 178.
3. Mon propos n'est pas une étude des Évangiles. Je cherche à discerner les grands traits de l'expérience dans laquelle s'est manifesté ce que l'affirmation chrétienne appelle la divinité de Jésus. Dans les textes, lui-même appelle à une telle démarche. Ce sont, dit-il, les œuvres qu'il fait qui lui rendent témoignage (Jn 10, 25).

porter sur lui. Non seulement parce que nous ne le connaissons que par leur témoignage, mais encore parce que l'être humain n'est d'abord saisi et ne se révèle que dans son rapport aux autres.

Au contact de Jésus, ceux qui se sont attachés à lui, ont vu s'éclairer le sens de leur existence. Décrypter ce mode de vie constitue le seul chemin d'accès à sa « divinité ». Les choix radicaux sur lesquels lui s'engage obligent à s'interroger sur le sens ultime que nous pouvons donner à chacune de nos activités quotidiennes.

Ce terme d'obligation est à nuancer. Il n'indique aucune contrainte. Pas plus que le soleil, sans lequel nous ne verrions rien, ne nous « oblige » à voir quand nous ouvrons les yeux, pas plus l'existence d'un vrai témoin ne vient forcer notre liberté quand il l'attire sur le chemin d'une valeur à laquelle, sans doute, secrètement, elle aspirait.

Seul un vivant peut enseigner à vivre.

Le premier théologien chrétien, Jean l'évangéliste, propose une formule riche de sens de ce point de vue. Il écrit : « En lui était la vie et la vie était la lumière des hommes [1]. » Les deux termes ainsi rapprochés, vie et lumière, parlent bien du sens de l'existence. Qu'est-ce d'autre, en effet, pour tout vivant que le sens de son chemin, sinon d'être au clair sur l'élan de vie qui le porte et, ainsi éclairé, pouvoir vivre au maximum la vie singulière qui est la sienne ?

Reste à comprendre cependant comment on peut dire d'un vivant concret, en l'occurrence Jésus de Nazareth, qu'il est la vie et que cette vie est lumière.

La formule est étonnante. Sans doute plus pour nos mentalités de culture grecque et latine que pour un Sémite. Pour nous, une distinction spontanée s'établit entre l'action et la pensée. On opposerait l'existence – avec ce qu'elle comporte d'ombres, d'inconnu et, au fond, d'irrationnel – y

1. Jn 1, 4.

compris pour celui qui la vit –, à la clarté de la pensée nourrie de la lumière des évidences.

Mais, sur ce point aussi, notre culture a bougé durant le XXe siècle, spécialement sous la poussée des sciences humaines. L'opposition vie/lumière, existence/connaissance est moins pertinente aujourd'hui qu'elle ne l'était aux XVIIe et XVIIIe siècles. Nous savons que le corps humain, tel qu'il est vécu par chacun, est le lieu et la condition de transparence ou d'opacité du sens. À ce titre, notre corps est une réalité symbolique, c'est-à-dire expressive, parlante. Ce qui me guide se donne à voir à travers mes gestes, mes actes, mes attitudes, mes choix. Bref, mon existence.

Si donc un éclairage, une lumière, peut atteindre des humains, ce sera nécessairement au travers d'un vivant. Dire « la vie » ne suffirait pas. Car la vie reste une abstraction. Elle n'existe, du moins au regard de notre expérience humaine, que parce qu'elle vivifie un corps (individuel ou institutionnel, là n'est pas, ici et pour le moment, le problème [1]).

Une façon de vivre qui donne du sens.

Jésus fut perçu comme lumière par certains de ses contemporains. Un de ces vivants irradiant de vie dont Bergson a pu dire : « Leur existence est un appel [2]. » Pour ceux qui acceptaient d'entrer dans sa démarche, l'enseignement qu'il transmettait se lisait dans l'attraction même qu'opérait sa présence, son mode d'être. Ses mots faisaient corps avec sa vie, identification totale de l'acte et de la parole. En lui aucune rupture, aucune marge entre le dire et le faire.

Une telle droiture humaine vient nécessairement réveiller un profond besoin d'authenticité chez ceux qui acceptent de se mettre à son école. Selon le mot de Bergson : « La parole qu'on

1. Le problème de la « clarté » portée, ou non, par un ensemble institutionnel se posera au sujet de l'Église ; et cela dans les termes où nous l'évoquons ici.

2. H. Bergson, *Les Deux Sources de la morale et de la religion*, Paris, PUF, 1951, p. 30.

en vient à faire sienne est celle dont on a entendu en soi un écho [1]. » C'est en cela qu'un tel témoin nous éclaire. Il y a une façon de vivre qui, par elle-même, est lumière. Vivant proches de Jésus de Nazareth et percevant sans doute peu à peu la cohérence de sa vie, les disciples y gagnaient d'y voir plus clair dans la leur. Ce rayonnement, cette transparence parfaite de l'orientation de l'être au travers d'une vie quotidienne, constitue sans doute la première expérience qu'ils purent saisir de sa « divinité ». La première caractéristique du visage de « Dieu » qui se révèle en Jésus est, je crois, cette capacité d'éveiller chez ceux qui s'intéressent à son histoire la certitude qu'il existe un moyen de réussir sa vie.

SA MANIÈRE D'ÊTRE HOMME EST « DIVINE »

Il faut choisir son « Dieu ».

Un « Dieu » d'emblée bien étrange, car en Jésus se manifeste le refus de se prendre pour « Dieu ».

La tentation de tout être humain est, d'une manière ou d'une autre, de chercher à se faire « Dieu ». Se vouloir, ou du moins se rêver tout-puissant. Décider, par soi-même et pour son bénéfice seul, du bien et du mal. Dans ce mirage de pouvoir absolu, on cherche pour le moins à s'imposer en maître au-dessus des autres sur lesquels on a prise.

Au chapitre 3 de la Genèse, le texte de la tentation d'Adam et d'Ève le signifie clairement : « Vous serez comme des dieux [2]. » S'emparer de l'égalité avec « Dieu », voilà un des axes sur lequel les hommes peuvent croire construire leur humanité… et tentent bien souvent, hélas ! de le faire. Pour s'en convaincre, il suffit de penser à ce que les recherches de puissance, de domination et d'hégémonie ont causé de dommages au long des siècles et parfois dans nos propres vies. Or cette tentation est le corollaire d'une certaine conception de

1. *Ibid.*, p. 31.
2. Gn 3, 5.

« Dieu ». Il y a dans nos esprits une représentation de « Dieu » qui est à la source des plus grands maux dont souffre et a souffert l'humanité. Et il existe un comportement humain, une manière d'être qui, tentant de s'attribuer à soi-même la puissance dont nos rêves affublent ce « Dieu-là », pense ne se réaliser et donc donner sens à sa vie qu'en dominant et écrasant les autres [1].

La foi chrétienne, si elle reste cohérente avec elle-même, consiste d'abord et prioritairement dans le rejet absolu de ce « Dieu-là ».

Voilà le lieu et l'enjeu du retournement radical que Jésus opère. Il se présente comme un homme vrai. L'homme de Nazareth se comporte de façon diamétralement opposée à l'attitude qu'inspire ce « Dieu-là ». En cela, on a pu justement le dire « le nouvel Adam [2] ».

Son choix est décrit très clairement dans la lettre de saint Paul aux Philippiens au chapitre 2. Un passage qu'on peut lire ainsi : « En Christ, nous avons trouvé visiblement la révélation de Dieu. Il n'a pas considéré, lui, l'égalité avec Dieu comme un pouvoir dont il pourrait s'emparer. Au contraire, il a renoncé à lui-même jusqu'à l'anéantissement et nous avons vu un serviteur, homme parmi les hommes. Oui, tel qu'il est apparu à nos yeux, il a été comme un homme et il s'est abaissé et s'est rendu obéissant jusqu'à la mort et la mort de la croix. C'est pourquoi Dieu lui a donné le Nom qui est au-dessus de tout nom [3]... »

Ce texte nous met en présence de Jésus qui a vécu simplement, homme parmi les hommes ; portant à ce titre « la

---

1. Ces rêves peuvent aussi être nourris par la pompe dont nos églises entourent trop souvent ceux qu'elles considèrent comme des représentants de « Dieu ».

2. 1 Co 15, 45.

3. Ph 2, 6-11. Cette lecture se démarque de traductions plus habituelles – par exemple, celles qui lisent : « Jésus étant de condition divine ne retint pas jalousement le rang qui l'égalait à Dieu, mais il s'est fait homme. » – L'exégèse qui la permet est présentée dans : *Études théologiques et religieuses*, Montpellier, 61e année, 1986/2. Un article de Guy WAGNER : « Le scandale de la croix expliqué par le chant du Serviteur d'Ésaïe 53 ».

ressemblance de Dieu [1] » comme tout être humain. Il a vécu, il s'est fait serviteur pour que les hommes vivent et il est mort, innocent condamné [2]. Or nous sommes au centre de l'affirmation chrétienne : « Ce dont il est question ici – et il ne s'agit de rien d'autre – c'est d'une manière d'être homme. Elle est exemplaire. Jésus nous montre comment on est authentiquement homme. Et nous permet de le devenir [3]. »

Ainsi, s'offre à nous le choix d'un chemin. Dans le Crucifié, le chrétien reconnaît une façon de mener la vie et de lui donner sens. Elle est à l'exact opposé du mode de vivre dont l'Adam de la Genèse est le symbole. L'un accapare pour soi ce qu'il est et ce qu'il a et enclenche un processus de domination, donc de lutte ; l'autre s'engage pour faire vivre jusqu'à donner sa vie. Le premier tend à rivaliser avec le « Dieu » superpuissant mais aussi terrorisant et vengeur qu'enfantent nos désirs d'absolu. Le second, loin de chercher « à saisir comme une proie l'égalité avec "Dieu" », s'incline librement devant l'homme souffrant et se bat pour lui ouvrir le chemin d'une vraie vie.

Nous sommes devant deux formes d'humanité, deux grands chemins de sens présents dans toutes les civilisations comme dans chaque conscience : l'amour de soi au mépris des autres, ou bien l'amour des autres comme vraie réalisation de soi. Le choix de Jésus est clair. S'affirmer chrétien, c'est reconnaître « Dieu » dans ce choix-là et y trouver le sens de ses pas quotidiens.

C'est pourquoi la proposition chrétienne consiste à dire qu'en cet homme-là, Jésus, c'est le vrai « Dieu » qui s'est donné à voir. D'où le Nom dont il est alors revêtu : « Seigneur ! » (*kurios,* dit le grec traduisant l'hébreu *Adonaï*), c'est-à-dire le nom par lequel le juif nomme « Dieu ». En d'autres termes, Jésus est bien la visibilité de « Dieu », parce que sa manière d'être homme est « divine ».

---

1. Gn 1, 27 : *« Morphé Théou »*, dit le grec.
2. Les lecteurs de la Bible reconnaissent facilement, dans son histoire, le Serviteur souffrant décrit dans le livre du prophète Ésaïe 53, 1 à 12.
3. Guy WAGNER, p. 181.

Jésus, le profil de « Dieu ».

Trois mots de commentaire pour être bien entendu. Trois traits majeurs de ce portrait de « Dieu » en terre humaine.

Au premier plan, son corps. Le « Dieu-des-chrétiens » se donne à voir, dans l'histoire humaine, par une certaine densité corporelle. Je cite Jean-Pierre Jossua : « La Parole de Dieu a pris en Jésus une densité de présence corporelle telle que l'Éternel est devenu visible à nos yeux. C'est ce que nous appelons incarnation, et qui ne désigne pas forcément un schème de descente (remontée), mais plutôt une condition humaine de Dieu : un homme de notre race est, dans son corps, dans sa psychologie, dans son devenir, l'apparaître, l'épiphanie de Dieu. Il est question, dans nos Évangiles, d'un corps qui naît, qui grandit, qui se déplace, qui entre en relation avec les autres, qui souffre et qui meurt, puis qui se montre vivant d'une manière toute nouvelle. Or, quoi qu'il en soit de ce que les disciples ont pu découvrir d'emblée dans sa parole et dans ses attitudes, ils reconnaissent après coup que, dans ce corps, “Dieu était là et nous ne le savions pas” [...] [1]. »

Au centre, l'originalité du personnage. Cette personne en qui « Dieu » s'est rendu visible a fait du don de soi-même sa règle de vie.

Un don libre, hors de tout marchandage sacrificiel. Mais le choix qui était le sien : appeler tous ceux qu'il rencontrait à sortir des enfermements où ils étaient tenus, et très spécialement des servitudes faussement religieuses, un tel choix, maintenu jusqu'au bout, ne pouvait qu'aboutir à l'élimination de ce perturbateur.

Un don qui se traduit par le refus d'entrer dans le jeu de la violence, c'est-à-dire qui rejette le moyen de régner ici-bas. Renonçant à ce jeu, il sait ce qu'il perd. Il sera, comme toujours et comme tant d'autres, éliminé par ceux qui ont choisi la loi de la force, c'est-à-dire de la mort. Mais ce choix est celui de la vraie vie. « Amoureux de vivre à en mourir » comme dit le poète.

---

1. J.-P. Jossua, o. p., *Réforme*, n° 2641, 25 novembre 1995, p. 5.

Ce don est l'inverse des divinisations inventées par les hommes. Reconnaître « Dieu » en Jésus crucifié s'oppose radicalement à ces attitudes qui se veulent religieuses et qui divinisent les victimes après les avoir elles-mêmes condamnées. René Girard à longuement démonté ce mécanisme religieux de la divinisation du « Bouc émissaire ». En proie aux tensions de violence qui risquent de la faire exploser, la société se défoule de cette violence en désignant une victime innocente que l'on dit coupable... et qu'une fois morte on porte au panthéon des « dieux ». En Jésus, c'est l'inverse. La victime refuse de se reconnaître coupable, c'est-à-dire d'entrer dans le jeu de la violence. Et, écrit Girard : « Ce qui est divinisé en Jésus, c'est son pouvoir unique de résister à la violence [...] et à toute prétention divine. »

On ne peut alors qu'être frappé de l'unité de sa personne. Le « Dieu » en visage d'homme invalide toute conception dualiste de l'existence humaine. Cette position qui oppose sans cesse le corps et l'esprit. Le corps et ses valeurs qui seraient l'ennemi d'une vie spirituelle conçue – et longtemps prêchée – comme détachement et même condamnation et rejet du corps. De plus, on le sait, dans cette opposition radicale s'infiltre la distinction psychologiquement archaïque entre l'impur et le pur. Ce dernier qu'on identifie au sacré, lui-même alors et enfin ! arraché au profane. Autant de dualités où s'ouvre la brèche dans laquelle tous les pouvoirs dominateurs vont, d'une manière ou d'une autre, puiser leur autojustification. Y compris les pouvoirs religieux.

En Jésus, visage de Dieu, ces oppositions s'effondrent. Il est « Dieu visible dans la chair ». Or, comme le veut le langage biblique, la chair, c'est la totalité de l'être humain menant son existence temporelle. Elle inclut donc la pensée, les sentiments, les choix volontaires tout autant que leurs expressions corporelles. Cette chair qu'il est, Jésus l'a toute orientée vers le service et le don, l'ouverture à l'autre. C'est en cela qu'elle est « divine ». Non pas sacrée, mais sanctifiée. Nullement divisée. Parfaitement unifiée au contraire dans ce combat pour les autres. Un sens où la personne se réalise toute.

On peut alors comprendre ce qu'est une authentique vie spirituelle : toute activité, tant du corps que de l'esprit, est sanctifiable, c'est-à-dire spirituelle si elle va dans la ligne du don de soi et de l'ouverture à la surprise de l'autre. À l'inverse, tout demeure « charnel », aussi bien les plus beaux sentiments ou les pensées les plus élevées, dans la mesure où l'objectif qu'elles servent est le seul service de soi-même.

Tant il est vrai, répétons-le, que dire « Dieu » visible en Jésus, c'est faire un choix entre deux types d'humanité. On ne peut pas affirmer que « Dieu s'est incarné », sans prendre le chemin de l'amour véritable : l'ouverture aux autres, corps et âme, comme lieu de la réalisation de soi. Maurice Bellet a pu écrire : « Dire "Christ est ressuscité" ou dire *"Ubi caritas et amor, Deus ibi est* [1]", c'est dire la même chose, strictement, rigoureusement, absolument la même chose [...]. Ce que les chrétiens nomment résurrection de Jésus EST l'éveil en l'homme de la haute tendresse [2]. »

« Voici l'homme. »

Un mot situe le point précis où se fait le choix pour l'entrée, ou non, dans la démarche de sens que propose l'affirmation chrétienne. Ce mot, selon l'évangéliste Jean, c'est Pilate qui le prononce lors du procès de Jésus. Pour le bien comprendre, je cite, de nouveau, J.-P. Jossua :

> Pilate dit : « Voici l'homme. » Peut-être était-ce comme s'il s'était écrié : « Voici le type en question. » Peut-être aussi l'évangéliste a-t-il eu, en écrivant ce texte, une intention théologique : souligner l'état humilié de celui qu'il appelle le Fils de Dieu. La tradition chrétienne y a vu une déclaration solennelle : voici l'Homme, enfin accompli selon le dessein de Dieu. Même si cette interprétation dépasse le texte, il nous faut la considérer.
>
> Pour la récuser, d'abord. Car Jésus ce n'est pas l'Homme, tout l'humain ramassé dans une seule existence. Il est un homme et non une femme ; un prophète et non un sage (et Socrate compte aussi) ;

1. « Où il y a l'amour et la charité, Dieu est là. » Bellet cite en latin sans doute pour éviter ce qu'il nomme : « les marécages » où, au fil de l'histoire chrétienne se sont « effondrés » les beaux mots d'« amour » et de « charité ».

2. M. BELLET, p. 179.

un Galiléen du Ier siècle et non un Parisien ou un Zaïrois du XXe. Or, ce qui est significatif précisément, c'est que Dieu ait pris en lui le risque de la contingence (celui d'être relativisé, négligé, oublié), et nous ait contraint au risque de nous réapproprier ailleurs, plus tard, autrement, ce qui s'était dit et passé en Jésus-Christ.

Pour la reprendre ensuite. Car, pour nous, Jésus est bien l'homme placé en toute vérité devant son Dieu et devant les autres hommes. Devant Dieu, dans la confiance aimante, la liberté, la fidélité. Devant les autres, dans le respect, l'accueil, le service. Et c'est cette façon d'être homme que nous avons choisie – entre beaucoup d'autres possibles – à la suite de Jésus. Nous ne sommes pas seulement cela – et c'est ici que l'accord et le refus se conjoignent –, mais nous plaçons là notre plus haute joie [1].

« Voici l'homme. » C'est cela vivre en homme. L'accepter, ou non, tenter de vivre selon son chemin. Ici et nulle part ailleurs s'éclaire le sens que propose le christianisme.

LE « DIEU » DE JÉSUS-CHRIST

Jésus croyait au « Dieu » de son peuple. Juif fervent, il se réfère à Celui – dont le Nom est imprononçable – en qui Israël, depuis Moïse et l'Exode, reconnaît l'auteur de sa libération et de la Loi qui permet à chacun de vivre en libéré. Une libération qui, de politique qu'elle a pu être au commencement de l'histoire du peuple, est devenue, dans les soubresauts des siècles et de la fidélité difficile de ce même peuple, guide d'une vie personnelle authentiquement spirituelle.

Or, avec Jésus et toujours au travers de sa manière de conduire sa vie, on va voir se préciser les caractéristiques de ce « Dieu ». J'en relève trois : ce « Dieu » est Père ; il aime les humains ; cet amour est « trinité ». Ces traits nouveaux de « Dieu » sont au centre de la proposition chrétienne. Ils constituent les bases de sa théologie. Loin de prétendre exposer celle-ci, je tiens seulement à montrer que ces données de base sont pensables dans les catégories de notre temps. Sans entrer

1. J.-P. JOSSUA, *Réforme*.

dans les détails de cette théologie, mon propos est d'indiquer comment elle s'articule à la vie de Jésus.

« Mon Père et votre Père[1]. »

Constamment Jésus se réfère à une source de son existence. Il l'identifie à « Dieu ». Il la nomme « Son Père ». Il le fait avec une familiarité extrême. Le terme araméen qu'il emploie *« Abba »*, est un terme qui appartient au vocabulaire réservé au domaine familial. On le donne souvent comme le diminutif cher aux petits enfants qu'on peut traduire par « papa[2] ». Qu'entendre par là ? À l'évidence toute autre chose qu'un engendrement biologique. Bien plutôt, chez Jésus, la conscience forte que ce qu'il est, il le reçoit.

Il y a une gratuité fondamentale à la racine de chacune de nos existences. Nul n'est sa propre source. Toute naissance est réception. Nous venons à la vie par un don ; et elle ne se conserve que par le maintien de cette dépendance, qui est, au sens propre, radicale. Dépendance à l'égard de la nature matérielle pour la vie du corps, à l'égard des relations sociales pour l'éveil et le développement de l'intelligence, du cœur et des capacités créatrices ; mais aussi dépendance des amours reçues et de leur propre source quand il s'agit d'ouverture au don de soi. Jésus est conscient de tenir, au plus intime de soi mais comme venant d'au-delà de lui-même, ce qui lui fait donner sens à son existence. Cette source d'où lui vient sa capacité de vivre et de tenir dans l'orientation de Sa vie, il l'appelle « son Père ». Sa vie, dans sa singularité d'ouverture et de don, porte la marque de son « Dieu ».

---

1. Jn 20, 17.
2. Voir *Le Monde de la Bible*, Paris, Bayard-Presse, nº 110, « La naissance de Dieu. Enquête sur le monothéisme », p. 74.

Un « Dieu » amoureux des humains.

Jésus a conscience de donner visage à cet amour-source. Ses choix, ses gestes, ses mots, son combat et, il le sait, sa mort donnent à voir cette racine d'où surgit l'orientation spirituelle de l'humanité. Le « Père » s'est manifesté dans « le Fils ». C'est donc qu'il y a en « Dieu » lui-même une tendresse pour la condition humaine qui le porte à se mêler en personne au combat qu'elle mène pour se réussir. Et réussir le monde avec elle. Ce coup de main de « Dieu » à l'histoire humaine se nomme l'Incarnation.

Je continue de lire une page de J.-P. Jossua : « Incarnation. Ce mot qui désigne d'abord le mystère du Christ, recèle des conséquences immenses en ce qui concerne notre compréhension de Dieu. [...] Parce que, comme Karl Barth l'a excellemment senti à la fin de sa vie, cette "humanité de Dieu" dit quelque chose en ce qui le concerne lui-même. Il faut, d'une certaine façon qu'il soit humain. Qu'il y ait en lui une pente à se faire corps. C'est là une image, bien sûr, une métaphore. Mais, comme tous les anthropomorphismes bibliques, elle dit quelque chose de vrai à son sujet, même si le sens en demeure entièrement mystérieux [1]. »

Toute révérence gardée pour le mystère, on peut donc penser que quelque chose de ce « Dieu » se laisse entrevoir dans l'amour humain. Il ne s'agit nullement de prétendre circonscrire le mystère en le ramenant à un idéal humaniste. Mais il est tout aussi certain qu'on s'interdit le moyen de l'entrevoir si, sous prétexte de sauvegarder sa transcendance, on se refuse à en pressentir quelque chose dans la « haute tendresse [2] » et le réel dévouement dont des hommes et des femmes nous donnent des exemples. Quelque chose de ce qu'est le « Dieu » révélé à la perfection par l'amour dont Jésus fut capable se donne à lire aussi dans leur authentique humanité – au double sens de la condition vécue et de la bonté dont

1. J.-P. JOSSUA, *Réforme*.

2. Le livre de Maurice BELLET, *La Voie*, déjà cité, est consacré à l'analyse de ce que peut être authentiquement l'amour, que l'auteur nomme alors « la haute tendresse ».

ils font preuve – Avec des ombres sans doute, mais de la même façon qu'il était lisible dans l'humanité de Jésus. En ayant conscience que, dans sa vie à lui, c'est en pleine lumière cette fois que le « Dieu-qui-est-amour » s'est donné à voir.

Un « Dieu » qu'on dit « Trinité ».

Peut-on évoquer plus avant encore ce que l'expérience humaine de Jésus révèle de ce « Dieu-là » ? La foi le fait. Elle le dit « Trinité ». Le terme ne se trouve pas dans les textes du Nouveau Testament. C'est un produit de la réflexion chrétienne méditant sur les deux références qui, elles, sont constamment sur les lèvres du Jésus des évangiles : Ce qu'il nomme *Son Père*, d'une part et, d'autre part, *l'Esprit* qui l'anime et dont, avant sa propre mort, il promet l'assistance à ses disciples. Or, à la manière dont il en parle, Jésus est comme pris dans le mouvement d'un intense échange amoureux : il apparaît, lui, comme l'expression fidèle et aimante d'un don d'amour qui le fait vivre et auquel l'unit une reconnaissance réciproque, riche de toute la force de leur relation : « Tout m'a été remis par mon Père, et nul ne sait qui est le Fils si ce n'est le Père, ni qui est le Père si ce n'est le Fils [1]. »

« Dieu est amour », dit saint Jean [2]. Il est notoire que c'est la seule définition de « Dieu » en bonne et due forme qu'on trouve dans le Nouveau Testament. Pour faire entendre quelque chose de cet « amour-là » on le traduit par : « un seul Dieu en trois personnes ». Peut-être pourrait-on dire : une circulation d'amour unique mais telle qu'elle fait exister, à l'intérieur d'elle-même, et chacun singularisé dans son identité propre, les trois mouvements de tout amour : le don total de soi, la réception qui l'exprime et la reconnaissance joyeuse qui les unit en un va-et-vient incessant. La réflexion chrétienne s'est efforcée de traduire dans le langage de notre expérience cette circulation d'amour [3]. Elle croit que cet amour est

---

1. Mt 11, 27.
2. 1 Jn 4, 8.
3. Une des formulations classiques est celle proposée par saint

vivant et n'a rien d'abstrait ; aussi voit-elle comme des « personnes » chacun des termes où il s'épanouit. Des « personnes », car il fallait bien trouver un terme, et, pour nous aujourd'hui, la personne humaine, cette valeur unique qui fait la dignité imprescriptible de tout être humain, constitue l'analogie la plus élevée dont nous disposions pour dire une réalité spirituelle autonome.

Évidemment tout ce langage balbutie à l'orée du mystère sans doute le plus profond qu'on puisse imaginer. Mais il fait pressentir quelque chose. On entrevoit la richesse de ce mouvement d'amour où le don est total, la réception parfaite et réciproque, la gratitude mutuelle et incessante. À y bien regarder, si nos amours allaient à la perfection dont nous rêvons, c'est sur ce schéma qu'elles fonctionneraient, soulignant par là-même l'unicité singulière et sans cesse recréée de chacun des partenaires.

Toute la vie de Jésus traduit ce mouvement à trois pôles : c'est une vie d'accueil, de témoignage et de don. Il nomme « Son Père », l'amour qui l'habite. Un amour dont il a conscience qu'il est la source de son être et l'orientation immédiate de sa vie en chacun de ses gestes. Un amour qu'en lui toute sa personnalité exprime : « Je ne suis pas venu faire ma volonté, mais la volonté de celui qui m'a envoyé [1]. » Et on comprend aussi qu'il nomme Esprit le don gratuit où cela l'engage, à l'intérieur de son projet de vie, sa manière libre et personnelle d'aimer [2].

L'existence humaine de Jésus est donc le lieu de la « manifestation » où « l'Éternel trinité » se dit tout entier : Père comme source, don de cette vie ; Fils, ce vivant qui, librement

---

Augustin : « Les personnes divines sont trois, la première (le Père) qui aime ce qui naît d'elle, la deuxième (le Fils) qui aime celle dont il naît et la troisième (l'Esprit) qui est cet amour même. » (AUGUSTIN, *De Trinitate* VI, 5-7.)

1. Jn 5, 30.

2. On relèvera au passage que ce mouvement « de retour » dans le « circuit d'amour » qu'est la Trinité se traduit dans le comportement de Jésus par l'amour qu'il porte aux humains. En lui donc, l'amour de « Dieu » et l'amour du prochain ne font qu'un.

exprime et réalise tout ce qu'il reçoit ; Esprit, l'élan de la reconnaissance mutuelle dans cet échange vivifiant. Dans cette perspective, on peut saisir que, par la façon d'agir de Jésus, – c'est-à-dire par la Parole qu'il est pour nous – ce soit bien la vie de « Dieu » qui se transmette, l'amour de « Dieu » qui interpelle et qui libère.

Il est donc légitime de voir en Jésus, « le Fils », c'est-à-dire le portrait parfait de « Dieu ». Mais un Fils qu'on gagne à décrire, non pas comme une essence figée, mais comme une existence qui s'invente et donc se manifeste à mesure qu'elle avance dans son histoire humaine. Là où son sens éternel se déploie dans le temps. À mesure donc que l'homme va plus avant dans ses choix de vie. Aussi il est juste de dire que la mort en croix qui les signe définitivement est le sommet de la révélation de la « Trinité » parmi nous.

Dans ce dévoilement du « Dieu d'amour », que signifie la résurrection de Jésus ? Sinon qu'est fixée, dans l'éternité même de Dieu, la forme singulière d'humanité aimante et donnée qu'un homme de Galilée a déployée très concrètement, voilà environ vingt siècles sur la terre qu'aujourd'hui nous nommons Palestine. Autrement dit, l'acte d'amour que nous appelons « Dieu », non seulement a pris visage dans le temps, mais ce visage est inscrit dans l'Éternel. Ce visage n'a rien d'abstrait : c'est cette personne que fut Jésus, avec ce je ne sais quoi qui fait qu'il n'était aucun autre, avec ses tics si j'ose dire, avec ses souvenirs, ses joies, ses fatigues, ses combats et ses amours, etc. Un humain, quoi ! comme vous et moi. Le dire ressuscité, c'est dire que l'accomplissement de son humanité, la mise en œuvre corporelle du sens de sa vie, l'histoire quotidienne qu'il a vécue sont partie intégrante de l'être même de « Dieu ». Croire que Jésus est ressuscité, c'est croire que le chemin de vie d'un homme est sculpté dans l'Éternel.

Ces formules tâtonnent plus que jamais. Peut-être permettent-elles cependant d'entrevoir ce que peut signifier la résurrection : une vie redressée au-delà de la mort qui en a signé le sens, une vie scellée en « Dieu », c'est-à-dire révélant enfin ! en pleine lumière, le sens d'amour qu'elle portait quand elle n'était encore qu'« un cri de vivant sur la chaussée des hommes [1] ».

LE « DIEU » VIVANT

On peut récuser la proposition chrétienne parce qu'on refuse ce que certains nomment l'abaissement de « Dieu » dont ils l'accusent. Il est vrai que les conceptions ordinaires des humains et de bien des grandes religions admettent mal que celui qu'ils imaginent seulement comme le Très-Haut se soit réellement manifesté dans le Très Bas. Là est, je le crois cependant, la spécificité de la foi chrétienne : Elle reconnaît « Dieu » dans l'humanité de Jésus. On ne devra pas cesser de le redire : il y eut, un jour du temps dans un canton perdu de la planète, une vie humaine, c'est-à-dire une façon d'être homme, une conduite de la vie qui est allée au bout de soi-même pour répondre à l'appel vers les autres. Cette vie s'est conclue à la croix par une mort aussi réelle que l'avait été son existence, mais une mort qui ne pouvait rien lui prendre parce que, dans son existence, cet homme avait tout donné. Au-delà de cette mort traversée, et aux yeux de la foi, ce don, le sens même de cette vie, s'est révélé toujours vivant. De bout en bout cette vie fut celle du « fils du charpentier de Nazareth [2] ». Être chrétien, c'est y reconnaître la manifestation de « Dieu ». Elle se prolonge dans la vie des femmes et des hommes qui orientent leur existence dans le même sens, à leur mesure mais dans le même amour.

Un « Dieu » qui nous libère de Dieu.

On est donc loin de toutes les idées courantes que l'esprit humain se fait de Dieu. Loin du « Dieu » émanation et sacralisation des forces de la nature, ou du « Dieu » force cosmique, souverain impassible gérant et régentant l'univers. Loin aussi

1. Le mot est de SAINT-JOHN PERSE.
2. Mt 13, 55.

du « Dieu des philosophes et des savants », pensée pure justifiant rationnellement l'ordre et les désordres de l'histoire. Et loin encore du « Dieu », idée morale suprême, juge du Bien et du Mal, surveillant pointilleux des actes des humains et les gouvernant de l'extérieur de leur propre conscience.

Si un « Dieu » s'est donné à voir en Jésus, c'est celui que la Bible nomme le « Dieu vivant ». Celui qui intervient dans l'histoire des hommes. Là, dans l'histoire d'Israël, créer un peuple libre conduit à se débarrasser de toutes les forces sacralisées qui servent à son oppression. Ici, en Jésus, pour appeler chacun à se lever et à aller vers la vie en choisissant d'aimer.

On connaît le mot de Maître Eckart : « Je prie Dieu de me délivrer de Dieu. » Dans le même sens on peut dire que ce que révèle Jésus, c'est un « Dieu » débarrassé de Dieu. Jésus a proclamé, au prix de Sa vie, « un Dieu souffrance amoureuse ». (Quel être aimant peut aimer sans souffrir ?)

Sa force, il la tire sans aucun doute de la faiblesse infinie du Dieu Père dont il parle. Ce n'est pas un Dieu douanier. C'est un Dieu qui fascine par son infinie compassion pour les hommes, un Dieu Père qui renverse radicalement les termes qui avaient été utilisés jusqu'alors pour parler du rapport à la divinité. La seule chose qui paraisse décisive pour Jésus, c'est que l'on sache que nulle part ailleurs que dans cette infinie bonté de la figure paternelle résident les choses que nous pouvons entrevoir quand notre esprit en vient à évoquer l'idée de « Dieu ».

Si Jésus n'est pas mort dans son lit ou s'il n'est pas mort d'un accident de la circulation, ce n'est pas par hasard. S'il est mort mis à mort, c'est parce que son intention au-delà de tout était de faire percevoir jusqu'à l'extrême les implications de la paternité de Dieu dont il parlait. En faisant ce qu'il a fait, en prenant résolument, comme le dit la Bible, le chemin de Jérusalem pour son face à face avec le Temple jusqu'à la mort violente, Jésus, me semble-t-il, entendait purger définitivement l'humanité des figures divines inadmissibles [...] [1].

---

1. Albert BASTENIER (sociologue, professeur à l'Université catholique de Louvain-la-Neuve, unité d'anthropologie), « L'Appartenance religieuse à l'heure de l'individualisme », conférence à la Paroisse libre, Bruxelles, novembre 1996, inédite.

C'est la mise en cause et le refus de tous les « réductionnismes religieux ». Elle est au cœur de la Bonne Nouvelle, dit le théologien catholique Joseph Moingt : « Dieu sort de l'enceinte du sacré où il était enfermé.[…] Dieu nous libère du poids de la religion et du sacré avec toutes les terreurs qui y sont liées et toutes les servitudes qui en découlent. […] Avec le procès et la mort de Jésus s'opère une sortie de Dieu hors de la religion et une entrée de Dieu dans le monde profane des hommes [1]. »

Dieu, cette « présence » qui fait vivre.

Si donc nous osons, à notre tour, non pas penser « Dieu » – qui prétendrait mettre la main sur l'infini ? – mais en dire quelque chose selon ce qui s'est manifesté en Jésus, le mot qui vient à l'esprit est celui de « présence ». Jésus n'est jamais seul [2]. Toute son existence témoigne d'un dialogue intérieur avec cet « autre » – qu'il nomme « Père », qui est « plus grand que lui [3] » – mais dans l'intimité duquel il puise son courage de vivre. Comme un compagnonnage constant, une présence indéfectible. Une fidélité aimante et réciproque dans la certitude de laquelle il trouve, à la fois, le sens qui gouverne chacun de ses choix et la force nécessaire pour y être fidèle. Là s'enracine le dynamisme qui l'anime. Dynamisme qui est mise en acte d'une vie parfaitement unifiée dans son projet et dans sa réalisation. Un mode de vie comme engendré par la « présence » qui l'oriente et l'accompagne sans peser en rien sur sa liberté [4].

---

1. J. Moingt dans *La Plus Belle Histoire de Dieu*, ouvrage collectif, Paris, Éd. du Seuil, 1997, p. 129.

2. C'est une idée constante dans l'évangile de Jean. Par exemple, 6, 57 ; 10, 30 ; 14, 10 ; 16, 32 ; etc. Même sur la croix, le « Pourquoi m'as-tu abandonné ? » s'achève, traversant cet abîme de détresse, par le « Entre tes mains, je remets mon souffle ».

3. Jn 14, 28.

4. On peut songer ici au psaume 139 qui célèbre la permanence et l'intimité de la présence de « Dieu ».

Cette façon d'exister en portant en soi attention à plus grand que soi et qui nous permet d'exister libre tel que nous sommes, nous dit quelque chose de « Dieu ». « Dieu », cette présence qui fait tenir debout. Nous avons sans doute un point de comparaison qui permet d'esquisser ce que peut être cette présence. Songeons à la manière dont une parole entendue de la part d'un ami sûr nous pénètre et devient inséparable de nous-mêmes, de nos choix et, parfois, de notre courage pour vivre [1]. L'homme de Nazareth est défini par la présence en lui de la Parole d'amour, son « Dieu ».

Aussi, il serait faux de dire « Dieu est Jésus » comme si nous connaissions « Dieu » avant qu'il ne se révèle. Mais on peut dire : « Jésus est Dieu visible » en tant que l'humanité de Jésus nous apparaît totalement traversée et pour ainsi dire éclatée jusqu'aux limites de l'amour absolu par cette « présence » qui est sa source et qui a fait de lui l'existant qu'il est. « Dieu » comme le cœur de son identité, cette fine pointe de l'être d'où a pu rayonner, à chaque pas de son histoire humaine, le projet pour lequel il a su qu'il était fait et dans lequel il s'est reconnu : faire de sa vie un don.

Si l'on veut bien donner au terme « sens » toute son extension, donc lui faire dire à la fois l'élan d'un vivant qui lutte pour se tenir dans sa propre vie, l'orientation que cela imprime à sa conduite et la compréhension claire de ce que signifie une telle démarche pour celui qui la mène, alors je crois qu'on peut dire que « Dieu » s'est bien donné à voir comme le sens de la vie de Jésus. Un sens que nous propose la Parole qu'il est pour nous.

Ce sens l'a conduit à la mort. Une mort qu'il a traversée, car « l'amour est fort comme la mort [2] ». Ce qui est l'autre formulation du mystère essentiel. C'est pourtant la certitude à laquelle les disciples ont été conduits quand il l'ont reconnu vivant au-delà de la mort. En Jésus, l'acte d'amour qu'est Dieu avait rejoint ce qui est le vœu de tout amour : vaincre la mort. Et s'inscrire dans l'éternité.

---

1. Voir ci-après, p. 193-194 : « La rencontre comme parole qui libère ».
2. Ct 8,6.

Invités à vivre.

Si nous tenons tous « la vie, le mouvement et l'être [1] » de ce même acte, alors, par le simple fait d'exister comme être humain, nous sommes invités à nous engager dans le même sens. Mais comme il s'agit d'un acte d'amour, Il laisse à chacune de nos libertés le soin de décider quotidiennement du type d'humanité qu'elle veut vivre. Seulement, en Jésus, Il a témoigné de sa préférence ; et Il nous a donné une parole qui éclaire le chemin et ses enjeux. Une parole qui nous sauve si nous l'entendons.

1. Ac 17, 28.

9

Une parole de salut

ou la question du Sauveur

« Si nous arrivons à aimer, n'est-ce pas parce que quelqu'un,
homme ou femme ou enfant ou un mot ou une fleur,
a pu résister à notre puissance increvable
de défiance, de haine et de peur ? »

JULIA KRISTEVA.

AU POINT CRUCIAL

« Il n'y a sous le ciel aucun autre nom parmi les hommes par lequel nous devions être sauvés [1]. » Voilà ce qui résume clairement la conviction des premiers disciples. Ils l'annoncent, conscients que « c'est à eux que cette parole de salut a été révélée [2] ». L'affirmation chrétienne se présente en effet comme proposant la voie par laquelle chaque être humain peut réussir son existence. S'humaniser réellement n'est jamais automatique, ni acquis d'avance, nous l'avons dit. Réussite ou échec de soi – et donc du monde dont nous sommes solidaires – c'est la question décisive pour chacun. Cet enjeu, le

1. Ac 4, 12.
2. Ac 13, 2-6.

christianisme l'envisage traditionnellement en terme de « salut ». Un salut qu'il conçoit en dépendance de l'existence du Nazaréen.

Un sauveur ?

Avoir besoin d'un sauveur ? Une telle affirmation ne va-t-elle pas créer un point de rupture inévitable entre la proposition chrétienne et notre pensée, nos exigences modernes ? Dire que la réussite de sa propre vie et celle de l'histoire humaine entière dépendent de la soumission à un sauveur, n'est-ce pas franchir la ligne rouge au-delà de laquelle notre culture sécularisée et laïque ne saurait nous suivre ? Et bien des raisons pourraient justifier ce refus.

Un sauveur ? Non, merci ! Notre siècle a déjà donné. Nous avons bien failli y perdre le meilleur de notre dignité. Les Führer, les Duce, Caudillo et autre « Petit Père » des peuples ou tant d'autres leaders charismatiques ont tenté de s'imposer comme des sauveurs de nos nations. Beaucoup les ont cru ; leur ont, bon gré mal gré, confié leur destin. Chacun sait aujourd'hui à quels drames nous a conduit cette démission des individus et des peuples s'abandonnant à une prétendue puissance de salut qui n'était qu'emprise dictatoriale. Notre sens démocratique se méfie des sauveurs.

La tentation n'est pas seulement d'autrefois. La renaissance, dans nos années de crise, de l'attrait des gourous créateurs d'agrégats sectaires, de même qu'un hyper-vedettariat rassembleur de foules émues et enthousiastes, tous ces faits actuels, même si leurs risques semblent bien moindres que celui des grandes dictatures politiques, inquiètent nos esprits critiques, décidément allergiques à toute mainmise sur leur liberté et leur propre responsabilité dans la conduite de l'existence.

C'est que, aussi, cette idée d'un sauveur intervenant hors du champ de notre liberté heurte de plein fouet l'exigence d'autonomie qui est le trait majeur de la conscience d'aujourd'hui. Cette exigence qui va de pair avec le « désenchantement » du monde. Entendons par là l'impossibilité où nous sommes d'admettre la manipulation de l'histoire, individuelle ou collective, par des forces inconnues, plus ou moins magiques, et, en tout cas, totalement étrangères au mode de relation par lequel se négocie et s'organise notre rapport au monde et aux autres humains. Cela certes n'évacue nullement la part de mystère qui enveloppe nos existences : que ce soit le fait de ma présence *hic et nunc* comme animal pensant – mon « être-là » parfaitement contingent – ou que ce soit l'attrait en moi pour ce qui est au-delà de moi, ces valeurs qui m'attirent et qui expliquent et peut-être justifient mes engagements et mes amours. Oui certes, je peux accepter d'être appelé au-delà de la médiocrité où je me reconnais souvent, d'être aidé à me libérer du mal que je fais ou que j'occasionne, d'être porté à me dépasser dans des actes auxquels je n'aurais sans doute pas accédé tout seul. Mais ce « salut » mystérieux, et qui me dépasse au moment même où je reconnais qu'il naît en moi, doit me venir par les chemins normaux des interactions humaines, symbolisant et réalisant « ce supplément d'âme ». Et non pas par des démarches ésotériques qui relèveraient de la crédulité magique.

C'est la troisième difficulté qui pèse sur l'affirmation chrétienne de l'existence d'un sauveur : trop souvent la démarche croyante et les gestes de culte qui la traduisent apparaissent, aux yeux de beaucoup, relever de la magie. On dira que c'est le point de vue de ceux qui les observent de l'extérieur. Soit ! mais, sans juger quiconque, on peut penser qu'il arrive assez fréquemment qu'ils soient vécus comme tels.

Est-ce caricaturer les choses que de remarquer combien souvent les attitudes d'un certain nombre de chrétiens font penser à une approche magique du salut qu'ils proclament ? On imagine une intervention directe et immédiate de la « puissance divine » dans la vie de tous les jours. Des gestes, des rites, des prières, etc., menés certes dans la droiture du cœur, ouvriraient à cette influence. Bien sûr, on reconnaîtra qu'elle nous vient comme un don totalement gratuit, un don lié à la mort de Jésus sur la croix, et donc un don qu'il n'est nullement question d'acheter par des mérites. Et, en cela, on échappe à la magie. Mais le « salut » n'en demeure pas moins perçu comme la mise en dépendance d'une réalité mystérieuse, la soumission à une « action de Dieu » qui échapperait totalement aux lois de la réalité ordinaire, une action bienveillante que, d'autre part, on a longtemps présentée comme réservée au seul bénéfice des chrétiens. Une conception du salut que promeuvent encore ceux, parmi les croyants, qui vont répétant qu'il suffit de faire appel à Jésus pour être sain et sauf. Pour l'éternité et même dès cette vie.

Mon propos n'est pas d'engager le débat sur ce terrain ; encore moins de douter de la sincérité de ceux que cette conviction aide à vivre. D'autant que peu d'entre eux se reconnaîtraient dans ce portrait ; et il est vrai que, sans doute, ils pensent leur salut de manière plus profonde.

Mais, il reste que cette « caricature » est l'image retenue par les gens de l'extérieur. Alors ce qu'ils en entendent est évidemment en contradiction avec la requête d'autonomie et de réalisation de soi par soi-même, ces valeurs essentielles à nos yeux de modernes.

À nouveau donc, le croyant est provoqué. Puisqu'il affirme qu'un salut est en Jésus, le Christ, doit-il rompre avec l'homme ou la femme de ce temps ? Ce qui, du reste, reviendrait à se diviser soi-même. Est-il acculé à opter entre l'incroyance et l'obscurantisme dont on le taxera ? Mais d'autre part, peut-il tenir pour obsolète l'affirmation, au cœur de l'Évangile : « Moi, dit Jésus, je suis le Chemin, la Vérité et la Vie. Nul ne va au Père que par moi [1] » ? La question est, au sens le plus fort, décisive. Nous sommes vraiment à la croisée des chemins. Devons-nous ici nous séparer ?

Il s'agit de savoir si l'affirmation chrétienne du salut en Jésus, le Christ, n'est pas tout autre, de se demander si se reconnaître sauvé par la vie et la mort de Jésus et donc appelé par là à la liberté de vivre une humanité authentique ne serait pas une réalité parfaitement ouverte aux exigences de notre esprit laïque et donc compatible avec les requêtes d'aujourd'hui ? En d'autres termes, peut-on penser le fait que l'existence de Jésus, son parcours d'humanité, puisse agir sur l'humanisation de mon humanité. Et que, loin de l'entraver

1. Jn 14, 6.

dans sa liberté responsable, elle lui offre, au contraire, les moyens de sa réalisation ?

Pour l'admettre il convient de se placer sur le terrain de la parole. Celui où naît et grandit notre humanité. C'est celui aussi où se situe le « Dieu » qui parle en Jésus.

La parole et la liberté dans la quête du sens.

« Là où quelqu'un parle, il fait jour. » C'est un mot de Freud. En effet, la psychanalyse a redécouvert et théorisé ce que l'expérience courante expérimente depuis toujours : l'homme naît en chaque être humain par l'exercice de la parole, au sens large du terme qui inclut toutes les démarches signifiantes et vécues comme telles. Parole adressée et parole reçue. L'univers proprement humain est celui de l'échange, du dialogue, de la communication, cette entreprise toujours ouverte à travers laquelle l'humain est sans cesse en quête de lui-même dans la rencontre et la reconnaissance de l'autre.

C'est à partir de paroles que, pour chacun, prennent sens et s'organisent de manière cohérente aussi bien le réel le plus proche que l'univers tout entier. Notre langage structure le quotidien que nous vivons. Aussi, quand il s'agit de l'orientation de la vie, de la justification des choix que nous accomplissons et de l'horizon idéal sur lequel nous pouvons les inscrire, bref du sens de notre existence, nous découvrons vite que nous nous guidons sur des paroles. Celles par lesquelles nous nous disons à nous-mêmes nos projets (avec plus ou moins de bonne foi) mais aussi celles que nous recevons. Le rôle et la part des autres dans la gestion de notre propre vie interviennent, en effet, dans un jeu de paroles. Et tout geste, action ou situation signifiants sont alors parole. Souvent nous y sommes soumis plus que nous ne l'avouons.

En soi, la parole est respectueuse de la liberté. Certes l'homme peut pervertir sa parole et en faire un instrument de contrainte. Soit une arme mensongère de séduction, soit un instrument de conditionnement. Mais de telles paroles dénaturent l'authentique langage humain. S'il veut vraiment s'élever au-dessus d'un simple échange de signaux, si sophistiqués soient-ils, qui le laisserait au niveau de la communication animale, le langage humain doit intégrer deux dimensions conjointes et complémentaires : ne chercher son sens et sa portée que *dans le dialogue et donc en s'ouvrant à l'esprit critique*. Une saine distance s'instaure ainsi entre les interlocuteurs et il devient possible d'éviter aussi bien les enfermements affectifs que ceux des lieux communs ou des slogans dans lesquels la pression sociale comme la paresse intellectuelle risquent toujours de nous engluer.

Parole créatrice de sens et parole adressée à la liberté, voilà ce qui crée ou révèle le vrai niveau où se déploie l'être humain. L'atmosphère où l'homme respire. Non seulement celle où il se reconnaît, mais la condition de sa progression.

Puissance de la parole. Elle est force de vie… ou agent de mort. On l'a dit depuis longtemps : le mot dit peut faire un maudit. (Celui sur lequel on a prononcé un mot qui le condamne, une « malédiction ».) Combien de paroles, inconsidérées souvent et qui peuvent blesser pour longtemps. On connaît le mot de V. Hugo :

> Mets un mot sur un homme, et l'homme frissonnant
> Sèche et meurt pénétré par la force profonde.

À l'inverse, on sait la force gratifiante d'une vraie « bénédiction », non pas un grigri magique, mais une authentique parole de bienveillance. Car à l'opposé des paroles qui enferment et condamnent, voici, heureusement ! les vrais mots d'amour. Ce serait n'avoir pas vécu que d'ignorer, dans sa propre expérience, non seulement combien ils nous ouvrent l'horizon, mais, plus même, combien ils nous transforment. Il est vrai qu'ils ne jouent ce rôle que par la vérité de l'amour qu'ils révèlent, traduisent et font chanter. Ce ne sont plus seulement des mots ; c'est une présence qui nous atteint au plus profond. S'ouvre le monde des paroles qui sauvent :

> Il n'aurait fallu / qu'un moment de plus / pour que la mort vienne
> Mais une main nue / alors est venue / qui a pris la mienne [1]

---

1. Aragon, *Le Roman inachevé*, Paris, NRF-Gallimard, 1972, p. 181.

Une telle parole vivifiante, au travers des mots, est acte : une autre existence vient à la rencontre de la mienne, l'ouvre à la confiance, la surélève. Parfois la guérit.

Les évangiles se situent à ce niveau-là. C'est en évoquant une Parole vivante et respectueuse de leur liberté – le « Si tu veux... » est un des mots les plus familiers du langage du Nazaréen – que les premiers chrétiens ont rendu compte de l'expérience de vie qu'ils avaient faite avec Jésus. Sa rencontre avait été pour eux une « parole » qui désormais les faisait vivre.

La rencontre comme parole qui libère.

Ici, il faut creuser davantage. Car admettre en Jésus une Parole qui guide et éclaire la vie pourrait se limiter à voir en lui seulement un exemple. Un modèle donc mais qui resterait encore extérieur à ma propre conduite. Or la proposition chrétienne va plus loin. Elle annonce une parole efficace. Elle pose que la reconnaissance de Jésus comme le Christ opère le salut. Une rencontre qui ne se contente pas de dire un chemin ; mais qui effectivement y introduit. Là est, en définitive, la question : peut-on comprendre que ce qu'on nomme le salut soit la transformation effective de ma vie par l'intervention de quelqu'un d'autre que moi sans que, pour autant, mon autonomie en soit le moins du monde entamée ; en affirmant même que ma liberté y gagne ?

Si la réponse positive est possible, c'est dans la mesure où une existence peut prendre sens en s'appuyant sur le sens reconnu et, si je puis dire, partagé, d'une autre existence. Autrement dit, il est des rencontres qui, non seulement témoignent d'une vie réussie, d'une façon de vivre dont peut-être on rêvait sans plus oser y croire, mais qui véritablement vous touchent au point de vous entraîner là où, l'instant d'avant, vous vous croyiez dans l'impossibilité d'aller.

Pour le saisir, il importe de rappeler que parler du sens que chacun donne à son existence ne renvoie pas à un système d'idées. En tout cas, pas d'abord. Trop souvent nous ne donnons au mot « sens » qu'un caractère intellectuel ; comme s'il s'agissait d'une sorte de savoir conceptuel ; presque la maîtrise d'une théorie sur le pourquoi et le comment de la vie. Penser ainsi, c'est s'interdire de comprendre la vraie question du sens. Il faut redire que quand on parle du sens, on est renvoyé très concrètement à ce que chacun sent et ressent dans ses actes quotidiens et à la façon dont se dirige sa vie. Le sens, c'est une existence qui s'engage, qui se réjouit, qui souffre, qui, plus ou moins, décide. Et qui espère, ou non, que les pas de chaque jour puissent conduire un peu plus près d'un certain bonheur. Dans cette quête, l'autre humain que je rencontre peut donc, par sa propre façon d'exister, peser pour l'orientation que prend librement ma vie. Qui donc n'a pas connu, un jour ou l'autre, de telles rencontres décisives ?

L'une d'entre elles m'a permis de comprendre ce que peut être une rencontre qui sauve.

C'est l'histoire d'un homme. Il est alcoolique. Et tout se fissure autour de lui. À commencer par son foyer. S'il admet le fait, il refuse de reconnaître le rôle de l'alcool dans cette dégradation. Et d'abord, il est formel : « Il ne boit pas ! » Malgré sa dénégation fermement répétée, son interlocuteur lui dit : « On peut en sortir. Je connais des gens qui en sont sortis ! » Et la réponse fuse immédiate : « Ce n'est pas vrai ! J'ai essayé ! » D'un coup, voilà en plein jour la vérité de cet homme. En un seul mot, la mise à nu. Le témoignage d'une lutte effectivement menée et le constat de l'échec permanent. L'alcool vécu comme l'enfermement dans une fatalité sans issue. Un désespoir peut-être. Désespoir quotidien dont l'alcool redoublé est alors le seul remède.

Est-ce l'aveu si vif de cette désespérance qui a ouvert la brèche ? Il s'ensuit, en tout cas, l'acceptation d'une rencontre – « Immédiate ? – Pourquoi pas ! » – avec quelqu'un qui a vécu ce même enfer.

Voici alors, deux heures durant, dans l'arrière-salle d'un café, qu'un autre homme, inconnu l'instant d'avant, raconte comment lui-même a connu ce chemin, ses fausses joies, ses rêves, ses violences, ses rechutes (« Se promettre à soi-même, chaque matin, de ne pas boire. Et avoir recommencé moins d'une heure après ! »). Un homme aussi qui parle de dignité retrouvée, de goût de vivre, de liberté refaite ; qui dit la solidarité de tous ceux qui en sortent mais tout autant le respect du choix libre de celui qui est devant lui.

Deux heures ! Et pendant ce temps, le silence profond de celui qui jusqu'alors n'osait pas y croire. Mais ce qui se donne alors, par-delà les mots tout simples, ce ne sont pas des idées, mais vraiment une parole qui prend chair. Et qui se livre en faisant confiance en la capacité de liberté de celui qui se pensait esclave.

Quelque heures plus tard – des heures à nouveau de silence complet – ce sera la démarche personnelle : « C'est décidé ! Que dois-je faire ? » La guérison est possible parce que l'enfermement dans la malédiction a été brisé. Quelque part la foi en la parole rencontrée l'a emporté sur la certitude de la condamnation. La confiance répond à la confiance. Plus même, c'est à l'évidence un même esprit qui a été transmis et qui est maintenant partagé. Alors, très rapidement, solidarité et médecine aidant, on va voir une vie se reconstruire, un homme à nouveau debout. Cet homme s'appelait Jean et c'est mon frère.

Une modeste histoire. En rien exceptionnelle. Ni banale cependant car il s'agit bien d'un salut. Il y en a sans doute ainsi des milliers. Dans tous les domaines. Des femmes, des hommes, des enfants rendus à la vie, à la joie parce que quelqu'un, par sa propre façon d'être, leur a ouvert à nouveau l'espace où respirer, où grandir. Quelqu'un de la même pâte qu'eux-mêmes, de la même humanité. Et qui a osé croire en eux-mêmes et se livrer pour eux. Ce qui se dit aussi les aimer.

Nous sommes devant une rencontre qui réalise ce qu'elle signifie. Au-delà des paroles échangées, c'est un sens qui se communique par tout le jeu des relations corporelles et sociales. Une force rayonne dans cette rencontre ; et elle vous arrache à ce qu'on croyait peser sur soi comme la fatalité d'un destin.

Toutes choses égales d'ailleurs, on peut raisonnablement penser que la rencontre de Jésus est de cet ordre : son existence, parfaitement libre elle-même, est une parole vivante. Il n'échappe à aucune de nos situations affrontées au mal sans cesse résurgent, mais il les traverse, s'arrachant ainsi aux fatalités dans lesquelles nous nous croyons inéluctablement enfermés. Dans le mur qu'engendre l'angoisse de la mort dont nous nous croyons définitivement captifs, Jésus ouvre la brèche qui montre qu'il est possible d'être humain, c'est-à-dire d'aimer jusqu'au bout. Par sa façon de vivre et de mourir, il témoigne que la fatalité peut être brisée. Et son témoignage ouvre à leur libération ceux qui l'acceptent. Aussi lorsque les disciples du Nazaréen ont affirmé qu'il était leur sauveur, ils rendaient sans doute compte d'une telle rencontre. Et ils le faisaient dans la conscience de partager désormais l'esprit qu'elle leur avait transmis.

UNE PAROLE POUR VIVRE

Une parole en actes.

« Es-tu celui qui doit venir, ou devons-nous en attendre un autre ? » La question des contemporains de Jésus s'inscrit sur le fond sociopolitique et religieux de l'attente du Messie. Cet homme qu'ils suivent est-il, ou non, celui qui va les sauver ? La réponse de Jésus invite à considérer ce qu'il fait : « Regardez : les aveugles voient, les boiteux marchent… une bonne nouvelle est annoncée aux pauvres [1]. » Autrement dit, ce sont ses actes, sa pratique qui disent qui il est. L'existence de Jésus est parlante d'elle-même. On ne trouve en lui aucun décalage entre le dire et le faire. Son enseignement, au sens moderne du terme, c'est-à-dire ses propos et les histoires qu'il raconte, fait corps avec sa façon d'exister. Pour ceux qui le rencontrent, il est vraiment une parole vivante de libération. Elle leur porte la promesse d'une humanité parfaitement accomplie. Ce sera justement à cause de cet accomplissement qu'ils en viendront à dire que Jésus est « parole de Dieu », celui d'Israël, le « Dieu » de leur libération. Et cette existence parlante révèle, par elle-même, quelque chose d'au-delà

---

1. Lc 18, 20-23.

d'elle-même, quelque chose que sa matérialité donne à voir sans l'épuiser. Bref, ce qu'un jour ils vont nommer « Dieu ».

Cette parole prend corps dans une existence semblable à la nôtre jusqu'au plus profond. On ne redira jamais assez que ce dont nous parlons ce n'est pas d'un discours, mais d'une vraie vie d'homme. Courue et affrontée lucidement avec tous les risques qu'entraîne un choix radical. Une vie humble, qui ne cherche pas à s'évader au-dessus de notre quotidien ordinaire. Ce Jésus aura connu jusqu'à sa pointe la plus extrême, la dure condition qui est la nôtre. Pas seulement connu, mais partagé. On le sait : on n'aide bien que ceux dont on a parcouru le chemin. L'expérience quotidienne des hommes et des femme emprisonnés dans les esclavages de la drogue, de la prostitution, de l'alcool, etc., démontre que, seuls, peuvent vraiment appeler à s'en libérer ceux qui y sont passés. L'homme de Nazareth n'a pas dérogé à cette loi. Ce n'est pas pour rien que saint Paul a pu écrire : « Celui qui n'avait pas connu le péché, Dieu, pour nous, l'a identifié au péché [1]. » Formule particulièrement forte. Or c'est bien de Jésus qu'il parle. On ne peut pas aller plus loin pour dire que, si en Jésus nous entendons une parole de salut pour notre humanité, elle vient de quelqu'un qui a connu notre chemin, qui a vraiment expérimenté ce qu'est une vie humaine avec, sans doute, ses bonheurs, mais aussi avec le poids du mal qu'il faut porter [2]. Et toutes ses conséquences.

Une leçon d'humanité.

Cette existence nous parle parce qu'elle valide un mode de vie où chacun peut découvrir, non pas un modèle à copier, mais la révélation d'un équilibre et d'une harmonie. Dans son déroulé, c'est une vie simple, dont les incidences sont limitées et qui doit, comme toute autre vie humaine, faire face au mal.

---

1. 2 Co 5, 21.
2. Un petit livre lumineux sur ce thème : Henri DENIS, *Jésus, Le Prodigue du Père*, coéd. Paulines-Desclée de Brouwer, Montréal-Paris, 2001.

Mais avec pour règle le service des hommes, identifié à la fidélité à « Dieu ». Ainsi, l'homme de Nazareth apparaît vraiment comme l'un de nous au moment même où il ouvre notre condition quotidienne sur une perspective infinie. Une vraie vie d'homme mais dans laquelle éclate une perfection d'humanité.

Qui regarde de près les évangiles constate qu'il n'y a rien de bien spectaculaire dans cet agir de Jésus. On est même frappé de son « humilité », pour ne pas dire de sa petitesse. Au maximum, trois ans de vie, d'action et de paroles publiques ; l'enseignement à une poignée de disciples dont aucun n'est un « maître en Israël », une mort anonyme…

Mais cette « humble vie » est jalonnée d'actes. Tous, pour limités qu'ils soient mais s'adaptant chacun à leur façon à la circonstance précise où ils sont posés, ouvrent à une vie nouvelle. Là, ce sont des guérisons par l'appel à la confiance en soi-même : « Lève-toi et marche ! » ; ici, c'est la dignité rendue à une femme adultère, ou l'ouverture à la vie spirituelle pour répondre à la soif d'une femme samaritaine ; encore l'apprentissage du pardon par des disciples enfermés dans la rigidité de la loi, etc. Et, à travers ce quotidien-là, un enseignement qui dessine les contours et les conditions d'une vie vraiment nouvelle et en affirme la possibilité.

On pourrait voir là une contradiction : inscrire l'espoir d'un monde nouveau et enfin humain dans des réalisations objectivement si minimes. Mais dans cette contradiction nous parvient une parole d'espérance. Car qu'est-ce d'autre qu'espérer d'espérance sinon faire exister dans le quotidien banal qui est le nôtre quelque chose, si petit que ce soit, qui ressemble enfin à ce qu'on voudrait qui soit ? Jésus l'a fait. Nos limites ne nous vouent pas au désespoir.

L'illusion serait de croire qu'il suffit de le rêver pour que cela soit. L'humanisation de notre humanité, non seulement ne se déploie pas d'elle-même naturellement, mais elle est sans cesse le lieu et l'enjeu d'un combat. Elle doit chercher et construire son sens face à « l'implacable grandeur » qui la marque : la lutte contre la souffrance, le mal, la mort. Tout en sachant qu'au terme elle perdra pied… alors que, cependant, elle se sait « plus grande que cette nature qui l'écrase » selon la remarque si profonde de Pascal.

Beaucoup d'esprits brillants ont prétendu offrir à l'homme les moyens d'échapper à cette « dramatisation » de l'existence en lui proposant une explication du mal. Ce qui, le plus souvent, ne fait que porter à l'évasion loin des luttes nécessaires contre la misère, la bêtise ou l'oppression. Car le mal demeure bien le lot et le fardeau quotidien des humains.

Or Jésus n'explique pas le mal [1]. Il lui fait face et le traverse. Comme n'importe lequel d'entre nous, il n'y échappe pas. Il s'y confronte en une lutte qui apparaît bien comme un des enjeux de l'incarnation. Au terme, il doit le subir sous une de ses formes les plus ignominieuses et dans une angoisse peut-être sans égale. Mais sa démarche nous éclaire. Pour vivre, l'humanité a besoin de retrouver la force et la confiance qui lui permettent d'affronter le mal sous toutes ses formes. Un chemin existe pour cela. En Jésus, « Dieu » a payé de sa personne pour l'ouvrir. Non pas en se dérobant au mal et à la mort, mais en les traversant. Donnant sa vie pour servir la vie des hommes.

En un de ses sommets, l'évangile de Jean cisèle le récit d'un événement où se résume d'un coup la perfection de cette Parole qu'est l'existence de Jésus et où s'annonce, pour nous, l'itinéraire du salut [2]. C'est le récit d'un moment où toute l'harmonie d'une personnalité se donne en un seul geste. Il s'agit du lavement des pieds [3]. « Jésus sachant qu'il est sorti de Dieu et qu'il va vers Dieu, sachant que son heure était venue de passer de ce monde à son Père, lui qui avait aimé les siens les aima jusqu'à l'extrême ; il se lève de table, prend un linge et se met à laver les pieds de ses disciples [4]… »

Un geste que la loi juive réservait aux esclaves non juifs. Un geste simple en soi, mais dont les témoins mesurent la grandeur. C'est cet acte dans sa vérité que les disciples ont vu et vécu ; c'est bien le geste qui leur a parlé. En effet, le

---

1. Mani (216-277), le fondateur du manichéisme, y verra le grand reproche qu'on doive faire à Jésus.

2. Il le fait, de plus, dans une page littérairement magnifique.

3. Je m'inspire ici d'un texte de l'évêque d'Alger, Mgr TEISSIER, *La Croix*, 27 mars 1997.

4. Jn 13, 1-4.

commentaire n'est pas de Jésus, mais de l'évangéliste. N'imaginons pas Jésus faisant une grande déclaration, du genre : « Moi qui sais d'où je viens ! moi qui sais où je m'en vais ! moi qui, vous le savez, vous aime depuis le début, je vais vous montrer ce que cela veut dire ! » Pas du tout. Il y a directement et simplement le geste. Le geste parle car ici le geste porte l'homme tout entier. Un acte posé dans toute son amplitude d'humanité : dans sa matérialité, son extériorité devrait-on dire, il signifie, au travers de cette visibilité, l'intériorité qui l'anime et dont on ne saurait dissocier les deux dimensions, celles qu'on nomme couramment verticale et horizontale. Le texte articule bien ensemble ces trois aspects qu'il révèle. On y découvre, imbriqués l'un dans l'autre sans coupure possible, les trois niveaux où se joue l'authenticité de l'existence humaine : rester ouverte à plus grand qu'elle-même parce qu'elle sait, ou du moins pressent, qu'elle vient d'ailleurs que de la seule matière. C'est la dimension verticale de l'existence… (« Sachant que son heure était venue de passer de ce monde à son Père ») ; aller au bout de ce qui, seul, finalement illumine l'existence et donne sens aux pas quotidiens, l'amour, ses merveilles et ses exigences. L'horizontalité de la vie… (« Lui qui avait aimé les siens les aima jusqu'à l'extrême ») ; enfin, assumer la solidarité humble par laquelle on s'aide à vivre les uns les autres dans le service rendu pour se libérer – ou du moins se soulager – des entraves qui nous salissent, nous blessent ou nous avilissent. Et c'est l'engagement concret hors duquel le reste ne serait que billevesée (« Il se mit à leur laver les pieds »).

Pour qui s'interroge sur le sens de la vie, la leçon est forte et rigoureuse : seuls les actes que nous posons engagent sérieusement le sens de nos vies. Bien au-delà des plus belles intentions. Ce sens, s'il est authentique, n'a nul besoin de commentaire. Il se donne à lire tel qu'il est dans le geste lui-même. En effet, si les actes ne trichent pas, c'est qu'ils engagent effectivement les trois niveaux du sens : le corps, l'intention et la vision qu'on a de soi-même et de la vie.

Pas étonnant que ce lavement des pieds ait frappé ceux qui l'ont vécu. Nous sommes en présence d'un « chef d'œuvre » en humanité. Toute la vérité de l'humain et le chemin de sens de sa destinée traduits en un seul geste !

Si toutes les actions de Jésus nous parlent, nous provoquent, c'est qu'en elles on ne peut s'empêcher de reconnaître un homme véritable. En pleine incandescence d'humanité, peut-on dire. Alors, à son école, dans l'éveil du cœur que produit sa rencontre, nous pouvons nous faire une idée juste de nous-mêmes, cette condition de base pour vivre en vérité.

À quel mot se fier ?

Comment réussir sa vie ? Comment se réussir soi-même ? La question fait corps avec l'insatisfaction qui arrache l'homme à la pure animalité. Et nous sommes prêts, sans cesse, à suivre la parole qui nous tracera le chemin de cette réussite. On évoquerait aisément ici tous les conseils, les slogans, les invitations – et aussi certaines des prétendues paroles dites de sagesse parce qu'elles sont répétées depuis des générations – que nous entendons chaque jour et qui se présentent comme des clés de cette réussite. Alors qu'elles demanderaient justement à être jaugées au crible des critères d'une humanité authentique.

Or celle-ci oscille justement entre deux paroles. L'une pervertie et perverse. L'autre qui est la parole juste sur ce qu'est l'humaine condition, sur ce que nous sommes réellement. C'est celle-ci que Jésus adopte pour lui-même.

La première de ces paroles propose une identité illusoire. Elle se lit au livre de la Genèse : « Vous ne mourrez pas. Vous serez comme des dieux [1]. » Nous nous aveuglons par cette promesse mensongère. Notre singularité se mue en orgueil ; notre faiblesse se masque en domination, celle de la puissance, ou celle de la séduction. Et nous cherchons par là à évacuer l'angoisse qu'engendre la non-acceptation des limites qui pèsent sur nos rêves. Il n'est pas nécessaire de s'arrêter à des démonstrations de détails pour reconnaître ici la règle de vie

1. Gn 3, 5.

qui engendre violences, incompréhensions, mépris, piétinements des uns par les autres… Bref la source de nos malheurs. Cependant, ignorants plus ou moins volontairement cette conséquence, nous sommes souvent tentés de suivre cette parole perverse. Chacun alors se veut centre, réduit la vérité à ce qu'il pense, tend par tous les moyens à capter la soumission des autres. Se rêvant immortel, il en viendra à mépriser la mort de ses semblables. Quitte, sans jamais trop se l'avouer, à redouter sa propre chute. Mais son angoisse l'avoue pour lui. En effet, l'angoisse, dans la multitude de ses formes, naît toujours, plus ou moins, du décalage ressenti dans sa propre vie entre le « rêve divin » qu'on se fait de soi – de sa beauté, de ses amours, de ses entreprises, de ses enfants, etc., que sais-je encore ! – et la constatation, sans cesse repoussée mais toujours insidieuse, de ce qu'on est réellement avec toutes les limites qui nous conditionnent. En définitive, avec la mort perçue comme un anéantissement. Seule la certitude d'être aimé malgré tout, mais aimé vraiment, peut sans doute nous libérer de cette angoisse.

Or en Jésus, une tout autre parole sur la condition humaine se fait entendre. Une parole à la juste mesure de l'homme : « Lui qui n'a pas considéré comme une proie à saisir d'être l'égal de Dieu [1]. » Et la preuve, poursuit saint Paul, il s'est comporté comme « un homme jusqu'à la mort et la mort sur la croix ».

S'en tenant pour lui-même à cette parole juste – ne pas se prendre pour « Dieu » mais vivre en homme – Jésus est, en acte, l'homme redressé capable de vivre en confiance vis-à-vis des autres et vis-à-vis de la source de son être. Autrement dit, aucun orgueil ne vient enliser en lui l'appel à aimer qui le mobilise, car il sait qu'il est aimé.

Cette parole juste prononcée sur soi-même et qui nous dépouille de l'insidieuse prétention d'être « divins », c'est-à-dire d'être plus que soi-même, n'est nullement négatrice. Au contraire, elle dit, au plus près, ce qu'est chacun dans sa singularité inviolable. En ce qui concerne Jésus, elle manifeste que

1. Ph 2, 6 ; et voir ci-dessus p. 170.

sa véritable identité – ce que la foi chrétienne traduira par « Fils de Dieu » – est à chercher seulement dans la manière dont il a mené sa vie : en faire un don journalier.

Il est facilement évident que cette parole juste va heurter car elle désacralise ce par quoi, le plus souvent, nous nous justifions de vivre. Pour se donner des raisons de vivre, l'homme est toujours tenté de partir de lui-même, c'est-à-dire de s'appuyer, pour être, sur ses rêves et ses entreprises de puissance, d'infaillibilité, de savoir parfait, etc. Bref sur son avoir et sur son pouvoir. Aussi va-t-il se cabrer devant celui qui ose proposer et manifester une tout autre perspective de vie. Il y voit, avec juste raison, une mise en cause du pouvoir et de toutes ses fascinations. Une perspective qu'il refusera à la mesure même de la puissance dont il se croit revêtu. Dans l'histoire de Jésus, cette opposition, se soldera par la mort du gêneur.

« La plus belle mort d'amour », selon un mot de Thérèse de Lisieux. Jésus n'a pas cherché sa mort. Mais la logique de son engagement l'a conduit à mettre en jeu sa vie pour montrer et ouvrir le chemin qui nous permet de passer de la parole pervertie, où nous nous égarons, incapables d'aimer en vérité, à l'acceptation de la parole juste qui nous « libère ». Aussi, ce sacrifice de soi n'est que le déploiement extrême du sens le plus profond de son existence : croire en l'amour plus fort que la mort.

Le sens de sa mort est alors évident. Non pas je ne sais quel « courroux divin » à apaiser. Mais montrer, en actes, que la haine, le mépris et la violence qu'ils engendrent ne sont pas le dernier mot du monde. Affirmer qu'on peut en triompher. Montrer donc jusqu'où va l'amour vrai quand il se bat pour que chacun retrouve sa dignité. Plus simplement dit, montrer aux gens – à chaque être humain – jusqu'à quel point ils peuvent être aimés. Donc qu'ils ne sont pas perdus. La croix chrétienne ne dit qu'une chose : hommes mortels, votre salut est d'aimer comme vous êtes aimés.

Car, « fort comme la mort est l'amour [1] ». Voilà dite la

---

1. Ct 8, 6.

grande vérité des humains : nous sommes mortels et nous pouvons aimer. Nous ne sommes pas des dieux, mais seulement des hommes et des femmes dignes d'amour et capables d'aimer. Bien entendre cela nous met en position authentique pour vivre et affronter la mort en terme d'accomplissement. Reconnaître cette vérité nous arrache à la parole pervertie, nous redresse dans la réalité de notre taille, humble certes mais unique. Entendre cette parole et en vivre nous authentifie en nous-mêmes ; ce qui est bien la voie de la réussite de la vie ; autrement dit, du salut.

Donc, avec l'existence de Jésus nous entendons la parole juste qui nous permet d'accéder à notre exacte vérité : ne pas fuir dans des rêves de puissance, mais être en plénitude ce « passant » que je suis sur cette terre. « Commencer par se guérir de l'envie d'être Dieu soi-même à bon compte. Rentrer en son centre, devenir un homme parmi les hommes dans une expérience contingente de fraternité », disait Jean Sulivan [1].

Car les traces du « passant considérable [2] » que fut le Nazaréen montrent qu'il est possible de faire de sa vie humaine quelque chose où transparaisse la Source d'où nous vient, mortels que nous sommes, la capacité d'aimer, c'est-à-dire de vouloir vaincre la mort. Et cette source que Jésus exprime par chacun de ses choix, c'est le don de soi, autrement dit, ce en quoi les premiers chrétiens vont reconnaître leur « Dieu ». Montrant que vivre ainsi est possible, Jésus, du même coup, nous entraîne à l'oser. Il témoigne d'une vie ; et son existence quand on l'accueille réveille en nous le désir de l'imiter et nous dynamise pour le faire. En lui, l'homme par excellence nous parle et propose un chemin à notre liberté. La Parole qu'il est libère et mobilise. L'entendre, c'est-à-dire la voir vivre et y être librement ouvert, voilà ce qui me donne de m'instaurer dans ma véritable humanité. Ou, dans un autre langage, ce qui me sauve.

Croire que l'amour peut traverser la mort, c'est le vœu de chaque être humain. Croire au salut que Jésus apporte, c'est

---

1. Jean SULIVAN, *Matinales*, p. 45.
2. Après Mallarmé qui nommait ainsi Rimbaud, Michel de Certeau a repris ce qualificatif pour l'appliquer à Jésus.

croire à la portée dans l'éternel de cette part de don de soi aux autres qui peut déjà, ici et maintenent, donner sens à nos journées.

Nous ne sommes alors, ni soumis passivement à un « sauvetage » organisé par une force extérieure à nous-mêmes et plus ou moins magique, ni « sauvés » par notre propre effort solitaire et orgueilleux. Mais agrandis en nous-mêmes par la reconnaissance d'une altérité, d'une transcendance, nous pouvons devenir ce que nous sommes vraiment. Voilà la proposition du salut : Jésus, Parole donnée pour faire vivre, nous invite à vivre de sa vie.

VIVRE DE LA PAROLE

Invités à croire.

L'existence de Jésus est donc là, plantée à un certain moment de l'histoire humaine. Les hommes, les femmes qui l'ont rencontrée et se sont ouverts au message d'humanité qu'elle porte ont reçu d'elle un élan les poussant vers le meilleur d'eux-mêmes. Parce qu'ils ont accepté de croire en l'homme de Nazareth, ils ont ensuite témoigné de ce que leur propre vie était comme soulevée par l'esprit qui l'avait lui-même animé, un esprit qui venait donner à leur propre liberté un souffle nouveau. Les disciples se sont vécus comme sauvés parce qu'ils osaient croire en ce que Jésus leur avait appris et fait expérimenter.

La proposition chrétienne est de dire que celui qui adhère librement à ce qui s'est révélé en Jésus garantit par là le succès de sa vie parce que cet engagement en authentifie le sens. Définitivement.

Mais si le « salut » se réalise par la rencontre de l'humanité de Jésus et l'adhésion qu'on apporte à l'appel qu'elle lance, donc, si c'est la foi en Lui qui me donne la chance de réussir mon humanité, que peut vouloir dire concrétement : croire en cette vie nouvelle ?

Peut-on entendre cette invitation sans *a priori*,

c'est-à-dire en prenant distance, du moins momentanément, avec le sens que ces mots-là ont pris dans le vocabulaire des Églises où le fait de croire en l'Évangile semble souvent dépendre de données préalables, la croyance en « Dieu » et le passage par les rites institutionnels ? Sans nier que ces réalités aient à voir avec la proposition chrétienne, elles n'y sont pas premières ; et ce n'est pas oublier les vingt siècles de christianisme que de tenter de redire autrement ce que peut signifier l'adhésion à la Parole de Jésus.

La « suite » du Christ [1].

Le plus ancien des évangiles, celui de Marc, est explicite. En ses dernières lignes, il fait parler Jésus après la résurrection : « Allez par le monde entier ; proclamez l'Évangile à toutes les créatures : celui qui croira et sera baptisé sera sauvé ; celui qui ne croira pas sera condamné [2]. »

La formule est péremptoire ; elle peut être interprétée de manière, sinon dangereuses, du moins bien restrictive. En tout cas, un tel propos a servi à justifier longtemps le « Hors de l'Église, pas de salut » puisqu'on le lit fréquemment comme l'obligation de passer par le rite liturgique du baptême, certes associé à la foi, pour parvenir au salut [3]. Mais ne peut-on pas lire ce texte autrement et en reprendre le sens à nouveaux frais ?

Dès l'abord, la forme de la phrase pose question. En bonne lecture de texte, on remarque que deux termes, « croire » et « être baptisé », puisqu'ils sont symétriques de leur négatif « ne pas croire », doivent être considérés comme désignant une seule et même réalité. Laquelle peut sans doute avoir deux faces mais indissociables l'une de l'autre. Sans cela

---

1. La formule est traditionnelle : le croyant vit « *in sequela Christi* », « à la suite du Christ ». Il s'agit bien de ce que les premiers disciples appelaient : « La Voie ».

2. Mc 16, 16.

3. La question de la portée du geste liturgique sera abordée en parlant de l'Église. Pour l'heure, elle me paraît évidemment seconde.

le sens de la phrase serait déséquilibré. Donc la question est bien : qu'est-ce que « croire en la parole de bonne nouvelle qu'est l'Évangile » ? Un « croire » qui entraîne salut ou condamnation selon qu'on l'accepte ou non.

Croire serait-ce dès le premier moment reconnaître en Jésus, le « Fils de Dieu » au sens moderne de ce terme et à ce qu'il implique dans les Églises ? On peut en douter. Les premiers disciples n'en sont venus à ces convictions qu'au terme d'une démarche qui fut expérience de vie. Et, à l'évidence, pour les premiers chrétiens, croire ne pouvait pas vouloir dire adhérer à la réalité sociale des Églises et à l'ensemble des idées et des images qu'elles portent vingt siècles plus tard. Certes, tout cela n'est pas dénué de fondement dans l'expérience des croyants d'aujourd'hui, mais le présenter comme premier peut faire passer à côté de la « vie nouvelle » que propose l'Évangile.

Si on regarde ce qu'a signifié, pour les premiers disciples, leur adhésion de foi, croire en Jésus apparaît alors comme le choix d'un mode d'existence : celui dont ils venaient d'être témoins. Et donc y reconnaître une façon de vivre qui donne sens à la vie (cela n'est pas contradictoire avec le fait d'y adhérer soi-même bien imparfaitement). Choisir de se servir de sa vie pour que les autres vivent d'une vie toujours plus humaine – ce qui suppose de les aider à vivre et à croire que l'existence n'est pas dénuée de sens – voilà l'axe central de la façon de vivre selon Jésus. Or, d'une part, cela ne va pas de soi, il faut y croire ; mais, d'autre part, on en trouve en Jésus de Nazareth un témoignage parfait. Avec lui, on voit ce que cela engage ; on voit où cela mène... Et on peut en venir à croire que c'est gagné, c'est-à-dire ressuscité. En Jésus, une conception de la vie humaine et de son sens sont mises en lumière. Croire, c'est adopter ce genre de vie.

Au fond, la résurrection révèle le sens de ce que beaucoup de gens vivent, peu ou prou, même sans avoir jamais entendu parler de Jésus. Tant mieux si, un jour, il est donné d'en reconnaître en lui la réalisation parfaite. Et alors d'entrer publiquement dans la « suite du Christ ». Ce choix a son importance ; et c'est la fonction de l'Église d'en témoigner et de l'animer. Mais, en soi et radicalement, c'est l'amour effectif du prochain qui est le salut. « Nous, nous savons que nous sommes passés de la mort dans la vie puisque nous aimons nos frères. Qui n'aime pas demeure dans la mort [1]. »

Ne pas croire revient donc à refuser de choisir ce type de vie. Refuser de répondre à l'appel à l'amour, aussi authentique et purifié que possible. En définitive, refuser ce qui se présente comme une chance d'humaniser sa vie en vérité. On peut comprendre alors que « celui qui ne croira pas sera condamné ». On se perd si on refuse de vivre selon le meilleur de soi. Seuls l'enfermement sur soi-même et le rejet de nos attentes les plus profondes nous condamnent.

Un mot qui fait question : « Être baptisé ».

Tout est sans doute dit ; mais le texte parle aussi de « baptême ». À la formule négative : « Ne pas croire », la proposition positive n'oppose pas seulement l'inverse : « Celui qui croira sera sauvé. » Elle ajoute : « et sera baptisé ». Même si l'acte évoqué est indissociable du fait de croire, il est cependant noté dans sa particularité. On ne saurait l'évacuer.

Or il fait problème par rapport à ce que nous venons de dire. Si le salut de la vie se joue par l'adhésion au mode d'existence que Jésus a validé – adhésion qui est « croire » – que signifie ce baptême lié par l'évangile de Marc à l'acte de foi ? Doit-on penser que cette affirmation, prise ainsi au pied de la lettre et en fonction de ce que nous mettons aujourd'hui sous les mots, renvoie nécessairement et de manière immédiate et univoque au rite pratiqué sous ce nom dans les Églises ? Ou bien est-il susceptible d'une autre lecture qui, loin de nier ce que veut traduire l'acte liturgique célébré dans les communautés chrétiennes, le situerait au contraire dans une perspective plus ample ? Le texte cité interdit de se dérober à cette interrogation.

Longtemps sans doute et jusqu'à une époque récente, la réponse était claire pour la plupart des chrétiens : le baptême

---

1. 1 Jn 3, 14.

qui permettait d'entrer dans le salut désignait bien le « geste d'eau » posé publiquement dans les Églises comme un sacrement. Il symbolisait et réalisait à la fois et d'un seul mouvement le don par « Dieu » de la vie nouvelle au nouveau baptisé, l'attestation publique de la foi de celui-ci et son entrée dans la communauté ecclésiale. Cela se résumant en une seule réalité : « être incorporé au Christ ». Dans ce cadre de pensée, être baptisé signifie donc être membre de l'Église. Une signification qui demeure quand on réfléchit à la portée de ce geste liturgique pour la construction du corps social qu'est l'Église ainsi que pour la vie spirituelle des « chrétiens baptisés ». Nous la retrouverons quand nous parlerons de la place et du rôle que jouent les Églises dans la proposition chrétienne et donc de la signification des actes rituels et publics qu'elles posent. (Ce qu'on appelle des sacrements [1].)

Mais, pour l'immédiat, la question est de savoir si cette signification du mot « baptême » en épuise le sens. Car l'y réduire, c'est enfermer la proposition chrétienne dans ce qui apparait aujourd'hui comme une impasse. Celle dont justement nous essayons de sortir. Je crois l'avoir montré : on ne peut plus dire que l'appartenance religieuse soit la condition *sine qua non* d'entrée dans le mouvement de salut, c'est-à-dire la condition pour mener cette vie en hommes et femmes appelés à devenir véritablement humains.

L'issue est, me semble-t-il, dans un élargissement de la perspective. Pour cela, revenir à l'histoire. Se demander comment comprendre le mot « baptême » si on se situe dans le contexte connu des contemporains de Jésus. Prendre le terme aussi près que possible de la résonance qu'il pouvait avoir dans la pensée des premiers auditeurs de l'Évangile. On admettra aisément qu'il ne pouvait pas être entendu comme évoquant le sens qu'a pris, à travers vingt siècles d'histoire, le rite tel que l'analyse la sociologie religieuse d'aujourd'hui. Sans doute, le baptême lié à l'acte de croire tel que l'évoquent les Actes des Apôtres [2] et l'évangile de Marc a bien pris, dès les premiers temps du christianisme, le sens d'une manifestation de

1. Voir ci-après chap. 12, La question du culte.
2. Ac 2, 38 ; 8, 16 ; 8, 27-39 ; 10, 48 ; 19, 5 ; 22, 16.

l'adhésion au Christ. Mais on est en droit de se demander pourquoi c'est le geste du passage par l'eau qui a été retenu pour cela [1]. Ce geste, les chrétiens ne l'inventent pas. Le baptême existe dans l'environnement juif du premier siècle. C'est celui que donnent les « baptistes » d'alors. Ils sont nombreux. Et parmi eux, un est célèbre : Jean Baptiste, le propre cousin de Jésus. L'évangile note, du reste, qu'un temps Jésus lui-même s'inscrivait parmi eux, même s'il ne baptisait pas en personne ; c'étaient ses disciples qui accomplissaient le geste [2].

Or quel était ce geste ? On le sait par la pratique de Jean Baptiste : plonger les gens dans le Jourdain en les appelant à la conversion. Le lieu où cela se passe n'est pas anecdotique ni accessoire. Le Jourdain forme frontière. Celle que traversèrent les Hébreux, à la fin de l'Exode, pour entrer en Israël. Frontière donc entre le désert, terre des païens où, vivant en nomade, le peuple a reçu la Loi, et la Terre promise où l'accomplissement fidèle de la Loi assurera au peuple élu bonheur et prospérité [3]. Cette traversée du Jourdain, renouvelant la traversée de la mer des Joncs au moment de la sortie d'Égypte, signifie comme elle l'arrachement à l'esclavage. Elle marque l'entrée dans la terre de la liberté.

Au temps de Jésus, être conduit à se plonger dans le Jourdain signifie donc une volonté de retour à une vraie fidélité à la Loi. Pour manifester cette décision, on franchit à nouveau la frontière, celle qui symboliquement permet de passer du monde païen vers le monde de la Promesse et de l'Alliance. La formule « être baptisé » évoque alors ce geste symbolique ; elle invite donc à en saisir et à en vivre la signification.

Le sens est clair. Le geste témoigne d'un choix de vie, de l'option que l'on fait pour un certain style de vie. Du reste, quand, dans l'Évangile, Jésus demande à ses disciples : « Pouvez-vous être baptisés du baptême dont je vais être

---

1. La seule description que nous en possédions est celle du baptême de l'intendant de la reine d'Éthiopie par Philippe (Ac 8, 27-39).

2. Jn 3, 22 et 4, 1-2.

3. Jos 1, 7-9 ; 3 ; 4, 22-24.

baptisé [1] ? » il évoque clairement sa passion, le choix du don de soi dont il a fait sa règle de vie, et ce qui va s'ensuivre : son passage par la mort. Quand les premiers chrétiens reprennent le terme « être baptisé », ils renvoient à cette vie-là. Et ils pensent eux aussi au franchissement d'une frontière. On entre dans « La Voie » quand on se décide à croire à la route humaine que Jésus a lui-même parcourue. Ce qui revient, entrant dans son mode d'existence, à participer à sa vie. Donc, dans un tout premier sens, être baptisé veut dire : manifester concrètement l'option de vie dans laquelle on croit trouver le sens de l'existence.

C'est, me semble-t-il, le sens radical et déterminant des deux termes accolés et indissociables « croire et être baptisé ». Ils disent ensemble deux choses qui sont au fond inséparables l'une de l'autre pour qui veut vivre dans la vérité de ce qu'il pense : l'affirmation qu'un certain mode de vie est sauveur et l'option que l'on prend sur lui, l'engagement de fait dans ce type d'existence. Dans le concret de la vie, il s'agit bien d'une seule et même réalité avec ses deux faces : d'une part, l'intention qui guide le choix, d'autre part, l'action qui la traduit. Il n'est donc pas illégitime de dire qu'on vit la réalité du baptême tel qu'ici évoqué quand, poussé par l'esprit, – le meilleur de soi-même – on « plonge » pour franchir la frontière entre deux styles de vie. Sur une rive, une vie limitée à soi-même et à la défense de ses seuls intérêts ; sur l'autre berge, la vie mise au vrai service des autres. En ce sens, être baptisé, c'est vivre le pari de l'amour et les actes qui en témoignent. Agir ainsi, c'est « en actes et pas seulement de langue [2] », adhérer au type d'humanité attesté et réalisé à la perfection par Jésus, la Parole inscrite dans un coin de l'histoire humaine et toujours vivante. Et dont la rencontre nous appelle à vivre.

Dans ce cas, qu'on le sache ou non, on a été introduit librement dans la façon de vivre que Jésus a accréditée. Au regard de la foi chrétienne – loin de toute récupération mais au contraire dans l'émerveillement – celui qui vit ainsi réalise son identité de fille ou de fils de « Dieu ». Il est réellement partie

1. Mc 10, 38.
2. Jn 3, 18.

prenante du Christ. « Incorporé à Lui », il participe de la révélation de « Dieu » sur terre. Son visage et ses actes sont eux aussi, dans leurs limites et leurs faiblesses mais également dans leur singularité, reflets symboliques de l'Amour qui sauve le monde. Et il n'y a pas besoin d'être chrétien pour cela.

Alors, à partir de là et dans cette perspective, il devient possible de situer le sens spécifique du terme baptême pris cette fois dans son acception liturgique : les Églises chrétiennes sont, dans la société, des lieux qui ont pour fonction de déployer ce symbolisme de l'existence humaine et donc du salut de « Dieu » qui y est incrit et se réalise là où l'amour est roi. Se faire baptiser en chrétien, c'est porter publiquement témoignage de ce choix de vie et de ce qu'il signifie quant à l'humanisation de l'humanité [1].

Libérer l'humanité captive.

Le salut, c'est donc être rendu à soi-même. Voilà validé notre idéal d'humanité. Par « humanité », j'entends ici ce qui caractérise l'animal spirituel que nous sommes, c'est-à-dire l'idéal que chacun porte en soi et qui sans cesse nous mobilise. Un idéal fait de deux réalités inséparables, d'une part la reconnaissance heureuse de ma singularité partagée avec tous les anonymes, mes frères et sœurs ; et d'autre part, l'appel à devenir enfin et véritablement humain moi-même. Espérer être sauvé, c'est pouvoir croire que mon humanité n'est pas une illusion. Ni un cadeau venu d'ailleurs et que je devrais à une force étrangère. Certes j'y reconnais bien un au-delà de moi tel que je suis, une transcendance, mais qui surgit de l'intérieur de moi, « plus intime à moi que moi-même », selon le mot de saint Augustin. En même temps, je sais que ma connivence avec la parole pervertie occulte cette transcendance qui donc demande d'être libérée. Là prend place la parole qu'est l'existence de Jésus. À moi de répondre, ou non, à l'écho qu'elle éveille en moi.

---

1. Voir ci-après p. 310.

« Le salut, la grâce n'ont rien d'extrinsèque à l'homme. Ils consistent à ce que soit désensablée en moi la force d'amour qui, au plus intime de moi-même, est présence de Dieu », écrit A. Gesché [1]. Le mot est très heureux. L'existence de Jésus « désensable » la source. Elle nous propose le passage d'un système d'enfermement et de mort, où on se nie soi-même puisqu'il y faut avouer le non-sens de l'existence, à un système où le sens naît du don de la vie ; comprenons : de son usage pour faire vivre.

À son point le plus central, la proposition chrétienne consiste à dire que par là l'humanité véritable de chaque homme est sauvée et que ne s'effondrera pas le sens qu'à son tour elle aura inscrit à travers son humble histoire. Elle l'affirme parce qu'elle croit authentifiée dans l'Absolu de l'amour l'existence du Nazaréen, cette Parole vivante donnée pour que les hommes vivent. La dire ressuscitée, c'est dire que l'amour a traversé la mort. Suivre le chemin qu'elle ouvre nous fait participer à la vie nouvelle qu'elle a instaurée.

On dit couramment : « C'est la foi qui sauve. » Le plus souvent on y voit une démission de l'intelligence critique s'abandonnant à l'inconnu, sinon à l'irrationnel. Bref, un recours à l'obscurantisme. Pour la pensée chrétienne, croire est tout autre chose. Croire, c'est estimer, à la suite de Jésus de Nazareth et fortifié par la rencontre de la Parole vivante qu'il est, qu'une certaine façon de vivre la vie humaine est juste et conduit à la meilleure réalisation de soi ; et donc, c'est adopter, pour soi-même, cette orientation de vie malgré tout ce qui, en nous, renâcle au don de soi. Il est clair qu'on n'est nullement alors dans l'ordre des obligations morales. Ici aucun « tu dois » n'est premier. Il s'agit de l'illumination d'un amour qui invite à franchir le pas en nous disant « pourquoi pas toi ? ».

---

1. A. GESCHÉ, professeur émérite de théologie, université catholique de Louvain-la-Neuve, « La liberté pour penser et pour croire », conférence à la Paroisse libre de Bruxelles, octobre 1996, inédite. L'œuvre principale de A. GESCHÉ, *Dieu pour penser*, 6 volumes, Paris, Éd. du Cerf, 1993-2001.

Pour garder mémoire légère et chantante de cette parole qui nous est donnée pour vivre, on peut en entendre comme un écho dans ce mot d'un poète :

> Ne te courbe que pour aimer
> Si tu meurs, tu aimes encore (RENÉ CHAR).

Troisième partie

Une école d’humanité

10

Une façon de vivre

ou la mise en œuvre du salut

« Car finalement, de quoi faut-il être sauvé ?
Mais de soi-même !
Il faut être sauvé de son isolement,
sauvé de sa claustration dans son égoïsme,
pour devenir
une source, une origine, un créateur. »

MAURICE ZUNDEL.

Minuscule, fragile, trop souvent méprisée et, à nos yeux du moins, toujours éphémère, chaque vie humaine a cependant une valeur unique car elle est vouée à une destinée éternelle en « Dieu ». Il lui suffit d'accepter d'y correspondre car il existe une façon de conduire son existence quotidienne qui sauve la vie. La proposition chrétienne est chevillée à cette certitude-là.

Une façon de vivre que Jésus de Nazareth a menée à la perfection. Dire qu'il l'a révélée signifie, d'abord qu'il l'a manifestée en en dévoilant la signification dernière, mais aussi que son existence a créé une onde de choc dans le concret de l'histoire humaine, au travers de la solidarité des individus et des peuples. Implantant, après d'autres mais poussée en lui jusqu'à son incandescence ultime, une forme d'humanité où l'amour des autres humains est le lieu même de la réussite de soi, son existence personnelle devient le foyer de rayonnement d'où, comme par contagion, peut s'établir l'humanité enfin humaine dont chacun porte en soi l'attente.

Une existence qui constitue un chemin pour la réussite de la vie. Reste à savoir comment chacun peut devenir participant de ce salut.

Une réponse courante consiste dans le recours à « Dieu » : Il viendrait directement opérer en nous le salut par la pratique religieuse. Donc un « Dieu » qu'on poserait à nouveau et *a priori* comme une force extérieure à la conscience humaine et à son histoire. Puisqu'on en est venu à croire qu'en Jésus, c'est « Dieu » lui-même qui sauve l'humanité, on se penserait autorisé au court-circuit : il suffirait de se confier à « Dieu » et, pour cela, de se soumettre aux rites de la religion chrétienne pour être sauvé. Ce qui, du même coup, exclurait de ce salut tous ceux qui n'auraient pas conscience de ce « Dieu-là », et qui n'auraient pas accès à cette religion-là. Dire les choses ainsi, c'est donner du salut une formulation que le grand nombre de nos contemporains n'entend guère. C'est le moins qu'on puisse dire.

Ne peut-on pas concevoir autrement la réalisation du salut ? Le penser comme la mise en œuvre en chacun d'une certaine humanité. Mais une humanité transportée au-delà de la blessure qui la marque et qui la fait toujours stagner en deçà de l'appel qu'elle porte à être enfin humaine. Un redressement de l'homme dans lequel la foi reconnaîtra l'œuvre de « Dieu ».

C'est ce point qu'il faut creuser. Quelques lignes de Joseph Moingt pour y introduire : « Pour moi, la nouveauté chrétienne est que le salut se fait dans la vie profane ; il ne dépend pas du respect des innombrables préceptes de Dieu, mais du service rendu à son prochain. Se faire le serviteur des autres, telle est la voie de l'Évangile [...] C'est aussi un message de salut universel puisqu'il n'est lié à aucun culte et qu'il ne rejette personne du salut : est sauvé quiconque se fait le prochain de tout prochain, à l'exemple même de Jésus. Le cas échéant, cela peut demander le sacrifice de sa vie, ce qui va très loin [1]. »

---

1. J. MOINGT, *La Plus Belle Histoire de Dieu*, p. 130.

LA QUESTION

Situer le problème.

Vivant, pas à pas, dans le quotidien des moyens dont il dispose, des contraintes qu'il subit et des choix qu'il peut poser, tout être humain voudrait réussir sa vie. Chacun veut vivre, vivre le plus possible. D'une certaine façon, aller au bout de soi-même, si modestes que soient sa vie et son destin. Chacun porte en soi une vision idéale de ce qu'il aimerait pouvoir être. Se réussir ainsi revient toujours à tenter de posséder un certain bonheur. Pour soi, mais aussi de donner du bonheur autour de soi, au moins à ceux qui nous sont chers.

Dans cette quête, apparaît immédiatement l'appel à l'amour. Il est à la fois l'indicateur du chemin du bonheur et le moteur qui donne l'élan pour y avancer. Très vite cependant, l'expérience en révèle, certes, les richesses, mais aussi les fragilités et les nombreux avatars. Et, enfin, la limite où tout amour vient buter, la mort. D'où la question qui est au centre de toute la recherche humaine : l'amour est-il vain ? En d'autres termes : vivre mortel, est-ce dénué de sens ?

De tout temps, le plus grand nombre des cultures connues ont proposé une réponse par la religion. Autant que la préhistoire et l'histoire permettent de le dire, du fond du néolithique jusqu'à certaines démarches des plus contemporaines, s'est maintenue l'idée que la soumission au « divin » était la condition d'une vie humaine réussie même au-delà de la mort. Mais on ne peut nier la rupture culturelle, à la fois intellectuelle et spirituelle, que la modernité opère dans ce domaine. Notre culture sécularisée et laïque refuse de penser que cette soumission à la démarche religieuse soit le point de passage obligé d'une vie humaine réussie.

Ce débat sur la nécessité de l'allégeance religieuse pour que la vie humaine aille au bout d'elle-même s'est longtemps déroulé entre deux camps bien typés : les croyants et les incroyants. Ces termes renvoyaient à la position prise face à des questions précises portant sur le sens de l'existence. Celles qu'on nomme les questions ultimes : l'existence de « Dieu », l'au-delà, la vie après la mort, etc. ; et par conséquent, aux yeux de ceux qui répondent positivement à ces questions, la nécessité de la religion. L'on se partageait clairement entre tenants du « oui » et tenants du « non ». Même si le camp des incroyants comportait une large marge, celle qu'occupent les agnostiques, eux qui reconnaissent que ces questions ultimes peuvent se poser, mais qui estiment ne pas disposer de moyens pour savoir si elles ont, ou non, une réponse.

Durant des siècles, la proposition chrétienne s'est formulée à l'intérieur de ce débat et même dans une lutte contre l'incroyance à laquelle on déniait le droit de revendiquer une possible réussite de la vie humaine, car, disait-on, celle-ci ne pouvait pas s'accomplir, sans « le support divin de l'espérance en la vie éternelle ». Il a fallu attendre le concile Vatican II pour qu'on commence à s'interroger officiellement, parmi les catholiques du moins, sur les valeurs positives que peuvent vivre des incroyants. En tout cas, et jusqu'à récemment, les choses étaient claires tant dans l'Église que dans l'opinion publique : il y avait « ceux qui croyaient au ciel et ceux qui n'y croyaient pas ».

Or voici, sur la scène de notre modernité, un nouveau venu qui déplace les questions : l'indifférent. On a pu le décrire ainsi : « Alors qu'a fonctionné longtemps le couple des "pour Dieu" et des "contre Dieu", voici que se présente quelqu'un qui n'est ni pour ni contre : il est ailleurs, il est à côté. Et il oppose son silence et son absence de questionnement aux débats et aux discours sur les questions ultimes qui le laissent indifférent [1]. »

Comment apprécier cette indifférence ? Si on regarde les choses à partir des références chrétiennes traditionnelles, on la dira actuellement massive. Les soucis, les certitudes et les pratiques des générations passées sont largement ignorés. C'est une évidence. Mais pourquoi en juger à partir des références religieuses ? Rien ne prouve que les requêtes de la

---

1. Xavier NICOLAS, *Les « incroyants » ont bousculé ma foi*, Paris, Salvator, 1994, p. 40.

majorité des gens d'aujourd'hui soient sans portée spirituelle du seul fait qu'elles n'épousent pas les problématiques convenues.

Ces « indifférents » ne sont pas sans questions. Loin de là. Y compris sur le sens de la vie. Mais ce qui les mobilise et donne sens à leurs actions, ce sont des questions de tous les jours, des questions « profanes ». En vrac : les Droits de l'homme, la paix, la réussite du couple, les conditions humaines de travail, les équilibres mondiaux, l'éducation des enfants, la lutte contre le racisme ou les inégalités, le développement des peuples, le rejet de la violence, le combat contre les solitudes, etc. Il est clair que c'est sur le terrain de la vie quotidienne, mais souvent référée à la planète entière que s'engage désormais, pour un nombre considérable de nos contemporains, la réussite ou l'échec de la vie. L'ici-bas et ses enjeux ont remplacé les interrogations sur l'au-delà.

Nous assistons donc à un très grand déplacement des questions portant sur le sens dernier de la vie. L'important aujourd'hui est de se demander comment réussir l'humanité. La sienne d'abord, mais qui découvre assez facilement son lien avec l'échec ou la réussite des autres, du moins ceux qui nous sont proches. J.-P. Sartre, dans le dernier texte publié de son vivant, formule bien ce nouvel état de la question : « Comment faire pour que les sous-hommes que nous sommes soient un peu moins des sous-hommes demain et peut-être un jour des hommes [1] ? »

La proposition chrétienne qui dit porter le salut de l'humanité ne peut pas se sentir étrangère à cette question. Sauf à se renier elle-même. Car, à y bien regarder, c'est d'abord de cela qu'elle parle. De cela qui est aussi bien le souci de « Dieu ».

1. Entretien avec Bény Lévi, *Le Nouvel Observateur*, n° 800, mars 1980.

L'inhumain, ou le lieu de la question.

L'accès d'un être humain à l'humanité ne relève pas de la seule nature, comme certains aimeraient le faire croire. L'humanité est à la fois un fait et un idéal. On naît dans cette catégorie d'animaux qu'on appelle le genre humain, mais on porte aussi en soi l'aptitude à développer, ou non, et librement les qualités qui, dans une civilisation donnée, qualifient la conduite qu'on adopte de plus ou moins humaine ou, à l'inverse, d'inhumaine.

On peut schématiser cela en disant que, pour naître comme une personne humaine, il faut franchir plusieurs frontières. Quatre au moins. La première est celle de la matière : le vivant apparaît en s'arrachant à l'inerte. La seconde est celle de l'instinct et des limites animales ; c'est alors l'accès à l'esprit, et cela donne un humain. Mais l'être humain devra faire un nouveau pas : dépasser le risque d'enfermement dans le collectif où l'individu ne trouve son identité que par sa conformité aux modes ou aux valeurs du groupe. Cette troisième frontière est celle de la reconnaissance de l'individu humain comme sujet unique, une source de choix et de décision – cette reconnaissance qui ne peut venir que du regard des autres – et c'est à ce niveau qu'existe une personne libre. Mais, va-t-on au bout de l'humain si on ne s'interroge pas sur l'usage que cette personne fait de soi ? C'est qu'il reste une dernière frontière à franchir : que la personne libre – et donc capable de choix et d'amour –, faisant elle-même l'expérience d'être aimée, accepte elle aussi d'aimer, c'est-à-dire, accepte, à son tour, de reconnaître les autres et d'agir pour les aider à grandir eux-mêmes en humanité.

Dire les choses ainsi, c'est décrire une progression idéale qui, si elle pouvait être le lot de tous, aboutirait à une belle réussite de soi et à une humanité inventive, généreuse et fraternelle. Mais cessons de rêver. On en est loin. Et trop souvent une autre frontière – une barrière infranchissable, diront certains – se dresse devant l'individu qui cherche à s'humaniser : l'obstacle qu'est le mal, son énigme et le terrible engrenage qui le fait se démultiplier de lui-même.

On n'aura jamais fini de s'y confronter sans jamais

pouvoir l'élucider. Mais après tout, si le mal nous était totalement extérieur, s'il n'était que ce « fidèle malheur » dont parle Jacques Rivière pour nommer l'étrange et douloureux compagnonnage inséparable de chacune de nos vies, la dignité humaine serait sauve en osant l'affronter pour le faire reculer. Au moins un tant soit peu et momentanément.

Mais l'énigme se redouble dramatiquement quand l'être humain se révèle capable d'engendrer, lui-même et volontairement, le mal. Notre liberté nous permet de faire le mal. Et l'homme peut détruire l'homme.

Il n'est pas nécessaire de décrire longuement ici cette situation si banalement quotidienne et si fréquemment dominante qui fait dire depuis l'Antiquité que « l'homme est un loup pour l'homme ». À travers l'histoire humaine, à travers la vie et les conflits des sociétés et des nations, à travers les relations interindividuelles, mais aussi à travers nos propres habitudes, c'est comme un courant d'enfermement sur soi-même, et de recherche de domination qui entraîne ainsi, en chaque homme, l'humanité vers l'inhumain. Et chacun peut, par ses propres choix libres apporter son renfort à ce courant qui l'entraîne. Alors, si on croit qu'une réussite de l'humanité est cependant possible, il faut montrer que la mise en œuvre du salut consistera toujours et essentiellement dans le parti pris d'inverser cette situation et donc la lutte pied à pied contre tout ce qui abîme l'humain en tout homme.

Pour la proposition chrétienne, l'existence de Jésus et tout ce qu'elle enseigne propose comme moyen de renverser ce courant le choix « d'exister-pour-autrui ». Et le premier pas sera de croire qu'il y a en tout homme un appel profond à ce retournement. Si l'homme peut effectivement reconnaître qu'il n'est pas à la hauteur d'humanité où, en lui, quelque chose aspire, il peut découvrir que la vraie réalisation de soi est sur le chemin de l'amour des autres et du don de soi, c'est-à-dire du risque pris pour faire vivre. Mais, à nouveau, sortons du rêve. Une telle prise de conscience n'a rien d'automatique.

Autrui m'est certes indispensable ; et cependant il est perçu le plus souvent d'abord comme un obstacle, sinon comme un rival. Spontanément, nous tendons à l'extension maximale de nous-mêmes, à la domination de tout ce qui nous paraît nécessaire pour assouvir notre besoin de bien-être et donc à l'élimination de tout ce qui nous limite. À ce titre, l'autre est celui qui me gêne. Il me prend ce que je crois être ma place puisqu'il m'empêche de prendre toute la place. Ce sont là des mouvements spontanés de nos propres forces vitales. Le refus, le rejet, la négation de l'autre risquent toujours de nous paraître naturels. On rêvera vite de domination et de toute-puissance. Par l'exploitation et l'oppression des autres, s'il le faut. Et il arrivera souvent que l'accès à la réflexion, qui devrait, croit-on, corriger cette illusion, serve au contraire à la renforcer, soutenue qu'elle est par une idéologie sociale de réussite individuelle.

La négation des autres, cette inversion du rapport à autrui, est une étrange contradiction dans notre humanité. Autrui est mon semblable. C'est dans le rapport avec lui que je reconnais notre commune humanité. Langage, travail, partage des tâches, échanges, communication, relations, amours, amitiés, etc., tissent une véritable « solidarité objective » entre humains. Nous avons le besoin et le droit de nous appuyer les uns sur les autres.

Pourtant souvent nous refusons ce droit à l'autre humain. C'est aussi qu'il me fait peur. N'est-il pas celui dont le regard me possède sans que je puisse maîtriser ce pouvoir qu'il a sur moi ? N'est-il pas celui qui peut toujours chercher à m'asservir ? Alors, toutes les techniques de domination, ouvertes ou cachées, sont bonnes pour prendre du pouvoir sur lui, c'est-à-dire pour m'affirmer moi-même. Comme si j'étais, comme si je devais être, le centre, l'absolu que tout devrait servir. La domination d'autrui, voilà le moyen le plus immédiat que nous avons pour nous prendre pour « Dieu », adhérer à la promesse mensongère : « Vous serez comme des dieux. »

Or il s'agit, du même coup, de la négation de soi. Car ce rapport à autrui met en jeu l'être même de l'homme. Ce n'est pas une question morale comme on le croit trop souvent. Comme si on existait d'abord dans sa belle solitude individuelle pour ensuite découvrir un système de droits et de devoirs auquel il faudrait se soumettre pour régler nos rapports avec les autres hommes. Non ! Le lien que je tisse avec l'autre, avec les autres, est effectivement constitutif de mon être.

L'idée d'une solitude originelle de la conscience n'est plus recevable aujourd'hui. L'essence même de ce que je suis se joue dans la façon dont je suis relié aux autres. Le rapport à autrui est la matrice originelle de toute construction de nous-mêmes. Nous sommes radicalement des *« êtres-avec »*. Concrètement, nous sommes ce que sont nos relations d'amour, d'indifférence ou de haine. Avec toutes leurs variantes possibles.

Trop rapides, ces analyses de l'inhumain dans l'homme peuvent paraître abstraites. Et cependant nul ne s'y trompe car il a devant les yeux l'immense tristesse et la douleur de ces milliards d'humbles gens que la violence, la bêtise et la volonté de puissance réduisent au mépris, à la misère, au désespoir. Violence, bêtise, domination qui sont celles de « Ceux qu'on nomme grands » ; mais parfois tout autant celles d'un tout proche aussi humble et miséreux que soi-même. La « chaîne-du-mal-amour » est une dure réalité bien concrète et quotidienne. Sous ses multiples formes et d'un maillon à l'autre, se révèle toujours le mépris d'autrui, ce refus de l'autre au seul bénéfice de soi-même pris alors comme centre absolu. Ce qu'en un autre langage on nomme le péché.

L'enjeu de ce que la proposition chrétienne appelle le salut apparaît alors clairement. Et du même coup le terrain de sa mise en œuvre : arracher l'homme à l'inhumain.

L'EXISTENCE QUI SAUVE

Le mal domine. La mort, les forces de mort paraissent l'emporter. S'inscrire cependant à contre-courant de ce flot qui entraîne les hommes vers l'inhumain, tel est le projet de salut que propose le christianisme. Non pas s'évader de ce courant comme s'il existait des lieux de refuge où des privilégiés pourraient y échapper ; mais s'enrôler dans le courant contraire, dans la lutte pour inverser le flot. La foi chrétienne affirme qu'en définitive, celle-ci l'emportera. Pourquoi ? Parce qu'en Jésus, le Christ, l'amour de « Dieu » lui-même s'est engagé dans ce combat. Cela l'a conduit lui aussi à traverser le mal et la mort, mais il en a été vainqueur. Autrement dit, il est une force d'amour qui, à terme et quoi qu'il paraisse, est toujours finalement victorieuse. Plus simplement dit encore, « il n'y a pas d'amour perdu [1] ».

Vivre le salut, c'est se laisser prendre par cette force – « Dieu » en Jésus vainqueur du mal et de la mort – et y collaborer. Entrer donc, avec sa propre vie et son propre style, dans la voie ouverte par Jésus.

Une vie pour faire vivre.

Il faut tenter de cerner en quelques traits l'essentiel de ce style de vie, le mode d'existence de Jésus qui, aux yeux des chrétiens, est à la fois révélation du salut et chemin qui y conduit. Puisque la mise en œuvre du salut est partage et imitation, par chacun et dans sa situation singulière, de cette façon de vivre. Car, selon un mot de saint Irénée : « Suivre le Sauveur, c'est avoir part au salut comme suivre la lumière, c'est avoir part à la lumière [2]. »

D'évidence, seule la lecture des évangiles, permet d'approcher les caractéristiques maîtresses de la personnalité de Jésus et de sa façon de mener sa vie, sa manière d'exister. À travers ce que l'on peut saisir de son « portrait » tel que la mémoire des premiers chrétiens l'a restitué, on voit vivre un homme qui, par bien des côtés, est un monsieur comme tout le monde. Des images pieuses modelées au fil des dévotions séculaires ne doivent pas nous tromper. Cet homme a non seulement ses limites et ses fatigues, mais aussi ses émotions, ses hésitations, ses doutes, ses colères ; sa déraison, diront certains [3] ; il a ses amis, ses préférences et ses attachements, etc. Une épaisseur humaine qui doit lui être rendue. À travers elle se dessinent les choix fondamentaux qui orientent sa vie. Par là même, ils devient pensable qu'ils soient accessibles à

1. Xavier NICOLAS, p. 142.

2. IRÉNÉE, « Traité contre les hérésies », *Le Livre des jours*, Paris, Éd. du Cerf-Desclée de Brouwer-Desclée-Mame, 1993, p. 168.

3. Mc 3, 21.

tout un chacun, même si lui les a poussés à un degré de radicalité exceptionnelle.

Sans entrer dans le détail de ce portrait, je souligne trois éléments caractéristiques de la démarche de Jésus. Ils permettent, je crois, de saisir le sens de sa vie et ainsi de tracer les lignes de force d'une existence qui se veut à son école. En d'autres termes, les choix de base d'une vie à la fois sauvée et qui devient elle-même salutaire.

D'abord, l'axe même de sa manière d'exister : Jésus est l'homme qui existe-pour-autrui. Avec une nuance essentielle : chez lui, « autrui » désigne d'un même mouvement deux réalités : il s'agit certes des autres humains – et très spécialement toujours les plus pauvres, les blessés de la vie – mais, tout autant et comme sans séparation, il s'agit de la Source de l'amour qui l'anime. Vivre ainsi, c'est faire la volonté de ce « Dieu » qu'il nomme son Père [1]. Mais qu'on ne s'y trompe pas : le don de soi aux autres n'est nullement mépris de soi-même. Se donner tout entier « pour autrui » ne contredit en rien le fait d'être « pour soi ». Car il est clair que, si le Père est celui qui me donne ma vie, je ne serais pas fidèle à faire sa volonté – qui est d'aimer – si je n'aimais pas ma propre vie au moment où je prétendrais aimer les autres. Le don de soi sur le modèle de Jésus n'est pas perte de soi, mais réalisation du meilleur de soi-même. La scène du lavement des pieds est emblématique à cet égard.

Car, et c'est le deuxième trait, cet engagement de Jésus à l'égard d'autrui est particulièrement incarné. Le salut qu'il met en œuvre, c'est sa propre vie donnée en partage. Sa vie comme du pain. Son existence, il la propose comme une véritable nourriture donnée pour que chacun puisse vivre. On passerait à côté du chemin de salut qui nous est proposé dans l'Évangile si on n'assumait pas le réalisme de ce don de soi qui révoltait certains des opposants juifs à Jésus : « Comment celui-là peut-il nous donner sa chair à manger ? » En effet, Jésus

---

1. Ce passage s'inspire d'un document inédit :« Propositions de recherche » portant synthèse des réflexions des Communautés chrétiennes de base de l'ouest de la France réunies à Clisson en 1993.

affirmait clairement : « Le pain que je donnerai, c'est ma chair livrée pour que le monde ait la vie [1]. »

Si on évite toute lecture donnant à ces mots une portée magique, ou cannibale, si, au contraire, on les prend au pied de la lettre et en se rappelant que « la chair » désigne concrètement la personne entière, on se trouve, à l'évidence, confronté à la forme maximale de l'art de vivre que Jésus révèle. Il définit son identité en mettant au jour le projet qui la fonde. En effet, le corps est l'expression de l'être humain. Pris dans sa dynamique (ses attitudes, ses gestes, ses émotions, ses actes, etc.), le corps est cette donnée matérielle signifiante qui, à la fois, exprime et réalise qui nous sommes. Certes, mon corps est une limite au-delà de laquelle tend sans cesse ce *Je* que j'aspire à être ; mais, tout autant, il est le signe hors duquel je ne serais rien, même pas un rêve. Le corps, c'est soi-même rendu perceptible et accessible aux autres. Plus ou moins partiellement. Car, trop souvent, le corps exprime nos divisions intérieures, refus et conflits divers. À l'inverse, qu'un homme soit totalement unifié et alors son corps est la transparence même qui dit son esprit. Il en est, à proprement parler, la révélation, le dévoilement. Un signifiant qui fait parfaitement corps avec le signifié.

Jésus est tout entier don aux hommes. Si sa présence – actes et paroles, corps donc totalement engagé – nourrit les hommes, c'est en leur apprenant, par sa façon de vivre et l'entraînement qu'elle opère, le partage et l'échange, ce risque pris jusqu'au don de soi. Sa présence, c'est-à-dire ses gestes et sa façon de les poser, est toujours invitation et aussi initiation à ne pas garder pour soi ce qu'on a reçu, mais à le voir se multiplier en le distribuant. Ce qu'il a fait lui-même. Au péril et au prix de sa vie, comme on le sait.

Voilà donc « le corps du Christ », cette existence, prototype d'une vie sauvée. Le « corps du Christ », une existence qui se donne pour être partagée.

Enfin, au travers de cet engagement total, cet exister-pour-autrui vise toujours à permettre, à ceux qu'il rencontre, de

1. Jn 6, 52.

se redresser. Le salut se marque par la confiance en soi. Restaurée. Loin de tout orgueil, Jésus lui-même ne doute pas de soi. Ou plutôt, on le voit constamment faire fond sur la Source de son être, la capacité d'amour qui l'anime et qu'il nomme son Père. Ainsi fondée, la confiance en soi n'est pas enfermement sur ses propres capacités comme si les forces ou les richesses personnelles suffisaient. Non ! Jésus ne se confond pas avec « son Père » auquel il s'ouvre dans la prière. Mais la confiance est cette certitude que, comme le disait Malebranche parlant de l'esprit, il y a « toujours en soi du mouvement pour aller plus loin ». On est là devant une foi fondamentale. Celle que tout être humain doit pouvoir partager et dont l'assise première est de se savoir aimé.

Une telle foi se répercute dans la confiance faite aux autres. Et donc dans l'appel qu'on leur porte à oser croire en eux-mêmes. Il est notoire que le très grand nombre des signes donnés par Jésus à son entourage – et que les évangiles rapportent sous le terme de miracles – font toujours appel à cette capacité de croire. Qu'il s'agisse des perclus, des aveugles, ou bien des pécheurs, le mot constant par lequel Jésus les remet debout, c'est : « Va ! ta foi t'a sauvé [1]. » Ainsi, loin d'invoquer des forces magiques ou mystérieuses venant agir, de l'extérieur, sur le destin de chacun, Jésus fait appel au dynamisme qu'il ose croire présent en tout homme. Dût ce dynamisme être réveillé et comme réconforté en celui-là justement qui n'osait plus y croire. Le salut sera alors d'être rendu à l'audace de vivre. Quels que soient ses blessures, ses limitations, ses échecs, son angoisse. Croire en soi-même parce que, dans la confiance reçue, on ose croire qu'on est aimé.

Une telle confiance en soi n'a rien à voir avec le repli sur son individualité dans l'isolement vis-à-vis des autres et de la société. Il apparaît, au contraire, que le soi ne se réalise vraiment que dans la disponibilité et l'ouverture aux autres. C'est du moins ce que l'expérience de l'amour devrait révéler. Un amour des autres qui n'est possible, en définitive, que parce que, de lui-même et sans avoir à se poser de question, il est

1. Mc 5, 34 s.

ouverture à la Source de l'être. Qui lui donne sa force et dont il témoigne en retour.

L'amour du prochain, ou la vie en « Dieu ».

Si notre vie peut être réussie par la conformité qui lui est donnée aux choix qui furent ceux de Jésus, c'est que, ce faisant, elle se trouve comme dilatée parce qu'elle participe ainsi à l'amour absolu. Ou, pour mieux dire, c'est cette participation qui réalise, de l'intérieur même de notre liberté, ce qui rend nos démarches un tant soit peu conformes à celles de Jésus. La proposition chrétienne parle alors de participation à la vie « divine ». Participation qui se réalise et se manifeste par la capacité d'aimer. Mais celle-ci doit être bien comprise.

En effet, rien n'est gagné d'avance. Et le salut, loin d'être un système d'idées ou une effusion sentimentale, est un événement se traduisant dans une existence humaine. Entendre l'appel qui peut faire exister l'humain, en soi-même et en autrui, se heurte sans cesse aux échecs de cette même humanité. Notre histoire personnelle et celle de notre monde le montrent à l'envi. Le mal de l'homme qui détruit l'homme nous habite dans une contradiction continuelle entre, d'une part, la tension vers l'amour et le service et, d'autre part, la pesanteur d'une sagesse nous repliant vers nous-mêmes.

Cette lutte est donc le lieu de la pratique de « La voie », dont Jésus est le témoin parfait et l'initiateur.

Pour dire ce chemin de salut, ce choix de vie où l'affirmation chrétienne reconnaît le sens de la vie, on emploie le plus souvent une formule, belle et simple : « l'amour du prochain ». Le mot a pu être galvaudé en un sentimentalisme vague qui aurait dispensé du combat. Aussi était-il important de le situer dans ce contexte de lutte contre le flot de l'inhumain. Là seulement il trouve sa vraie portée et il risque moins de voir sa signification « s'effondrer dans les marécages de la Charité chrétienne », selon le mot de Maurice Bellet [1].

---

1. Maurice BELLET, *La Voie*, Paris, Éd. du Seuil, 1982, p. 179.

En revanche, si on lui rend sa vraie place dans la lutte de notre humanité tendue vers elle-même, il est alors possible de caractériser ce que la pensée chrétienne entend par « l'amour du prochain ».

Un amour qui a ses préférences. L'amour du prochain vise tout être humain, certes ! mais d'abord le faible en lui. C'est-à-dire qu'on cherche à rejoindre l'autre et à l'aider à se redresser là où effectivement il subit l'attaque de ce qui le déshumanise. Cela se traduit par la priorité donnée aux « pauvres ». C'est, selon l'Évangile, le critère de la fidélité en la Voie du salut [1]. Cette « pauvreté » ne se limite pas à la situation sociologique du dénuement économique. Elle désigne tous ceux que blessent les attaques de l'inhumain. Venant des autres ou reçues d'eux-mêmes. Tous ceux en qui la dignité humaine est un tant soit peu amoindrie. Au fond, aimer quelqu'un, c'est l'aider à se dresser plus droit dans sa vie. Et lui en fournir les moyens, selon qu'on le peut. En tout cas, affirmer que « Dieu » libère et sauve n'a de sens que si effectivement on pose des actes de libération. Pour la foi chrétienne, au travers de ces actes, c'est la vie de « Dieu » qui passe.

En effet, dans cette foi en l'autre, s'engage la foi en « Dieu ». Il n'est pas nécessaire de connaître « Dieu », ni même de le chercher pour aller vers Lui. Loin de toute mainmise sur quiconque, on peut dire que, sur le chemin du salut, la distinction strictement religieuse entre croyant et incroyant s'effondre. Ou, plus exactement, le critère de cette distinction se déplace singulièrement : le rapport au prochain est le lieu primordial de la foi. En effet, l'affirmation chrétienne, si elle prend au sérieux l'existence humaine de Jésus, ne peut pas la séparer de celles de « ces petits qui sont ses frères » car lui-même s'est identifié à eux [2]. L'Évangile oblige à reconnaître que ces deux existences se fondent l'une dans l'autre. Alors, il n'est plus possible de distinguer deux amours, l'amour de « Dieu » et l'amour du prochain. On ne saurait les poser ni comme des réalités séparées (« Moi, j'aime “Dieu” ; et aussi les autres, mais, entre les deux, il y a un pas ! »), ni comme si

1. Mt 25, 31-46.
2. Mt 25, 40.

l'un était le moyen de satisfaire à l'autre (« J'aime mon prochain *pour* l'amour de "Dieu" »). C'est dévoyer l'amour que d'en faire le moyen d'accomplir une exigence morale. L'amour qu'on porte à « Dieu » n'a pas d'autre lieu où s'investir humainement que l'amour des humains pour qu'ils puissent vivre plus humains. Car, après tout, c'est bien cela qu'il a fait lui-même, le « Dieu » qui s'est donné à lire dans les faits et gestes du Nazaréen.

Pour le dire encore plus clairement, j'en emprunte la formulation à Joseph Moingt : « Le "Je vous donne un commandement nouveau : aimez-vous les uns les autres", ce commandement n'est pas en lui-même nouveau. Il l'est en ce sens qu'il n'y en a plus d'autre : l'amour et la justice envers le prochain *sont* l'amour de Dieu [1]. » Ce qui signifie donc aussi que l'amour que n'importe qui porte à son prochain est transparence de l'amour de « Dieu ». Qu'on le professe ou non.

Cet amour du prochain, est aussi le seul chemin vers « Dieu ». Pour qui cherche le visage de « Dieu », la quête ne peut pas se faire hors de la terre. Non seulement on ne saurait « décoller » vers Lui en abandonnant notre condition humaine, mais le risque de prendre pour vraies les créations de l'affectivité et de l'imagination, qui ici ne peuvent être qu'illusoires, correspond tellement aux attentes fantasmatiques de nos désirs que la vigilance critique doit être extrême. Certains sans doute se réclament d'une voie courte : les désirs, les élans du cœur et parfois la ferveur sentimentale de la piété qui donneraient, dit-on, accès direct à « Dieu » ! Où mène une telle voie ? À chacun d'en juger. Mais parfois on peut constater qu'elle conduit à fuir loin du monde et de ses problèmes [2].

Il est, en tout cas, un autre chemin : une voie qu'on peut dire longue, celle justement qui passe par le détour, la médiation devrait-on dire, du service des humains. Cette voie n'est longue que parce qu'elle épouse l'histoire de chacune de nos vies. Un beau texte de prière le dit avec précision :

---

1. Joseph MOINGT, *La Plus Belle Histoire de Dieu*, p. 128.
2. Témoin cette réflexion entendue dans un groupe de prière catholique : « Seigneur, nous Te remercions de nous avoir, ce soir encore, débarrassés des soucis du monde. »

« Seigneur Dieu, ton royaume est parmi nous, proche et caché. C'est un homme, une femme à aimer, des hommes, des femmes pour qui vivre. Ta volonté est faite sur terre partout où des hommes, des femmes vivent et meurent les uns pour les autres.

Nous T'en prions, permets-nous d'accomplir cela, peu à peu, de jour en jour. Nous espérons ainsi nous familiariser avec Ton Nom et Te trouver, notre Père, jusque dans l'éternité [1]. »

Pour rencontrer « Dieu » nous ne disposons que de la réalité la plus concrète de notre vie humaine. Mais là s'ouvre un itinéraire : l'autre, les autres, proches ou lointains, avec lesquels nous vivons. Cet autre est chemin vers « Dieu » à la mesure même où il m'attire et me provoque à sortir de moi-même pour que je prenne en charge quelque chose de sa propre vie ; mieux, de ce dont il a besoin pour vivre. Cela s'appelle l'aimer. Et la preuve de l'amour, c'est de faire servir sa propre vie pour qu'autour de soi « hommes et femmes vivent ». Cela va loin ! Vivre les uns pour les autres. Vivre et s'il le faut « mourir ». Mais il y a toujours quelque chose en moi qui doit mourir pour que j'accède à cette seconde naissance où je vis pour faire vivre. Là se lève une espérance étonnante : ce choix de vie qui va se préciser à travers les événements de l'histoire personnelle de chacun, cette démarche nous apprivoise peu à peu à l'au-delà que nous cherchons. Elle nous « familiarise » avec le « Nom » toujours mystérieux et inconnu de « Dieu ». Peu à peu aussi, ce Nom nous devenant ainsi familier, nous espérons découvrir, l'heure venue, le « caillou blanc » de notre identité singulière et éternelle [2].

C'est donc bien une certaine pratique de la vie humaine qui nous fait entrer dans le mystère de « Dieu ». Hors de cela, toute spéculation, toute affirmation est inepte et tombe sous le coup de la critique freudienne pour laquelle l'affirmation de « Dieu » est illusion imaginaire. À l'inverse, la position défendue ici résiste à cette critique car la confrontation aux

1. H. OOSTERHUIS, *Quelqu'un parmi nous*, p. 106.

2. « Au vainqueur, je donnerai aussi *un caillou blanc*, un caillou portant gravé un nom nouveau que nul ne connaît hormis celui qui le reçoit », Ap 2, 17.

besoins réels d'autrui est un antidote efficace aux vertiges de l'imaginaire. Aimer vraiment, là où je suis, aujourd'hui, tout prochain quel qu'il soit, c'est-à-dire lutter pour l'aider à vivre, c'est bien le contraire de se payer de mots. Quant à croire que cela ait un sens définitif, pourquoi pas ? puisque déjà cet amour vient éclairer et orienter nos pas quotidiens.

Dans tous les lieux de pèlerinage, il est un mot qu'on répète sans cesse : « Le pèlerin est un chercheur de Dieu qui marche vers lui. » Le pas à pas de la vie quotidienne nous conduisant vers les autres, voilà le vrai pèlerinage quêtant le sens de nos destinées. Et il peut se révéler, un jour, comme authentique démarche initiatique à l'altérité insaisissable mais vivifiante de ce "Dieu" plus intime à chacun que l'intime de lui-même [1]. »

Jésus, un passage obligé ?

Une certaine connaissance de « Dieu » est donc possible ; mais il ne s'agit pas de n'importe quel « Dieu ». Il ne peut s'agir que de ce « Dieu » au Nom imprononçable et qui n'est saisissable qu'à travers la manière dont Il s'est donné à connaître. À savoir la vie, les choix, l'amour, la mort qui furent ceux de Jésus… et ceux des femmes et des hommes qui marchent « en sa voie ». Entrer par là dans la connaissance de l'existence de l'homme-Jésus initie peu à peu au mystère de « Dieu ». La façon dont Jésus a mené sa vie révèle l'être même de « Dieu ». S'interroger sur la manière dont se fait la mise en œuvre du salut dans la vie de chacun nous conduit donc à nous demander dans quelle mesure cela implique un rapport à la personne historique de Jésus. La question est à deux niveaux : celui de la connaissance de son histoire et celui de sa participation actuelle au salut de chacun.

Entrer dans l'histoire de Jésus, le Christ, est-ce d'abord connaître les récits qui portent témoignage de sa vie pour, ensuite, en tirer des leçons ? Pas sûr !

1. La formule est de SAINT AUGUSTIN.

Rappelons d'abord que ces récits ont pris forme, à travers le retentissement qu'ils avaient sur ceux qui entrèrent eux-mêmes dans la façon de vivre de Jésus, puis sur ceux qui ont donné foi à leur témoignage. C'est qu'un récit ne parle qu'à partir de l'attitude vécue de celui qui l'entend. Ainsi les récits évangéliques prennent leur plein sens par les pratiques qu'ils induisent. L'agir se moulant dans un comportement du type de celui de Jésus ouvre « l'intelligence des Écritures ». Non pas pour procurer un savoir d'abord d'ordre intellectuel ; mais en inscrivant dans l'acteur une certaine intelligence du cœur, la seule qui puisse pressentir le mystère de « Dieu ».

Mais, faut-il connaître ces récits pour agir conformément à l'art de vivre de Jésus ? L'imitation de Jésus est-elle réservée à ses disciples patentés ? Ou, plutôt, ces récits ne seraient-ils pas d'abord, pour ceux qui les possèdent, des clés de lecture pour déchiffrer, dans le quotidien, les actes où le salut se donne à voir.

On doit reconnaître que cet « agir selon Jésus » n'est pas lié à la confession de foi. Pas même à la connaissance de Jésus. Mais il se révèle à une certaine exigence d'humanisation des rapports humains qui sait aller aussi loin que nécessaire dans la sauvegarde et la promotion de la dignité des autres. Et dont la cohérence avec le récit évangélique peut devenir flagrante. Quelque chose comme le fait divers que voici :

C'est une femme qui raconte. Elle parle de quelqu'un d'autre : « Ça lui est arrivé sur la route. Il avait pris en voiture un inconnu qui avait très mal aux pieds. Blessé sans doute. Il le conduit chez un médecin. Celui-ci a un recul devant le pied nu. Si sale ! Même les chaussettes gorgées de sueur collaient. "Vous vous trompez de porte, dit le médecin que visiblement l'odeur incommode. Sa place est à l'hôpital." Lui reprend son passager, l'emmène à l'hôpital. Là, avant de l'introduire aux urgences, il demande aux infirmières une cuvette d'eau. Il lave lui-même les pieds de l'homme ; et seulement ensuite, il le confie aux soignants. "C'était pour ne pas subir une seconde rebuffade", dira-t-il plus tard… Elle, c'est par hasard, dans la journée, qu'elle apprend son geste. Lui, c'est son mari. Le soir, quand elle lui en parle, il confirme ce qu'elle sait. Très simplement. Comme quelque chose de banal. »

Le récit n'a demandé que quelques secondes. Elle ajoute seulement : « J'ai pensé au Jésus du lavement des pieds. » De fait, on se sent d'un coup transporté en plein évangile.

Mais lui ? Lui est athée, sans aucune référence chrétienne. Tranquillement incroyant, menant sa vie sans se poser les questions où parfois la foi s'empêtre : l'après-mort, etc. Simplement il vit, avec son cœur d'homme... Et voilà le geste auquel cela le mène. Naturel, dira-t-il.

Le récit achevé ; on le reçoit comme un instant de révélation. Et on songe au vieux texte : « Un homme quelconque – *homo quidam*, dit le latin – descendait de Jérusalem à Jéricho... » Et les prêtres et les lévites, les officiels de la foi, de s'écarter du blessé : s'il allait les salir ! Alors « *Samaritanus quidam* – traduction : un incroyant quelconque – est touché de compassion [1]... etc. ». On connaissait l'histoire. Elle vient de retrouver ici tout son sens.

Il est étrange combien ces formules trop souvent reçues comme des règles d'une morale qu'il faudrait appliquer pour « obtenir le salut éternel » reprennent vigueur quand elles servent simplement à décrire une façon de vivre, celle de quelqu'un qui se veut vraiment humain et qui, sans chercher plus, va au bout de cette exigence. Des formules redevenues alors, aux oreilles du croyant, « paroles de Dieu ».

La foi chrétienne qui trouve sa pierre de touche dans les évangiles n'est-elle pas d'abord reconnaissance de ces « actes de Dieu » quand des hommes, des femmes ou des enfants travaillent à restaurer l'être humain dans sa dignité. Éviter qu'il ne subisse encore « une rebuffade ».

Cela nous renvoie à l'étonnement des « élus » ignorants de la portée dernière de leurs actes quand ils entendent : « Ce que vous avez fait au plus petit de mes frères, c'est à moi-même que vous l'avez fait [2]. » La règle dernière et unique du salut et la condition de sa mise en œuvre ne peuvent pas être énoncées plus clairement. Tout est dit et c'est limpide. Le Christ ne peut être rejoint que dans l'amour de nos frères. Là on entre dans son histoire. Et c'est en cela qu'il nous sauve.

---

1. Lc 10, 30-37.
2. Dans la scène décrite en Mathieu, chap. 25.

Parlant ainsi, sommes-nous tout à fait fidèles à l'Évangile ? Car on y lit par ailleurs que le passage explicite par le Christ est indispensable. « Je suis le chemin, la vérité et la vie, dit Jésus. Nul ne va au Père si ce n'est par moi [1]. » Comment entendre cela ?

La mise en œuvre du salut révélé par Jésus se joue dans un choix de vie, la manière d'exister qui fut la sienne et que nous avons pu définir comme « l'exister-pour-autrui ». Ou, plus simplement dit : l'amour du prochain. Mais le texte cité pose problème. Quand Jésus dit : « Nul, s'il ne passe par moi… », quel est ce « moi » qui est dit être le seul chemin vers le Père ? Est-il nécessaire de connaître le « moi historique » de Jésus, de faire explicitement référence à sa personne et donc de passer par l'apport de la révélation chrétienne et les pratiques des Églises pour accéder à ce mode d'existence et pouvoir entrer dans la démarche du salut ?

Rien jusqu'ici ne nous paraissait devoir l'imposer. Mais l'Église chrétienne a longtemps affirmé ce passage comme obligatoire. Avec deux conséquences : d'une part, conditionner l'accès au salut à la soumission religieuse perçue, à certains moments de l'histoire et au moins en ce qui concerne l'Église catholique, comme étant elle-même ce passage obligé. D'autre part, rendre difficilement compte des possibilités de salut pour les masses humaines qui ont été ou sont sans contact avec le christianisme, autrefois comme aujourd'hui.

Que faut-il entendre par « passer par Jésus » ? Ce point est l'un de ceux où la pensée chrétienne est en débat. S'agit-il de rencontrer le Jésus de l'histoire ? Faut-il imaginer un maintien de la personne historique de Jésus, son être de chair et de sang qui se serait conservé tel quel par-delà la mort et serait encore aujourd'hui la personnalité qu'il nous faudrait rencontrer en tant que telle pour être initié par elle à la vie sauvée. Qu'une certaine dévotion à Jésus aille dans ce sens, c'est une évidence. Mais un tel maintien du « moi historique » de Jésus pose bien des problèmes. Être humain véritable, il est vraiment mort un jour du temps comme c'est le sort de tout homme. Et

1. Jn 14, 6.

on ne saurait imaginer sa résurrection comme s'il était un survivant qui, sur un mode plus ou moins fantomatique, continuerait de hanter notre terre et que nous pourrions rencontrer au détour du chemin.

Le personnage historique de Jésus n'a été croisé en chair et en os que par ses contemporains. Ce que nous savons de lui ne nous est accessible qu'à travers des récits, des actes de mémoire de ceux qui l'ont côtoyé. Or ils en témoignent à partir de ce qu'ont modifié en eux sa rencontre et la certitude du succès de sa façon de vivre. Suivant son chemin, ils ont fait l'expérience de vivre eux-mêmes en plénitude.

L'existence de Jésus par laquelle passe leur vie est désormais accomplie en « Dieu ». En d'autres termes, celui « par qui » les disciples « vont vers le Père », c'est-à-dire voient s'accomplir leur vie spirituelle, c'est le Ressuscité. Entendons l'existence de Jésus telle qu'elle est inscrite dans l'Éternité de « Dieu » comme Son mode parfait d'expression. Dire Jésus ressuscité, c'est dire qu'étant allé au bout d'elle-même sa vie humaine est définitivement accréditée en « Dieu ». On peut donc penser que la voie qui passe par Lui est celle d'un tel accomplissement de soi. Marcel Légaut la décrit bien : en Jésus, les disciples ont reconnu l'homme créé à l'image de Dieu « et ils affirment, sans d'ailleurs se rendre compte de tout ce que cela comportait, que Dieu peut être entrevu à travers la plénitude humaine vers laquelle tout homme est ouvert et à laquelle il est appelé [1] ».

« Passer par Jésus » signifie donc pouvoir partager sa vie. Ici et maintenant [2]. Or cette façon de vivre accréditée par la Résurrection, comment la résumer en tant qu'existence humaine ? Jésus est celui qui est allé jusqu'au bout de lui-même, qui s'est accompli en se livrant totalement à l'amour

---

1. M. LÉGAUT, *Introduction à l'intelligence du passé et de l'avenir du christianisme*, Paris, Aubier, 1971, p. 164.

2. Angelus Silesius remarquait : « Même si Jésus était né mille fois à Bethléem, en quoi cela me concernerait-il s'il ne naissait aussi en moi ? » – Johannes SCHEFFER, dit ANGELUS SILESIUS, mystique allemand (1624-1677). *Le Pèlerin chérubinique* est son œuvre la plus célèbre.

des autres vécu comme participation au mystère de « Dieu ». « Quand Jésus livre son moi, il le livre dans l'intensité de son être et dans le désir d'être un homme accompli dans le mystère de Dieu. » Passer par lui pour aller vers le Père, c'est « se livrer soi-même à l'intensité de sa propre humanité dans le désir d'être un humain accompli dans le mystère de Dieu [1] ». Or ce mystère de « Dieu », tel qu'il s'est fait connaître en Jésus, c'est le don de soi. Donc dire « passer par Jésus », ou bien dire « chercher l'accomplissement de sa propre vie en la donnant pour faire vivre parce que soi-même aussi on est "venu dans le monde pour que les hommes aient la vie et qu'ils l'aient en abondance [2]" », ce sont deux formules équivalentes. Passer par Jésus, le Christ, c'est, dans son Esprit, s'accomplir soi-même par l'amour du prochain qui est la mise en œuvre de l'amour du Père.

Pour la proposition chrétienne, la réussite de la vie humaine est l'accomplissement de soi dans l'amour qui, mystère central de la foi, est l'être même du « Dieu Trinité ». Alors « la résurrection apparaît comme le terme de l'histoire, de l'individu comme de l'humanité, la proclamation du soi accompli [3] ».

Penser ainsi ne diminue nullement le rôle historique de Jésus. Il est bien le révélateur parfait de « Dieu », tel que peut l'entrevoir notre expérience humaine, car il est l'existence incarnée implantant dans l'histoire humaine la voie du don de soi à la fois comme signature de ce « Dieu » et comme garant du chemin qui peut conduire tout être humain vers l'accomplissement définitif de soi-même. Prendre aujourd'hui ce chemin, c'est participer de l'Esprit qui l'animait et qui nous fait communier à sa vie de Ressuscité.

Ce n'est pas non plus minimiser la portée salutaire de cette vie dont la mort-résurrection a montré qu'elle était sculptée en « Dieu même » comme son Fils, c'est-à-dire l'expression parfaite de ce qu'Il est. Au contraire, c'est

1. B. FEILLET, *Chronique de Boquen*, n° 69, septembre 1987, p. 12. (B.P. 4520, 29045 Saint-Brieuc Cedex 2.)
2. Jn 10, 10.
3. B. FEILLET, *Chronique de Boquen*.

reconnaître que cette présence de « Dieu », cette expression de l'amour infini qu'Il est, se donne toujours à voir. À partir de l'humble vie toute donnée du Nazaréen, elle rayonne, en tous ceux qui acceptent d'être portés au-delà d'eux-mêmes, et cependant dans la pleine vérité de ce qu'ils sont, par l'amour des autres, signe au plus intime d'eux-mêmes de la Source du sens. Entendons : l'amour dont ils sont eux-mêmes aimés, l'amour de « Dieu ».

Autrement dit, l'expression de « Dieu » en terre humaine, qui a été réalisée à la perfection par Jésus de Nazareth, ne se limite pas à l'homme historique qu'il fut. Mais tout humain porte en soi la capacité d'exprimer « Dieu », par une mystérieuse solidarité avec l'existence de Jésus, le Christ, désormais scellée dans l'éternité de « Dieu », solidarité dont la marque est la capacité d'exister pour autrui, si peu que ce soit. La théologie parle alors du « corps mystique du Christ ». Comprenons : l'ensemble de l'humanité devenue elle-même par l'amour d'autrui, et faisant ainsi un seul corps révélant « Dieu », un corps dont le Christ, Jésus ressuscité, est la tête. Ou, comme a pu le dire Angelus Silesius : « Dieu le Père n'a qu'un seul fils et ce fils nous le sommes tous en Christ. »

Il n'y a donc aucune contradiction, ni la moindre faille entre passer par l'existence du Christ pour être sauvé et aller au bout de soi-même, s'humaniser, en entrant, par le combat de l'amour, dans la lutte contre l'inhumain. Car là est l'existence des filles et fils de « Dieu ». Don reçu du Père qui, dans l'Esprit, nous met en route, au-delà de ce que nous sommes, vers ce que nous pouvons être. Accomplis en plénitude.

LA VIE NOUVELLE

Les paroles de la vie éternelle.

Je viens d'évoquer la Résurrection : l'accomplissement de soi, l'inscription en « Dieu » du sens de ma vie. Mais on me reprochera que, traitant ainsi de ce que la proposition chrétienne appelle le Salut, je sois resté loin des questions ultimes.

Sans doute, admettra-t-on que, durant cette vie, le salut puisse être perçu comme la gratuité du don qui nous est fait : pouvoir aimer comme Jésus nous a aimés. Soit ! mais il y a la mort !... Et même si l'indifférence aux questions qui l'accompagnent est dominante dans notre monde, cela ne doit pas l'occulter pour autant. Par ailleurs, le christianisme ne s'est-il pas centré très longtemps sur la nécessité de vivre ici-bas en pensant d'abord au « salut éternel », en se préparant à une vie heureuse « après la mort » et donc en se souciant surtout du jugement de « Dieu » qui doit la conditionner ? Peut-on oublier cette question ? Ne rien dire à son sujet ? D'autant plus que, quoi qu'on en dise, elle demeure, au moins comme un léger doute, au fin fond de la conscience de l'homme le plus indifférent.

Soit ! On ne peut pas ne pas en parler. Mais à ce sujet, je ne crois pouvoir dire que très peu de chose. Je propose six remarques très brèves. Sans avoir à les développer un peu longuement car ce sont ou bien des affirmations philosophiques, à mes yeux, évidentes, ou bien des données de l'Évangile qui, elles, ne font que redire ce que ces pages répètent à l'envi.

Trois évidences d'abord :

– Rationnellement, parler de l'après-mort n'a de sens que pour les survivants ; car, en ce qui concerne le défunt lui-même, l'expression « après la mort » ne signifie rien. Pour désigner un avant et un après, il faut être témoin d'un changement. Seule la perception d'une modification des données matérielles dans lesquelles se déroule notre existence terrestre constitue la conscience du temps et le fait exister comme tel, à nos yeux du moins. Donc mourir, c'est sortir du temps puisqu'à la mort la conscience, si elle se maintient, échappe au changement qui, lui, est lié au statut de la matière. Pour celui qui est mort, le temps donc n'existe plus. Ce qui est soustrait au changement ne connaît plus d'avant ni d'après. Donc, si elle en reste au niveau de la succession dans le temps, la réflexion rationnelle concernant le défunt ne peut rien dire de « l'après-mort ». Certes, de tout temps, les imaginations des individus et des peuples ne s'en sont pas privé ; mais prouvent-elles alors rien d'autre que la force de nos désirs, de nos angoisses et de nos rêves ? À moins qu'il n'y ait place pour une espérance. Mais alors on change de niveau.

– Car la conscience humaine n'est pas de l'ordre du temps. C'est là une des expériences fondamentales qui révèlent l'esprit à lui-même. Le temps est la mesure de ce qui s'écoule. Pour que la mesure soit possible, il faut un observateur qui, lui, ne soit pas confondu, du moins pas totalement, avec le flot qui passe. Bien que notre conscience soit « dans » le temps avec notre vie qui s'écoule, elle est quelque part aussi « hors » du temps. Elle le domine. Nous en faisons à tout moment l'expérience par notre capacité de nous souvenir comme de nous projeter en imagination vers l'avant. Notre conscience la plus quotidienne surplombe le temps, si l'on peut dire. Elle est dans « ce point hors du temps sans lequel il n'y aurait pas de temps » ; autrement dit, « l'éternel », selon la belle formule de Léon Brunschvicg. Or rien ne peut prouver – ni du reste établir le contraire – que la mort du corps, ce changement qui fait suite à tous les changements incessants qu'il nous a fallu franchir pour vivre et qu'a mesuré « le temps de notre vie », vienne altérer la participation à l'éternel dont, tandis que nous vivons, notre esprit témoigne par la conscience qu'il a de dominer ces changements. Par conséquent, rien ne peut prouver – ni du reste établir le contraire – que la mort efface le sens que, vivants, nous avons inscrit chaque jour par nos choix conscients, ce sens qui se confond avec l'identité de la personne que, peu à peu, nous sommes devenus.

– Reste une interrogation : quand est-il important de vivre ? Après ou avant la mort ? Voilà cette fois une question maîtrisable. Parler de vivre après la mort, la raison humaine n'en peut rien savoir. À l'inverse, il est évident et, au surplus, chacun en est responsable, que nous disposons de notre vie avant la mort. Cela engage les choix déterminants où justement nous impliquons le sens de notre existence. La vraie question est donc : sommes-nous vraiment vivants avant la mort ? Et des vivants qui luttent pour que tous les humains puissent vivre une vie vraiment humaine ? Bien sûr, parler ainsi conduit à se heurter au paradoxe de l'éphémère. Chacun des moments qui nous sont donnés à vivre et tout autant leur ensemble sont si passagers et constamment fuyants, chacune des actions qu'ils permettent est finalement si modeste et, en tout cas, relative… alors que nous rêvons d'absolu ! Cependant ces instants fugitifs sont les seuls dont nous disposions pour inscrire dans le réel notre capacité de vivre, de créer et d'aimer. Aussi longtemps que nous sommes vivants. Sur cette terre.

Comme en surimpression à ces certitudes auxquelles la pensée humaine aboutit raisonnablement, j'entends, face à la mort, trois affirmations tirées de l'Évangile :

– Christ a vaincu la mort : « La mort sur lui n'a plus d'empire [1]. » Parce que sa vie a été donnée – et « Dieu » est le cœur de ce don ! – le passage par la mort est le point culminant de l'existence terrienne de Jésus et l'apothéose du « Dieu » qu'il révèle. Non pas qu'il ait voulu mourir ni cherché la mort. Non pas qu'il ait dû mourir pour payer la dette réclamée par l'honneur bafoué de ce « Dieu vengeur » qu'enfantent nos imaginations. Mais sa façon de vivre, celle par laquelle il incarnait le vrai visage de son « Père » ne pouvait que le faire se heurter de front aux forces de mort, ce flot de l'inhumain que trop souvent nos propres choix alimentent. Il en est mort. Mais, ici, le cœur de la foi chrétienne se résume d'un mot : une telle mort est victorieuse : l'amour est plus fort que la mort ; Jésus l'a prouvé. Le croire, c'est adhérer à la clé de voûte du mystère de la foi.

– « À qui irions-nous ? » C'est la question des disciples qui ont suivi Jésus. Ils reconnaissent bien l'alternative devant laquelle ils doivent choisir. L'Évangile situe cette parole au moment où beaucoup de ceux qui jusqu'alors avaient suivi Jésus le quittent parce que « sa parole est rude ». Or si les disciples ne partent pas, c'est qu'ils ont compris qu'étaient en jeu le sens et la portée de leur vie. Et si, par la suite, ils ont continué de fonder leur vie sur sa façon de vivre – et de mourir – c'est qu'ils avaient acquis une certitude : cet homme, sur les actes et les paroles de qui ils se guidaient, avait « les paroles de la vie éternelle [2] ». Donc, à le suivre, on s'ouvrait à son éternité.

1. Rm 6, 9.
2. Jn 6, 60-68.

– Quelle est donc cette parole qui ouvre ainsi à la vie ? Elle est très claire. Jésus a résumé lui-même le cœur de son propos en ce qui concerne la façon de vivre qu'il propose. C'est dans l'évangile de Matthieu. À un moment où justement il est question de porter un jugement sur les vies réussies et sur celles qui auraient échoué. Ce fameux jugement dernier… qui a pu terroriser des générations entières. Écoutons-le : « Venez les bénis de mon Père : ce que vous avez fait à l'un de ces plus petits qui sont mes frères, c'est à moi-même que vous l'avez fait ! » Mais aussi encore : « Allez maudits ! Chaque fois que vous ne l'avez pas fait à un de ces petits, à moi non plus vous ne l'avez pas fait [1]. »

Ainsi, quand l'affirmation chrétienne écoute l'Évangile proposer une lumière sur le sens du passage par la mort, au-delà des interrogations sur lesquelles butte la seule démarche rationnelle, elle n'alimente aucunement les délires de l'imagination sur un au-delà mythique. Elle renvoie à ce qui compte quand on parle de la mise en œuvre du salut : « Aimer son prochain comme soi-même », c'est-à-dire « comme lui, Jésus, a aimés les siens ». Prise au sérieux, c'est une formule qui peut mener très loin. Mais aussi, une façon de vivre que, sur la foi de la vie de Jésus, nous croyons inscrite en « Dieu ». Par-delà toute mort. Que demander de plus ? Cela dit, le mystère de la mort reste entier. Mais on dispose d'un mode d'emploi de la vie.

Dans le concret d'une pratique d'humanité.

« Avant d'être un véritable croyant, il faut d'abord être un vivant véritable, si modeste soit son destin » disait Marcel Légaut [2]. Ou encore, Denis Vasse, en une formule plus lapidaire : « Être chrétien, c'est devenir homme [3]. »

La mise en œuvre du salut ne peut donc pas se disjoindre

---

1. Mt 25, 40-46.
2. Marcel LÉGAUT, *Introduction à l'intelligence du passé et de l'avenir du christianisme*, p. 81.
3. Je cite de mémoire.

de la quête d'humanisation, cet horizon vers lequel tend tout être humain [1].

Mais serait-ce là une vérité trop simple, ou, à l'inverse, trop humblement exigeante pour que longtemps sans doute la proposition chrétienne l'ait estompée en mettant au premier plan des exigences de type religieux. Sans doute le contexte socioculturel des époques passées peut-il l'expliquer. Mais l'authenticité de la foi chrétienne y a perdu.

Il est urgent de redire aujourd'hui – et le moment est favorable pour le faire – que c'est d'abord une certaine pratique d'humanité qui réalise le projet du salut de « Dieu » sur le monde. Certes l'homme moderne ne s'affronte sans doute qu'aux questions profanes de sa vie quotidienne ; mais là il se trouve face à lui-même et à la responsabilité de se réaliser pleinement. Et le monde avec lui [2]. Or, dès qu'il réfléchit, il lui devient de plus en plus inadmissible que l'inhumain règne encore sur la planète ou en lui-même. Face à ce questionnement, la réponse de l'Évangile n'est pas impertinente. Elle qui propose le salut « divin » de l'humain dans l'homme et qui ouvre à une pratique concrète d'humanité.

Cette lumière ne se découvre qu'au pas à pas. Dans la vie de tous les jours. Le modèle de vie, le chemin de salut mis en œuvre par Jésus ne relève pas d'un savoir théorique dont on pourrait juger la validité *a priori*, c'est-à-dire avant d'entrer dans la démarche elle-même. Il s'agit d'une pratique. Dans la mise en œuvre du « Aimez-vous les uns les autres comme je vous ai aimés », on découvre l'art de vivre qu'est l'existence du Nazaréen et sa pertinence. Il ne s'agit pas de copier ses actions concrètes, mais, en entrant là où l'on vit dans la pratique de l'exister-pour-autrui, on participe, de fait, à sa vie,

---

1. Évidemment cette quête prendra toujours une figure historique puisqu'elle passe nécessairement par la médiation des cultures, des morales et des modes de vie de chaque peuple. Que ces cultures aient à être « évangélisées » pour y inscrire, en termes de justice et d'amour des faibles, l'idéal de l'exister-pour-autrui est une exigence à laquelle ne sauraient se dérober ceux qui optent pour ce mode de vie.

2. Voir p. 221.

on entre dans son mystère, celui de cette Source de tout amour que justement sa vie exprime. Du fait même, notre propre énigme s'éclaire. Ce que visent les forces d'amour qui battent dans nos veines se dévoile, au moins un peu. S'engager à son tour dans l'aventure mystérieuse, et que rien ne balise par avance, de « l'exister-pour-autrui » – et sans rien exiger en retour, comme le montre E. Levinas [1] – apparaît bien comme un des grands chemins où notre modeste vie prend sens. C'est en lui, en tout cas, que le chrétien voit la mise en œuvre du salut proposé aux hommes : vivre pour faire vivre.

Autrement dit, faire brèche à l'inhumain. Ce qui suppose d'en être soi-même libéré. Peu à peu sans doute car cela ne se fait ni d'un coup, ni tout seul. En effet, puisqu'il y a en nous un pôle de l'amour qui risque toujours de nous égarer, le pôle de l'amour de soi au détriment des autres, le salut nous appelle à tendre à l'autre pôle du même amour, celui en direction duquel l'Esprit en nous nous appelle depuis toujours, le pôle de l'autre, de l'ouverture à l'autre. Il s'agit d'oser sortir de soi pour aller vers soi frileusement replié sur soi-même, altéré mais mystérieusement grandi par l'accueil et le service de l'autre.

Alors, on peut comprendre qu'à la limite et comme en contrepoids de ce qui en nous veut la mort de l'autre, nous puissions accepter notre propre mort comme condition pour qu'il vive. Bien sûr, il ne s'agit pas d'abord de notre mort corporelle ; mais de savoir vivre en laissant de la place à l'autre. En lui rendant aussi la place dont souvent il est exclu. On devine ici que le don de soi – car ce terme qui dit l'identité de « Dieu » est aussi celui par lequel on doit nommer la démarche où l'on se risque soi-même pour rendre à l'autre dignité et justice – devra le plus souvent s'appliquer en direction de ceux qu'écrase notre inhumanité, collective ou individuelle.

Vivre en essayant de faire cela, c'est mettre en œuvre le

---

1. E. Levinas pose ce problème : si je me reconnais dans le devoir de service qui me lie ontologiquement à autrui, celui-ci me doit-il quelque chose en retour ? Et Levinas répond catégoriquement : « La réciproque, c'est son affaire. » On est loin du donnant-donnant.

salut, le leur et le nôtre. Du moins en ce qui relève de nous. Le résultat, au-delà de ce que nous en percevons, est à la charge de l'Esprit.

Il importe ici de lever un malentendu fréquent : le salut ainsi compris n'est pas de l'ordre d'une morale. Comme s'il s'agissait d'accomplir des actions bonnes par fidélité à un devoir ou pour être ensuite récompensé.

Certes l'éthique est le lieu privilégié où s'actualise la foi. Pour incarner l'amour, qu'elle reçoit de « Dieu », elle appelle à l'engagement de notre liberté dans la vie commune avec les autres ; elle se traduira donc par des pratiques de libération pour que l'humain grandisse en s'arrachant aux enfermements qui le mutilent.

Mais ces pratiques ne sont nullement codifiées par des règles *a priori* et étrangères à la conscience personnelle. Il ne s'agit pas d'une liste de devoirs à exécuter ou de performances à atteindre. Il s'agit d'aimer. Et l'amour ne relève pas de la morale. On n'aime pas sur commande. Sans doute, l'amour entraînera des exigences, imposera des « devoirs » ; mais ceux-ci naîtront du vouloir vivre-pour-autrui. Non pas un autrui abstrait et général, mais vraiment le proche, les individus concrets, dont le destin m'aura touché. Et je m'engagerai envers lui, « parce que c'est lui » et donc sans calcul, ni besoin d'aucune justification. « Aime et fais ce que tu veux [1]. » L'amour est gratuit. Autrement cela s'appelle de la prostitution.

Par ailleurs si l'on s'interroge sur ce qui peut faire naître chez quelqu'un le goût de la foi, on s'aperçoit que cela n'a rien à voir avec un impératif moral. En effet d'où peut provenir cette adhésion au mode d'existence selon Jésus ? D'où vient la découverte que cette façon de vivre vaut la peine, autrement dit, qu'elle « sauve la vie », qu'elle lui donne du sens ? Il s'agit toujours d'une rencontre. C'est l'impact sur soi de ce mode de vie porté par des femmes, des hommes, des enfants qui en vivent. « Pourquoi ceux-ci et celles-là, disait saint Augustin, et non pas moi ? » (On notera que cette rencontre existentielle

---

1. Un mot célébre de SAINT AUGUSTIN : *« Dilige et quod vis fac. »*

peut prendre des formes très diverses, depuis le témoignage d'un voisin banal ou celui d'un saint patenté, en passant par des lectures ou le choc des œuvres d'art, « sacré » ou non, etc.) Cette rencontre est porteuse de l'appel de « Dieu » dans la mesure même où elle incarne, un tant soit peu et à sa manière, le don de soi qui est Son identité. Et cela met en mouvement. La pratique est alors révélation. En entrant dans ce choix de vie, l'être humain effectue et met au jour ce qu'il est et est appelé à être : un être aimé dont la vocation est l'amour. Entrer dans la démarche de foi, c'est d'abord recevoir pour soi-même cette interpellation qui vous provoque au-delà de vous-même. Toute véritable découverte authentiquement amoureuse permet d'entrevoir ce que produit une telle rencontre. Et de savoir qu'elle ouvre un chemin et propose un horizon.

Dire ainsi que le salut se réalise dans une façon de vivre son humanité permet d'approfondir à nouveau la pertinence des grands idéaux humanistes : *liberté, égalité, fraternité.* Ils nous sont apparus comme un socle solide pour l'humanisation de notre humanité si nous acceptons de les pousser au plus haut d'eux-mêmes en les éclairant par le message de l'Évangile [1]. Sous cette lumière, loin d'être contestées, ces valeurs peuvent prendre toute leur amplitude.

Une question restait en suspens : dans quel ordre présenter ces trois valeurs ? Certes, dans l'idéal, il ne devrait y avoir entre elles aucune hiérarchie. Au contraire, leur synergie doit découler de l'importance égale qu'on attache à chacune d'entre elles en la voulant respectueuse des deux autres. Et de leurs exigences propres.

Mais cet idéal va-t-il de soi ? On peut en douter quand on découvre que l'ordre traditionnel se lit souvent : liberté avant tout, puis certes l'égalité et, enfin, la fraternité. Et cette lecture tend bien souvent à induire une certaine hiérarchisation [2].

---

1. Voir ci-dessus chap. 3, p. 76 s.

2. Certains, du reste, affirment cette prééminence de la liberté sur les autres valeurs. Ainsi, le 4 mars 1983, à l'Assemblée nationale, un député, Charles Millon, inquiet de l'ordre des termes de la devise républicaine sur la nouvelle pièce de dix francs – les termes liberté et fraternité y étaient inversés – interpellait le ministre du Budget lui

Ainsi, le droit individuel à la liberté prend le pas sur la reconnaissance d'une égale dignité reconnue à tous. Avec, pour conséquence, que l'appel à la fraternité relève trop souvent des discours plus que de la pratique.

Or, admettre la parole de salut et faire de l'exister-pour-autrui le chemin de sens de sa propre vie et le lieu de son accomplissement conduit à inverser l'ordre traditionnel. Car la traduction concrète de ce choix de vie ne peut pas être autre chose que le primat donné à la fraternité. Non pas pour nier ou dévaluer les deux autres valeurs, mais pour les mettre dans une perspective telle que le service de la dignité des plus faibles devienne la pierre de touche d'une véritable égalité entre personnes humaines vraiment et enfin libres !

On débouche alors sur le vaste chantier de la vie concrète où, minuscule individu, chacun va chercher sa place parmi l'immense foule humaine pour faire advenir ce qu'il croit au travers de tous les domaines que l'homme construit – ou redresse – pour aller vers lui-même. Travail, politique, économie, culture, religion, etc. Rien de ce qui est humain ne peut être étranger à l'inspiration venue de l'Évangile. L'humble amour du prochain, où « Dieu » même se reconnaît et se donne à connaître, porte en soi le salut du monde.

« Le Royaume est parmi vous. »

Pour dire la réalité et la réalisation du monde humain vraiment accompli, l'Évangile parle du « Royaume de Dieu ». Qu'on pourrait sans doute imaginer comme ceci : chaque être humain bien debout dans sa vie, poussant l'un après l'autre, dans l'espérance, ses pas quotidiens et partageant, avec tous, pain, dignité, justice, amour, réussissant ainsi solidairement toute son humanité et, par là même, rendant toute gloire à « Dieu ».

Mais, à l'évidence, nous sommes en train de rêver. La réalité quotidienne est si loin de cet idéal, maintenant comme hier. Et il y a de bonnes chances pour que cela continue. Alors

---

demandant si le gouvernement « considère que la liberté n'est plus *la première valeur de référence* de la République ».

ce « Royaume de Dieu » n'est-il pas un de ces fantasmes que l'humanité sécrète depuis qu'elle existe pour se donner l'illusion que la vie a du sens alors que perdurent le mal et les échecs ?

Ce serait vrai si nous pensions que le salut est tout fait et que le « Royaume » s'impose de lui-même. Alors qu'il est un germe, une existence à faire lever et à inscrire peu à peu aussi bien dans nos vies individuelles que dans l'histoire du monde. Et il s'agit d'une lutte. Elle se gagne en arrachant l'homme à l'inhumain.

Pour la proposition chrétienne, Jésus a implanté ce « Royaume » ; sa vie qui l'a ouvert en a porté témoignage ; et elle est le gage de sa réussite. Il appelle à sa suite des hommes et des femmes qui, en se réunissant en son nom pour entrer dans son histoire et vivre de sa vie, continueront son travail, son témoignage, sa présence. Il les charge d'être les signes et les guetteurs du « Royaume » qui se construit jour après jour. À eux de le voir grandir là où il se déploie. Et ce sera souvent dans la vie de gens qui peuvent vivre de cette vie « divine » sans avoir connu l'histoire du Galiléen.

Cependant, aux yeux des chrétiens, l'apport de cette histoire demeure déterminant pour la marche de l'humanité vers elle-même. Certes, l'action de « Dieu » dans le monde n'est pas soumise à la connaissance de l'Évangile. Mais les rassemblements de ceux qui ont été touchés par la réussite de la vie de Jésus et qui y adhèrent explicitement ont un rôle spécifique à jouer dans cette reconnaissance de la présence de « Dieu » dans l'histoire. S'ouvre alors la question de l'Église, cet humble signe que sont les disciples du Christ.

À eux alors d'assumer la consigne qui fait leur identité et où se résume toute la mise en œuvre du salut : « Aimez-vous les uns les autres, c'est à ce signe qu'on vous reconnaîtra pour mes disciples [1]. »

1. Jn 15, 12.

11

Un témoin humble et pauvre

ou la question de l'Église

« Nous sommes la seule Bible
que le public lit encore,
nous sommes le dernier message
de Dieu
écrit en actes et en paroles. »

ANONYME ALLEMAND DU XIVe siècle.

« Vous serez mes témoins. »

Depuis vingt siècles, des groupes d'hommes et de femmes sont repérables dans la société parce qu'ils se disent chrétiens. Ils en sont venus à constituer des Églises qui ont pris, au fil de l'histoire, les formes à la fois institutionnelles et doctrinales qu'elles ont aujourd'hui. Elles ont longtemps tenu le haut du pavé en Europe. Mais cette « chrétienté » n'a plus cours. Pour qui s'interroge sur la pertinence de la proposition chrétienne dans la modernité, il importe de se demander quel sens peuvent avoir de tels groupements, quelle place éventuelle ils revendiquent dans la recherche d'humanisation de l'humanité, quelle fonction ils peuvent y remplir et à quelles conditions.

Partant de la justification qu'ils donnent d'eux mêmes, ces groupements veulent répondre à un ordre précis de Jésus :

« Vous serez mes témoins jusqu'aux extrémités de la terre [1]. » Nier cette mission serait rompre avec l'Évangile et donc mutiler l'exigence chrétienne sur un point essentiel. Celle-ci se traduit concrètement dans le corps social par des institutions et des comportements d'individus et de groupes qui se présentent comme pratiquant la religion chrétienne. Ce qu'on appelle l'Église. Au singulier ou au pluriel [2].

Dire cela nous affronte aujourd'hui à une contradiction qui peut sembler rédhibitoire : la modernité est sécularisée. Cela ne signifie pas que notre époque soit meilleure qu'une autre – quel naïf le penserait ? – ni qu'elle ait mieux résolu ses problèmes ; elle en crée tout autant d'importants, au contraire. Cela signifie seulement que le projet d'humanisation qu'elle porte se veut indépendant de la religion. Bien ou mal, c'est un fait. Dans un processus historique qui commence au XVIe siècle, elle a, peu à peu, rejeté la tutelle exercée pendant des siècles par les pouvoirs religieux sur les différents domaines de l'existence, individuelle ou collective. Et, face à la religion telle qu'il la perçoit, l'homme moderne s'en déclare dispensé [3]. Au moins collectivement. Nous voici donc affrontés à un nouveau point de rupture possible, l'homme séculier et le chrétien ne pouvant ni l'un ni l'autre, chacun de son côté, renoncer à un choix que l'un comme l'autre estiment fondamental. D'un côté, le chrétien ne peut pas se désolidariser de l'Église ; de l'autre, la pensée d'aujourd'hui se veut libre d'allégeances religieuses. Peut-on sortir de cette opposition ?

Non pas ici en explorant le contentieux entre l'Église et le monde moderne. De nombreux spécialistes le font avec précision. D'un côté comme de l'autre. Plus simplement, en

---

1. Ac 1, 8.

2. Sans entrer dans le débat des différences confessionnelles (bien que l'expérience dont je parle soit celle de mon appartenance à l'Église catholique) ni dans celui concernant l'essence de l'Église, j'emploie le terme Église de manière globale pour désigner ceux qui se réfèrent publiquement au christianisme. Et je désigne par ce terme aussi bien l'ensemble des croyants que la plus modeste communauté chrétienne locale.

3. Voir p. 10.

réfléchissant à la signification de ce qu'on nomme les communautés chrétiennes, me demandant toujours comment elles peuvent être parlantes dans la culture actuelle. Je fais bien sûr l'hypothèse que ces communautés acceptent cette modernité, qu'elles s'en reconnaissent partie prenante. Plus encore qu'elles sont certaines que le salut ouvert par Jésus, le Christ, est en jeu, se réalise et progresse dans les avancées mêmes de cette modernité. Comme à tout autre moment de la longue histoire humaine.

Je remarque d'abord que, si le christianisme est effectivement vécu comme une religion, celle-ci a des caractères propres qui la différencient de bien d'autres. Une étrange religion en définitive. Même si des scories de son histoire voilent aux yeux de beaucoup son étrangeté. Cela conduira à s'interroger sur la manière dont la foi chrétienne peut se manifester dans le monde.

LE CHRISTIANISME, UNE RELIGION PAS COMME LES AUTRES

Que signifie donc l'idée même de « religion chrétienne » puisque c'est sous cette qualification que sont perçus aujourd'hui les « témoins » de Jésus, le Christ ? Le terme porte des ambiguïtés qu'il faut tenter de déceler.

Un point d'histoire.

L'apparition de communautés se réclamant de Jésus est historiquement indéniable dès le deuxième tiers du premier siècle. Même si elles témoignent très tôt d'un minimum d'organisation [1], elles ne signifient nullement la mise en place de la « religion chrétienne ». Certes, les premiers groupements chrétiens sont de nature religieuse et bien perçus comme tels. On les considère au départ comme une secte juive. Ce qui, du reste, est vraisemblablement exact du moins jusqu'aux

1. Ac 2, 42-47 ; 6.

bouleversements causés dans le judaïsme par la destruction du Temple de Jérusalem en 70. Les premiers fidèles étaient de religion juive – et ce sont les débats sur l'observance de la Loi qui les écarteront des synagogues. Au-delà, il est clair que le mode de vie des communautés reste bien « religieux ». Il ne saurait en être autrement dans des cultures où le « profane » tel que nous l'entendons aujourd'hui n'existait pas. Mais il serait sans doute anachronique de croire que les premiers chrétiens se pensaient comme une nouvelle religion au sens sociologique du terme. À preuve, dans les débats qui vont par la suite les concerner à l'intérieur de l'Empire romain, les écrivains chrétiens ne se réclameront pas d'un statut religieux ; ils demandent à être traités comme une école de philosophie [1]. Le terme est à prendre avec le sens qu'on lui donne à l'époque [2] : une école de philosophie désigne tout un comportement, une manière de vivre, personnelle et collective, en fonction d'une doctrine rationnelle (ainsi stoïciens, épicuriens, platoniciens, etc.). Par là les écoles de philosophie tranchent nettement par rapport aux religions à mystère dont elles refusent la magie. Quant au terme « religion chrétienne », c'est seulement au IVe siècle, en 311, qu'il apparaît sous la plume d'un théologien africain, Arnobe. Il est vrai que le fait chrétien avait pris alors une importance telle que, deux ans plus tard, par la « Lettre de Milan », l'empereur Constantin faisait du christianisme l'idéologie sur laquelle il appuyait désormais le pouvoir impérial [3]. Et douze années après, au concile de Nicée en 325, il veillera à ce que bon ordre soit mis dans la pensée chrétienne. Il y allait entre autres de l'unité de l'Empire.

---

1. Voir par exemple, D. Marguerat, *Le Dieu des premiers chrétiens*, Genève, Labor et Fides, 2000 ; collectif, dir. H. Cousin, *Le monde où vivait Jésus*, Paris, Éd. du Cerf, 2000 ; J. Moingt, *L'actualité religieuse*, n° 160, p. 30 s.

2. « Dans l'Antiquité et spécialement au IIe siècle, la philosophie est avant tout une direction spirituelle destinée à transformer l'âme du disciple pour le conduire à la sagesse. » Voir Clément d'Alexandrie dans *Encyclopaedia Universalis*, 1985, t. 4, p. 12-19.

3. Le mot « christianisme » lui-même fera son apparition en France au XIIIe siècle, démarqué du terme latin reçu lui au IVe siècle.

La présence chrétienne avait ainsi, au fil de trois siècles, subi une profonde mutation. Non seulement quant au nombre et au statut social de ses adhérents, mais aussi quant à sa place et à son rôle dans la cité. Elle est devenue un mouvement religieux spécifique, ce qu'elle n'était pas à l'origine [1]. Elle a commencé à prendre la forme qui, à travers bien des précisions et des modifications, aboutira à la chrétienté telle que celle-ci a longtemps marqué l'Occident. Il est exact que c'est sous cette forme « religieuse » que l'Évangile est parvenu jusqu'à nous.

Mais alors, le passage à la modernité qui est bien la sortie totale et définitive de la chrétienté n'oblige-t-il pas à repenser les choses autrement ? Pour celui qui s'efforce de penser la foi chrétienne dans ce nouveau cadre culturel et qui sait la mise en cause qui y est faite du caractère aliénant des allégeances religieuses, est-il possible de dégager l'institution chrétienne de cette critique ?

Historiquement la révélation chrétienne s'est modelée, au fil des siècles, en des institutions et des pratiques qui sont de forme religieuse Elle demeure majoritairement vécue comme telle. Le comprendre demanderait un très long débat. Signalons seulement que sont en jeu, sans doute, l'adaptation aux requêtes des sociétés traversées ainsi que l'influence des mentalités ambiantes et le poids des pouvoirs rencontrés. Remarque qui permet de saisir qu'au terme d'analyses prenant en compte d'une part, les exigences intellectuelles et spirituelles de l'homme d'aujourd'hui, et, d'autre part, le caractère spécifique des textes chrétiens – caractère qui n'a jamais été occulté par les Églises quels que soient les aléas de la piété et des compromissions avec les forces régnantes – des penseurs de notre siècle en soient venus à dire que le propre de la religion chrétienne est d'être « la sortie de la religion [2] ». Le

1. J. Moingt remarque qu'il manque au premier christianisme ce qui qualifie le plus généralement les religions : 1° il ne procède pas à des sacrifices ; 2° il n'a pas de rituel fixé. Il y a bien des gestes communs, baptême, fraction du pain, réunion de prières, mais leur première fixation rituelle date du début du IIIe siècle.

2. Voir, par exemple, M. GAUCHET, *Le Désenchantement du monde*, Paris, Gallimard, 1999, ou J. MOINGT, p. 129-130.

caractère catégorique de cette thèse est aujourd'hui en débat. Controverse dont l'existence même montre bien que la religion chrétienne n'est pas comme les autres.

Si l'on veut tracer le champ où les communautés chrétiennes peuvent se définir de nos jours, il est nécessaire de situer le trait fondamental du fait religieux.

« Homo religiosus. »

Depuis qu'à partir du néolithique (au plus tard vers 10 000 avant Jésus-Christ), l'humanité laisse d'elle-même des traces qu'on peut déchiffrer, l'homme se présente comme un animal religieux. Il se construit une vision de l'univers où il se pense en rapport avec des réalités transcendantes et par là sacrées. Celles-ci lui fournissent une explication du monde et de sa propre condition. Au milieu des puissances et des merveilles de la nature, il s'est découvert mortel. Devenu conscient de lui-même, l'angoisse pourrait l'envahir car désormais il mesure la fragilité de son existence. Pour lui garder une cohérence, il fait appel au divin. Il en retire une justification de lui-même et du monde. Dans l'univers ainsi pensé, il peut admettre, à la fois, ce qui en lui l'appelle au-delà de ce qu'il est et du réel tel qu'il est mais, tout autant, ce qu'il lui faut subir du désordre des choses auquel il doit se soumettre sans pouvoir y rien changer. Deux mouvements contraires qui deviennent conciliables s'il existe une volonté divine qui en assure le sens.

La religion affirme l'existence d'un ordre sacré, sans doute mystérieux mais réputé parfait et qui est censé régir toute chose. Ainsi conçue, elle revient à utiliser le besoin de transcendance, ce fondement de la dignité de l'homme et de sa marche en avant, pour lui faire admettre les choses telles qu'elles sont. À moins que, par les rites qu'elle propose, on espère obtenir des « Dieux » une modification de ce destin. Dans la conduite de la vie, cela se traduit par l'intervention de médiateurs, les pouvoirs religieux qui ont la maîtrise de ces rites. Par leur intermédiaire, l'existence quotidienne se voit elle-même validée par sa référence au sacré et l'exercice des pratiques qui y introduisent.

Où situer le divin ?

Mais il y a religion et religion, selon l'idée que chacun se fait du sacré. À très grands traits, on peut ramener à trois toutes les visions du divin. Soit on sacralise les forces vitales de la Terre-Mère ; on parle alors des « Dieux d'en bas » ; soit on sacralise l'ordre hiérarchique social, ce qui veut dire qu'on se figure l'absolu divin sur le modèle des puissants de la terre. Et on obtient ici les « Dieux d'en haut », le Tout-Puissant. Mais l'anthropologie religieuse décrit une troisième approche du divin. Elle nomme cette fois « le Dieu qui parle ». C'est celui-là que professent les juifs et les chrétiens depuis qu'ils racontent l'histoire d'Abraham et ce qui s'en est suivi [1]. Apparaît alors une distinction essentielle.

« Dieux d'en bas » comme « Puissances d'en haut » sont l'objet de croyances en des réalités que l'imagination humaine se représente comme parfaites, échappant aux vicissitudes de l'existence et de l'histoire, très spécialement à la mort. Et, le plus souvent, peu soucieuses du sort des humains. Il est fascinant de voir comment, à travers des mythes innombrables, souvent de grande portée poétique et d'une diversité foisonnante, c'est au fond la même vision du divin qui se maintient depuis que la première écriture humaine en garde témoignage. Depuis au moins le troisième millénaire avant notre ère, en Mésopotamie comme en Égypte [2]. Tout cela n'est pas sans grandeur et la recherche des humains pour dire « Dieu » a pris souvent une réelle portée spirituelle [3].

Cependant, avec le « Dieu qui parle », on change de registre. Ce « Dieu-là » apparaît d'abord dans la lecture que des bandes de nomades ont faite de leur histoire quand, à partir

---

1. Et aussi les musulmans, mais sous une forme particulière. En débattre ici ne relève pas de mon propos.

2. Voir à ce sujet, Jean BOTTÉRO, *Mésopotamie : l'écriture, la raison et les dieux*, Paris, Gallimard, Folio, coll. « Histoire », n° 81, 1997.

3. Ainsi, par exemple, on trouve une petite anthologie de textes anciens parlant du « créateur » dans Henri DENIS, *Je crois en Dieu créateur*, Paris, Desclée de Brouwer, 1997, p. 29 s.

du XIIIe siècle avant Jésus-Christ, elles se sont arrachées à l'esclavage que certaines d'entre elles subissaient en Égypte. Ce qui devient alors le peuple hébreu conçoit la divinité comme la force qui lui a permis cette libération. Mais non pas une force anonyme. Il s'agit au contraire d'une interpellation et d'une intervention personnelles. « Quelqu'un » a pris l'initiative : « Il » a entendu les cris du peuple opprimé [1]. Et la libération n'est pas seulement socio-économique, mais aussi religieuse car les Hébreux échappent à la toute-puissance divine qu'incarnait le Pharaon. Du même coup, ils vont découvrir que le « Dieu » qui les libère n'est pas représentable. Ce n'est pas un « Dieu » dont on peut se façonner « une image taillée [2] », entendons une idée complète. Il est tout autre que ce qu'on peut en imaginer. On ne le connaît que par ses actes. Les Hébreux auront certes bien du mal à garder cette perspective. La tentation de se reconstruire un « Dieu » comme les autres sera constante. Après l'histoire du veau d'or dans le désert, il faudra combien de rappels des prophètes, ces décrypteurs du sens de l'histoire d'Israël, pour rappeler l'étrangeté de ce « Dieu » qui ne parle qu'au travers des événements vécus par le peuple. Un « Dieu » dont il faudra même s'interdire de prononcer le Nom.

Or, c'est dans la ligne de cette histoire et pleinement reliés à elle que les disciples de Jésus de Nazareth ont découvert le « divin » dans l'existence de cet homme, sa façon de vivre et de donner sa vie. En lui, certes, c'est bien « Dieu » qui a parlé, mais non pas comme se situant hors de la vie. Au contraire, à nouveau dans le déroulé d'une histoire et donc au creux de l'humain.

Là passe la ligne de partage entre le christianisme et beaucoup d'autres religions. Le noter n'est pas manquer de respect envers celles-ci. Mais, si sincères soient-elles, elles risquent toujours d'imaginer « Dieu » selon des convenances humaines. Un risque que le christianisme doit lui aussi redouter. Car une religion qui se veut chrétienne ne saurait oublier que Jésus a été condamné à mort par des gens qui

1. Ex 3, 7.
2. Ex 20, 4.

prétendaient servir l'honneur de « Dieu ». Il est vrai que, par fidélité à « Dieu son Père » – que ses bourreaux disaient eux aussi servir – il avait sérieusement mis en question le système religieux du Temple, dans la mesure où c'était un élément central de l'oppression socio-économique qu'on faisait subir au peuple au nom de la religion. Qui se trouvait par là dévoyée. Cela devrait nous mettre en garde contre toutes les images religieuses de « Dieu » quand elles servent à asservir les humains. La tentation d'une religion d'évasion loin des cris du peuple sera toujours présente.

La foi qui naît de la rencontre de Jésus et qui s'engage, si peu que ce soit, dans la participation à sa façon de vivre est donc bien d'un tout autre ordre que la croyance « religieuse » en des toutes-puissances qui, sous prétexte de calmer l'angoisse humaine, conduisent peuples et individus à subir l'ordre du monde et sa marche implacable selon un destin où tout est joué d'avance. Ce qui revient toujours, peu ou prou, sinon à admettre, du moins à tolérer l'inhumain. Au moins dans l'exacte mesure où l'homme est censé n'avoir aucune prise sur sa destinée. La foi en la « divinité » de Jésus, le Christ, au contraire ouvre l'histoire sur un projet de libération qui se réalise dans la lutte contre l'inhumain. Et cette lutte continue elle-même l'intervention parmi nous du « Dieu qui parle ». Ce « Dieu » qui ne ressemble à aucun autre « Dieu ».

Une religion « ironique ».

Ce serait rêver que d'imaginer un christianisme qui n'ait pas une forme religieuse. D'abord à cause du caractère social de toute réalité humaine et donc des rites que cela implique ; mais à cause aussi de l'identité même du témoignage évangélique qui exige une démarche communautaire. Pour autant, il y a une condition impérative à tenir quand on parle de religion « chrétienne ». Quelque chose devrait radicalement la caractériser. Proclamer la foi en Jésus, Fils de « Dieu », et se dire, à ce titre, religion supposent de garder à ce terme un aspect subversif par rapport à toute tendance religieuse de fuite du réel vers un absolu parfait dans son au-delà.

L'étymologie du terme est ambiguë. Religion, disent certains, viendrait de *religare* qui signifie « relier » et on parle alors de ce qui relie l'homme à l'absolu. Au risque de s'évader aussitôt vers le Très-Haut. Une autre étymologie, plus proche semble-t-il de l'original latin, fait venir le terme de *relegere*, relire, recueillir, ressaisir avec respect. Le religieux pourrait être alors celui qui recueille les traces du « divin » telles qu'elles apparaissent dans sa vie. Dans cette perspective, l'aventure chrétienne sera dite à juste titre « religieuse » dans le sens où elle a appris de Jésus, visibilité de « Dieu » en terre humaine, que des traces de cette même visibilité sont sous nos yeux dans tous les humains, nos sœurs et nos frères, qui sont aussi les siens.

Il importe de voir jusqu'où va ici la proposition chrétienne. En proclamant l'inaliénable dignité de tout être humain, elle déclare la parenté à laquelle il appartient : rien moins que la parenté divine. Chacune, chacun et vraiment n'importe qui est appelé à réaliser ce qu'il est, une fille, un fils de « Dieu ». Ce qui revient à dire que, s'ouvrant librement à l'Esprit, cet Esprit de Jésus qui appelle à une perfection d'humanité et qui y conduit, la personne humaine se trouve branchée sur la Source, son Père, où Jésus puise son être. C'est ce qu'écrivait saint Paul aux Romains : « Ceux-là sont fils de Dieu qui sont conduits par l'Esprit de Dieu : vous n'avez pas reçu un esprit d'esclaves pour retomber dans la crainte, mais un esprit de fils adoptifs et par lequel nous crions : *Abba*, Père ! Cet Esprit lui-même se joint à notre esprit pour attester que nous sommes enfants de Dieu [1]. » Il ne peut pas y avoir filiation plus noble.

La religion chrétienne est au service de cette réalité-là. Ainsi la tâche primordiale de l'Église est d'assumer ce mystère qui la constitue : être le signe d'une humanité enfin humaine. C'est-à-dire vivant, au travers du quotidien le plus banal, cette parenté avec « Dieu » qui, du même coup, ne peut se lire, dans l'à-plat des jours, que dans la fraternité mise en œuvre à l'égard de tout être humain [2]. Incarner cette « nouvelle parenté » des

1. Rm 8, 14.

2. Pour éviter l'illusion sentimentale qui s'évaderait dans l'imagi-

humains où se lit le corps du Christ ressuscité et donc la rendre lisible à travers ses propres comportements, voilà ce qui radicalement justifie l'existence de l'Église et qui devrait être le critère de tous ses comportements.

C'est alors religion que de dire : « Tout homme est une histoire sacrée. » En lui et dans son appel, ou son attente, pour réaliser ce qu'il peut devenir – car « L'homme est à l'image de Dieu » –, me parvient la voix du « Dieu qui parle ». La religion du « Dieu » révélé en Jésus, le Christ, trouve dans cette conviction de foi sa justification et le lieu de son engagement puisque son fondement ne peut être que la présence de « Dieu parmi les hommes ».

Cela suppose qu'elle sache constamment mettre en question ce qui dans ses attitudes, ses propos ou son comportement relève des autres formes religieuses. En fonction des cultures où elle baigne, les besoins psychosociologiques des individus et des peuples la portent à se laisser contaminer par elles. Au fil de sa longue histoire, elle n'y a pas toujours échappé. Réalisant cette purification de son propre sens, elle pourra sans doute être mieux entendue de la société où nous sommes. Notre modernité n'est pas fermée à ce souci de l'homme. Au contraire, même si elle a aussi à le purifier en en mesurant toutes les exigences. Elle pourra ainsi apprendre la portée dernière de sa destinée. Disant cela, nous sommes loin de la « religion de l'humanité » voulue par Auguste Comte. Pour celui-ci, il s'agissait de diviniser la société telle qu'elle est et nullement de voir dans chaque personne une valeur singulière et transcendante au nom de laquelle mettre en question toutes les réalisations sociales. Deux grandes dictatures de notre siècle en Europe nous ont assez appris où conduit cette absolutisation d'un groupe humain, quel qu'il soit. Quant à nous, que nos références soient chrétiennes ou seulement laïques, nous savons, les uns comme les autres, que c'est la personne

naire en rêvant de fraternité universelle, on peut rappeler ce beau mot de Malraux où l'on comprend que seul l'accueil du proche rend effective cette fraternité : « Puisque nul ne peut étreindre tout le chagrin du monde, j'embrasserai la pauvreté sur ton visage. »

humaine que nous voulons défendre et promouvoir. Jusqu'à l'espace où sa vie trouve un sens définitif, pense le chrétien.

Ce faisant la religion chrétienne assumera aussi bien qu'elle le peut sa vocation de libératrice : faire échapper l'homme aux mythes qui l'oppressent. Tous les mythes dominateurs. Et ils ne sont pas seulement religieux, mais tout autant politiques, économiques, psychologiques, etc. Elle le fait en témoignant de ce « Dieu inattendu [1] » qui vient déconstruire radicalement tous les faux absolus sous la protection desquels l'homme s'écrase. Une remarque de Henry Duméry décrit ce que peut être cette vocation ironique de la religion chrétienne, s'inscrivant bien alors dans la lignée du judaïsme : « Le mordant du judéo-christianisme réside dans le mosaïsme de Dieu irreprésentable, dans la dérision du Dieu pendu, du sauveur qui ne se sauve pas. Un absolu sans visage, une divinité suppliciée, déshonorée sont en religion la suprême ironie ; ils défont la religion qu'ils font, ils ne l'établissent que par concession, puisque la religion de l'ineffable et de l'opprobre représente quand même, édifie quand même [2]. »

Donner corps à la Parole.

Il est donc nécessaire, quand on parle de l'Église chrétienne, de se demander comment elle peut représenter ce « Dieu ironique » dont elle témoigne et comment penser son fonctionnement religieux pour qu'il contribue à édifier l'humain dans l'humanité. Puisque l'expression de la foi chrétienne ne saurait échapper aux critères sociologiques du religieux, elle doit s'y soumettre mais en se souvenant toujours de l'humour du « Dieu » qu'elle sert [3]. Qui est de se trouver là où les hommes d'eux-mêmes ne seraient jamais allés le chercher : un nouveau-né dans une mangeoire, un supplicié sur une croix,

1. Gérard BESSIÈRE, *Jésus, le Dieu inattendu*.
2. H. DUMÉRY. Article « Religion » *Encyclopaedia universalis*, éd. 1985, t. 13, p. 836.
3. Ou « l'humilité » si l'on préfère. Mais l'humour n'est-il pas la distance prise avec l'idée que les autres se font de soi ?

un pauvre sur mon chemin, etc. Puisque religion il y a, à elle de faire en sorte qu'on ne se trompe pas sur le « Dieu » qu'elle annonce. Ni sur la libération humaine qu'elle doit contribuer à construire. Les deux sont inséparables. Une exigence à la mesure de laquelle évaluer toutes ses pratiques.

Le peuple chrétien qui avance à travers les cheminements tortueux de son histoire garde aujourd'hui comme hier sa mission : « Vous serez mes témoins jusqu'aux extrémités de la terre. » Il lui faut pour cela tenir une forte allégeance. Qui n'est double qu'en apparence : être immergé pleinement et sans réticence dans la culture de ce temps – elle seule lui offre « L'aujourd'hui de Dieu [1] » – et avoir charge d'y donner corps à la parole évangélique. En d'autres termes – et cela demande d'être dit avec une grande modestie – la vie du peuple des croyants devra, à son tour, être un signe de « Dieu ». Par la fidélité à la Voie, c'est-à-dire, ouvert au Souffle de l'Esprit, et, tentant de vivre à la manière de Jésus, être un symbole qui permette d'entrevoir la bonté du Père. La communauté des chrétiens, autrement dit l'Église, n'est pas là pour commander au monde. Elle a charge de porter, dans l'aujourd'hui de l'histoire, le critère de la visibilité de l'Amour personnel qui sauve chacune de nos vies et leur donne d'acquérir un sens éternel. Aussi mystérieux que ce soit, il s'agit d'actualiser l'incarnation du Fils de « Dieu ». « M'est avis que le Christ et l'Église, c'est tout un », disait pertinemment Jeanne d'Arc lors de son procès.

Si chaque chrétien est appelé à prendre une part personnelle à cette tâche, elle ne relève pas d'une entreprise individuelle. C'est seulement dans une démarche collective, mieux, dans une tension vers l'entente et l'unité assumant la diversité des personnes, des groupes et des peuples, que la parole de « Dieu » peut se donner à entendre : « Que tous soient un, Père, comme toi en moi et moi en toi, qu'ils soient en nous eux aussi, afin que le monde croie que tu m'as envoyé [2] » et « Là où deux ou trois sont réunis en mon nom, je suis au milieu

1. Titre d'un ouvrage de Frère Roger, le fondateur de Taizé.
2. Jn 17, 20.

d'eux [1] ». Voilà les premiers mots de la vocation de l'Église, peuple témoin de « Dieu », porteur de Sa parole dans l'aujourd'hui du monde.

LA FONCTION ÉGLISE

Que veut dire « être chrétien » ?

Le sens du terme est précis : chrétien, celui qui se réclame d'un certain messie. *Messiah* en hébreux et *Chrestos* en grec. C'est à partir de ce terme grec que les disciples du Nazaréen reçurent le nom de chrétiens. Il leur fut attribué, sans doute vers l'an 44, par les gens d'Antioche parmi lesquels ils vivaient [2]. Eux-mêmes se nommaient entre eux « ceux qui suivent la voie [3] », c'est-à-dire ceux qui entraient dans la façon de vivre que Jésus venait de signer de sa mort-résurrection.

Le chrétien est celui qui a compris la nouvelle : aimer « Dieu » et aimer son prochain, c'est la même chose ; on réussit sa vie quand on la construit sur l'amour de l'autre et sur la mise en service de soi-même pour l'autre. Et cela vaut la peine d'y risquer ce qu'on a et ce qu'on est. Le chrétien croit cela, dans la foi qu'il porte en Jésus, le Christ. Il le professe publiquement. L'Église ainsi constituée se définit par sa fonction : elle a mission de répandre cette nouvelle.

On devine aisément que cette vie nouvelle ne va pas de soi. Fonder son choix et ses engagements sur la priorité donnée aux autres n'est ni simple, ni gagné d'avance. Ce projet de vie a un caractère dramatique. Il s'inscrit dans la lutte entre la « parole pervertie » qui me parle de puissance et m'invite à la domination et la « parole juste » qui me grandit en me faisant serviteur et ce jusqu'au lavement des pieds [4].

Incarner le choix de l'amour dans le quotidien demande vigilance et invention. Combien de fois, dans l'histoire, des

1. Mt 18, 20.
2. Ac 11, 26.
3. Ac 9, 2 ; 18, 25-26 ; 19, 9.23 ; 22, 4 ; 24, 14.22.
4. Voir ci-dessus chap. 8, p. 201 s.

chrétiens n'ont-ils pas dénaturé le don de soi en en faisant un moyen d'humiliation, de dépossession et de mépris de soi. Jusqu'à la servilité parfois. (Par exemple, combien de femmes n'ont-elles pas été dominées et exploitées au nom de ce prétendu amour total qui aurait été leur vocation singulière !) Par ailleurs, une certaine charité chrétienne a souvent servi d'alibi pour faire tolérer des situations d'injustice en ne dénonçant pas leurs causes alors que l'amour de l'autre – et donc la priorité à donner aux plus faibles – a nécessairement des dimensions sociales et politiques. Sans avoir à insister, il est clair qu'on entre dans un combat à fronts multiples quand on choisit d'annoncer l'amour à la mode de « Dieu » et qu'on tente d'en vivre.

Ce combat est le lieu où s'exerce la fonction de l'Église. Et le prix qu'elle doit payer. Découvrir pour chaque époque, chaque culture, chaque lieu et, but ultime, chaque personne, ce qu'exigent, *hic et nunc*, l'amour et la justice ; autrement dit l'amour de « Dieu ». Cette Source qui alimente tout amour, mais qui s'offre à la reconnaissance des hommes à travers la visibilité que lui donne le nôtre quand il se veut sans condition. Ce qui ne veut pas dire aveugle.

Le peuple des baptisés est au service de cette vie nouvelle, il a charge d'en être guetteur et témoin. D'une part, qu'il soit ce veilleur qui apprend à reconnaître la présence de « Dieu » quand Il s'annonce en des hommes et des femmes qui aiment, d'autre part, qu'il soit aussi, par sa propre façon de vivre, un humble signe que là est le chemin de la vie.

Ainsi définis, les chrétiens, et les communautés qu'ils forment, constituent-ils un peuple à part ? Certes, ils sont repérables dans la société par leurs réalisations institutionnelles. Mais en aucun cas, ce ne saurait être une caste revendiquant un sacré ésotérique et identifiée par des signes extérieurs [1]. Dès le deuxième siècle, l'auteur de la lettre *À Diognète* le précise bien : « Les chrétiens ne se distinguent des autres hommes ni

---

1. La question des signes distinctifs par lesquels les chrétiens doivent être repérables dans la société est clairement tranchée dans l'Évangile : *« À ceci tous reconnaîtront que vous êtes mes disciples : si vous avez de l'amour les uns pour les autres »* (Jn 13, 35).

par le pays, ni par le langage, ni par les vêtements. Ils n'habitent pas des villes qui leur soient propres, ils ne se servent pas de quelque dialecte extraordinaire, leur genre de vie n'a rien de singulier. Ils obéissent aux loi établies et leur manière de vivre l'emporte en perfection sur les lois [1]. » Malgré tout, on les différenciera. Hommes et femmes vivant en plein la pâte humaine comme tous les autres, les chrétiens seront quand même toujours quelque peu à part du moins si leur comportement, individuel et collectif, tend à s'accorder au message qu'ils portent.

La fonction Église, une identité précise.

Ainsi, sans constituer un peuple à part, l'Église se trouve toujours en position marginale dans la société. Non pas une marginalité de refus ou d'évasion ; mais, en restant totalement partie prenante du quotidien des individus et des peuples, elle doit rester marquée par une distance suffisante pour exercer un questionnement constant sur toutes les réalités vécues, y compris bien sûr dans ses propres rangs. La défense sans faille de l'humain dans l'homme est à ce double prix.

De plus, elle ne devrait le faire qu'avec de très petits moyens. Elle le sait, elle qui se décrit elle-même « servante et pauvre ». En effet, le concile Vatican II la présente comme un signe qui doit réaliser ce qu'il signifie, un signe efficace. Dans son langage, cela se dit « sacrement du salut parmi les hommes ». Or, en régime chrétien, les sacrements, ces signes qui traduisent l'action de « Dieu », sont tous faits de réalités particulièrement banales et quotidiennes, l'eau, le pain, le vin, etc. L'Église qui se veut servante d'un « Dieu » démuni doit donc se caractériser, elle aussi, par la fragilité et la banalité humaine de ses réalisations. Toute action triomphaliste la dénature : « Depuis la Pentecôte, la vocation normale de l'Église est de sortir de ses temples et de ses sécurités pour s'élancer à découvert sur les chemins du monde à la rencontre

---

1. Lettre *À Diognète* (vers 195), Paris, Éd. du Cerf, 1997, coll. « Sources chrétiennes », n° 33 *bis*, p. 63.

des hommes. C'est cette Église, vulnérable, humaine, exposée qui est, pour le monde, le meilleur témoin du Dieu pauvre et désarmé de l'Évangile [1]. »

Ainsi comprise, l'Église ne peut plus prétendre englober une société tout entière. On peut même penser que la notion de chrétienté – entendons la vision et le projet d'une société et d'une culture unifiée sous le gouvernement spirituel de l'Église – était contradictoire en elle-même. Quoi qu'il en soit, l'humanité a de plus en plus conscience d'être plurielle et donc nul, individu ou institution, ne peut prétendre détenir la vérité entière dans les formulations qu'il en donne. Je cite Pierre Claverie, l'ancien évêque d'Oran : « J'acquiers la conviction personnelle qu'il n'y a d'humanité que plurielle et que, dès que nous prétendons – dans l'Église catholique nous en avons eu la triste expérience au cours de notre histoire – posséder la vérité ou parler au nom de l'humanité, nous tombons dans le totalitarisme et dans l'exclusion. Nul ne possède la vérité, chacun la cherche, il y a certainement des vérités objectives mais qui nous dépassent tous et auxquelles on ne peut accéder que dans un long cheminement et en recomposant peu à peu cette vérité-là, en glanant dans les autres cultures, dans les autres types d'humanité ce que les autres aussi ont acquis ou cherché dans leur propre cheminement vers la vérité. Je suis croyant, je crois qu'il y a un Dieu, mais je n'ai pas la prétention de posséder ce Dieu-là, ni par le Jésus qui me le révèle, ni par les dogmes de ma foi. On ne possède pas Dieu, on ne possède pas la vérité et j'ai besoin de la vérité des autres [2]. » Il est clair qu'on ne peut plus penser un christianisme monolithique. Une des exigences fondamentales du message chrétien est son inculturation dans les diversités historiques, culturelles, et sociales. Avec le devoir d'y servir la dignité humaine, cette gloire de « Dieu ».

---

1. Xavier NICOLAS, p. 63.

2. Pierre CLAVERIE, texte de janvier 1996 paru dans le n° 1 des *Nouveaux Cahiers du Sud* et republié par *Le Monde* en août 1996, au lendemain de l'assassinat de son auteur ; voir aussi Jean-Jacques PÉRENNÈS, *Pierre Claverie. Un Algérien par alliance*, Paris, Éd. du Cerf, 2000.

Comme le remarque avec justesse la *Lettre aux catholiques de France*[1], la situation la plus fréquente de l'Église est d'être minoritaire. Il n'y a à cela rien d'anormal. Le dire, ce n'est pas s'adapter à la situation et donc s'efforcer d'évaluer positivement la réalité socio-historique présente dans laquelle la chrétienté a fait long feu depuis longtemps. Bien plus, c'est l'être même de l'Église qui est en cause. Elle n'a pas vocation à se vouloir totalisante[2]. On connaît les images par lesquelles les évangiles disent sa fonction : « sel de la terre », « levain dans la pâte ». Or, si le pain ne saurait être sans levain, qui donc ne se nourrirait que de levain ? Et qui n'userait que de sel ne fera jamais une bonne soupe ! À l'inverse, l'idée selon laquelle il est nécessaire de faire lever la pâte humaine pour que l'homme s'humanise ou celle qui propose de donner goût humain à la vie et à l'histoire en y enfonçant le sel de l'Évangile – et il y fondra – se révèlent pertinentes. À ces conditions, l'Église pourrait sans doute être un lieu où s'expérimenterait ce que l'homme peut devenir, où s'affûteraient les moyens pour y parvenir parce que d'abord, enfouie au cœur du monde, elle percevrait là les signes de la naissance de cet « homme nouveau ».

Donc, d'un point de vue sociologique, une telle Église sera nécessairement disséminée dans le corps social. Certes, cette réalité sociologique de la dispersion des chrétiens dans le corps social ne signifie nullement qu'au plan théologique l'Église doive être considérée comme la simple addition d'individus croyants. Le mystère de l'Église est d'être « corps du Christ » : « L'Église, ce n'est pas seulement l'Esprit Saint travaillant le groupe des chrétiens réunis en Peuple de Dieu pour qu'ils vivent l'Évangile, ce sera aussi une communauté "prenant corps" dans le temps et l'histoire des hommes. [...] l'Église, c'est un corps, et davantage qu'un corps social,

1. Conférence des évêques de France, *Proposer la foi dans la société actuelle : Lettre aux catholiques de France*, Paris, Éd. du Cerf, 1996, 130 p.

2. À qui s'en étonnerait, on fera remarquer que, dans l'Évangile, Jésus ne demande pas de se mettre à sa suite à toutes les personnes qu'il libère et remet debout dans leur vie.

c'est le Corps ressuscité de Jésus qui "prend corps" dans le monde des hommes », écrit Henri Denis [1]. Mais ce corps se donne à voir socialement en des unités disséminées. Or ce terme est plus juste que celui de minoritaire. « Minoritaire » porte en soi une certaine connotation politique ; il implique toujours plus ou moins une comparaison avec une majorité à laquelle on s'oppose. Or l'Église ne s'oppose pas à la société comme si elle portait une contre-culture. Si elle y est en posture marginale et contestataire, c'est dans la mesure où elle défend des valeurs, présentes dans cette société mais qui y sont brimées par les forces dominantes. De même un autre terme parfois employé pour dire la situation de l'Église, le terme « diaspora » ne convient pas bien non plus. Un peuple est en diaspora quand il a été chassé loin de sa patrie et qu'il porte toujours le rêve ou le projet de la rejoindre. Loin de Jérusalem, le peuple juif peut se dire en diaspora. Mais l'Église n'est nullement une exilée dans la société des hommes ; c'est au contraire le seul lieu où elle peut vivre.

Son identité est en jeu. L'affirmation chrétienne est que l'Église est « Corps du Christ », donc une réalité bien humaine et toujours modeste où prend chair le « Dieu » révélé par l'existence du Nazaréen. Cette loi de l'incarnation exige que l'Église prenne corps socialement, et elle ne le fera qu'en s'inculturant là où elle vit (peuples, époques, civilisations, milieux, etc.). Un corps qui ne saurait être homogène. Au contraire, il doit se qualifier en fonction des civilisations et des mentalités dans lesquelles il s'incarne de même que Jésus fut un Galiléen, juif de son temps et engagé dans les difficultés et les luttes de son pays. Ce « corps du Christ » est donc nécessairement fait de cellules diverses. Chacune d'elles devant incarner, là où elle vit, l'agir de « Dieu » en y déchiffrant les « signes du temps ».

Par là, la façon d'être de l'Église doit évoluer avec l'histoire. Non pas en un mimétisme qui la verrait flotter au gré des modes. Mais elle a à faire sien tout ce qui fait grandir la liberté responsable des personnes. C'est le cas aujourd'hui de

---

1. H. DENIS, *L'Église. Les quatre portes du Temple*, Paris. Desclée de Brouwer, p. 46 s. Un livre essentiel sur la question de l'Église.

la montée des démocraties. Le concile Vatican II emploie le mot « Peuple de Dieu » pour qualifier l'Église. Il revient ainsi à un vocabulaire tout aussi ancien que celui de « Corps du Christ [1] ». Mais alors cette qualification de « peuple » oblige à faire entrer dans l'analyse de l'Église la notion de démocratie. Celle-ci fait corps, de nos jours, avec l'idée de peuple quand, du moins, on le qualifie de « libre ». Un qualificatif qu'on serait mal venu de refuser au peuple chrétien, sauf à renier l'Évangile. Sans débattre ici de cette question – mais en notant cependant qu'il s'agit bien de l'incarnation de l'Église dans le monde de ce temps – on remarquera seulement que, telles qu'elles existent de fait, nos démocraties politiques, auraient besoin, comme toute réalité humaine, d'être passées au feu de l'Évangile pour accomplir, du reste, leurs propres promesses. Qu'elles ne soient pas parfaites, nul ne le conteste. Qu'il n'y ait donc pas à les copier servilement, c'est évident. Mais cela ne justifie pas l'Église (du moins l'une parmi les différentes Églises) d'en rester au modèle monarchique qu'elle a épousé quand il était dominant. Au contraire, aux communautés chrétiennes d'inventer, pour leur propre conduite, ce que pourrait être une démocratie « évangélisée ». Qui, entre autres caractères, réussirait à faire leur vraie place de sujets libres, responsables et féconds socialement aux faibles et aux petits. Alors, par là même et sans prétendre donner des leçons à personne, l'Église remplirait son vrai rôle de signe. On peut espérer qu'il deviendrait efficace parmi les autres recherches de transformation sociale et politique.

Les tâches à accomplir.

Reconnaître l'action de « Dieu », en rendre grâce et en témoigner.

Les chrétiens n'ont le monopole ni de la priorité donnée à l'amour du prochain, ni donc de la réussite de la vie qui y

---

1. C'est le vocabulaire de la première lettre de Pierre. Voir par exemple, 1 P 2, 9-10.

trouve son sens. Il y a des comportements évangéliques bien au-delà de la sphère des institutions chrétiennes. Le dire, ce n'est nullement chercher à enrôler sous la bannière de l'Église ces personnes innombrables qui, elles, n'y font pas référence. C'est, au contraire, situer à sa juste place le rôle des disciples de Jésus. Ceux-ci ont à se dépouiller de toute prétention. Loin de se penser comme seuls détenteurs de la voie du salut – car celui-ci est en Jésus-Christ et dans l'Esprit qu'il donne – ils ont à être serviteurs de ce salut. Leur tâche est de reconnaître l'action de « Dieu » pour en rendre grâce, puis, à leur tour, d'en témoigner.

« Dieu » ne nous a pas attendus pour agir et insuffler au cœur de l'homme l'appel vers toujours plus d'humanité. Il est à l'œuvre avant nos initiatives d'évangélisation. Avant de prétendre annoncer la Bonne Nouvelle, la Révélation est à recevoir ici et maintenant là où effectivement l'amour de « Dieu » se manifeste. L'accueillir est la première responsabilité du chrétien. On attend de lui qu'il perçoive cette action-là où elle se manifeste. L'Évangile est une grille de lecture pour déchiffrer les événements quotidiens.

Cependant, ce « Dieu » donne sa Parole – l'expression de lui-même – afin d'aider chacun, de le soutenir et, s'il le faut de le redresser pour qu'il aille encore plus avant dans cette voie de l'amour d'autrui. L'Église, elle, doit s'inscrire dans ce projet de « Dieu ». La parole dont elle est le signe ne fait pas d'elle le propriétaire du salut, mais sa révélatrice. À elle d'opérer le dévoilement de ce que « Dieu » fait. Loin d'apporter un sens préétabli, il revient aux chrétiens de reconnaître le sens qui naît là où bien souvent on ne l'attend pas. Cela devrait être la tâche première de l'Église.

On la voit trop souvent vouée prioritairement – et, pour certains exclusivement – au service du culte. Celui-ci paraît alors viser un « Dieu-d'en-haut » ; l'Église aurait charge d'introduire à son mystère, de servir de pont pour accéder à lui ; et serait chargée, par conséquent, de commander en son nom. On voit tout de suite à quel type de religion ressortirait un tel culte. Si, au contraire, il s'agit d'agir au nom du Christ-Jésus, l'Église doit comme lui se mettre au service des hommes pour avec eux travailler à leur humanisation véritable qui est, on le sait, la véritable gloire rendue à « Dieu ». On verra donc l'Église les aider à grandir en allant toujours plus loin sur les chemins du « Royaume ». Elle servira ainsi le mouvement, double et cependant unique, de libération de soi et d'engagement pour l'amour et la justice.

Aider l'homme – individu et société – à devenir plus humain, là est le vrai service de la gloire de « Dieu » ; là doit donc être le cœur du culte chrétien. C'est une démarche de reconnaissance. Aux deux sens de ce terme. Acte de reconnaissance pour scruter les merveilles de « Dieu », geste de reconnaissance pour dire merci. Ce qui veut dire : lire l'action de « Dieu », sa révélation dans le quotidien de toute histoire humaine, car sa présence et son appel se donnent à connaître dans l'instant que nous vivons et non pas seulement dans des événements du passé, ceux du peuple hébreu ou de Jésus de Nazareth. Et puis faire exister des signes (lieux, gestes, paroles et actions) qui témoignent que l'humanité nouvelle est possible. Cela s'appelle proclamer l'Évangile. Du même coup, c'est la discrète mais têtue alliance de « Dieu » avec les hommes qui est annoncée et sa vraie réputation proclamée. « Que Dieu soit la tendresse sans mesure, le pardon immérité, la justice des abandonnés, le pain de notre faim, tout cela nous est livré, comme à Élie, dans le souffle ténu de la foi. Livré et confié comme un message qui ne nous appartient pas, mais qui s'adresse à tous les hommes. Mais ce message risque à chaque instant de sombrer dans le dérisoire des mots et de l'improbable. Nous n'avons que nos vies et nos louanges à offrir pour donner corps et visage à la réputation de Dieu. Telle est, depuis l'élection d'Israël, et l'envoi de l'Église, la magnifique vocation des chrétiens [1]. »

---

1. Henri BOUCHERIE, *Qui donc est Dieu ?*, Paris, Desclée de Brouwer, 1990, p. 168. L'allusion à Élie renvoie au premier livre des Rois, chap. 19, verset 12. Le prophète Élie, alors désespéré, attend, dans la montagne, le passage de « Dieu » qui lui a été promis. Après une série de manifestations spectaculaires et bruyantes, une tempête, un tremblement de terre, un grand feu, mais « Dieu » n'était dans aucun d'entre eux, c'est « dans le bruissement d'un souffle ténu » que « Dieu » se révèle.

Cadrer ainsi la tâche de l'Église la situe aussi loin d'une vie religieuse détachée des soucis quotidiens du monde que de la complaisance dans un humanisme vague et sentimental où se diluerait l'urgence de l'amour fraternel dans toute sa rigueur. Avec les luttes que cela impose. Autrement dit, l'annonce du salut doit toujours être un événement, si modeste soit-il, se traduisant dans une histoire humaine, individuelle ou collective ; et non pas la répétition routinière d'un rituel d'évasion dans l'imaginaire. « Face aux esclavages actuels, l'Église doit poser des gestes de libération pour manifester que Dieu libère et sauve [1]. »

Faire brèche à la dispersion.

Toute la tâche de l'Église est qualifiée par un objectif final. Celui même que visait l'existence de Jésus nous dit saint Jean : « Rassembler dans l'unité les enfants de Dieu dispersés [2]. » Certes pour l'affirmation chrétienne, cette humanité assemblée s'identifie au « Royaume de Dieu » et sa réalisation parfaite est à penser comme au-delà du temps. Quand se révélera le sens de toute l'histoire et de la création entière, elle qui attend « dans les douleurs de l'accouchement d'être libérée de l'esclavage de la corruption, pour avoir part à la liberté et à la gloire des enfants de Dieu [3] ». Mais l'Église, dans sa fonction de témoin, de signe et de semence doit y travailler. À elle de symboliser cet « assemblement » des humains faisant brèche à la dispersion. Il n'est pas insignifiant qu'elle tire son nom du terme grec, *ecclesia* désignant, à Athènes, l'assemblée des citoyens. Cette tâche à assurer doit déterminer son projet et son fonctionnement. Son organisation aussi.

L'enjeu est d'importance. Le rapport idéal de la personne humaine aux groupes dans lesquels elle vit, et sans lesquels elle ne serait pas, n'est nullement acquis d'avance. On oscille toujours entre la seule identification par le groupe dans lequel

1. Yves NOYER, pasteur de l'ERF, conférence à La Pommeraye, Maine-et-Loire, sessions « Les Avents », été 1997.
2. Jn 11, 52.
3. Rm, 8, 21-22.

alors on se fond, et la revendication de l'individualité se prenant pour un souverain solitaire. L'histoire des civilisations montre certes une évolution tendancielle qui, depuis la fusion des individus dans la masse sociale où ils font corps, va en direction de la reconnaissance du droit de chaque personne. Mais la tension entre ces deux pôles est loin d'être équilibrée. Dernier exemple en date, notre siècle a, quant à lui, dérivé tantôt vers les totalitarismes de masse, tantôt vers tous les excès de la revendication du droit suprême des individus, qui est, le plus souvent, celui des forts à écraser les faibles. Comment construire des modèles humains tendant vers le point d'équilibre ?

Dans la construction d'une humanité humaine, est essentiel le rôle de l'assemblement – de la réunion si l'on veut un terme plus simple mais qui marque moins la nécessaire dynamique de l'être-ensemble. Si l'unification de soi par soi-même nous constitue comme personne, celle-ci ne se fait que dans l'acte qui la relie aux autres. Donc la rencontre interhumaine est bien l'exigence première. Rien de l'homme ne se construit hors relation. Il repose sur un triangle aux faces indissociables : le désir, c'est-à-dire la conscience de soi, le langage et la société. Trois faces qui sont données d'un seul coup. Autrement dit, le lien social et la parole qu'il implique est le lieu où l'humain s'avance et est reconnu comme tel. Aucun moment de la vie, fût-ce le plus solitaire, ne rompt complètement ce triangle fondateur. L'homme se rassemble en lui-même quand il s'assemble avec les autres.

Mais cet assemblement n'est jamais donné d'avance ni acquis une fois pour toutes. C'est qu'il se tend entre deux pôles qu'à première vue on croit opposés : d'une part, la défense – plus ! la promotion – des singularités individuelles. Toute fusion ou confusion les nient. D'autre part, en même temps, le respect – plus ! le service – des autres. Sans leur croissance, le soi singulier se mutile puisqu'il se condamne à ne rencontrer que lui-même.

Se réaliser soi dans le risque pris de l'ouverture à l'autre, et que cela vaille pour chacun, constitue le défi que doit servir sans cesse la constitution, toujours en chantier, d'une assemblée de personnes. Laquelle va de plus se trouver marquée par les lois, les richesses mais aussi les pesanteurs de toute réalité collective. D'autant plus contraignantes que l'assemblement devient plus grand. D'où l'importance de se rappeler que l'assemblement ne remplit sa fonction propre que s'il est un moyen pour que chacun grandisse dans son unicité.

Si l'Église s'appelle assemblée, elle se doit de manifester qu'elle n'assemble pas des pions, ni des troupes uniformisées, ni des masses à soulever, mais « des enfants de Dieu », c'est-à-dire des personnes libres.

Cela d'autant plus qu'il y va de la visibilité de « Dieu ». C'est dans cette rencontre constructive entre humains que « Dieu » se dévoile. Dès les premières pages de la Bible, la rencontre humaine fondamentale, le couple, est donné comme le symbole de « Dieu » : « L'éternel créa l'homme, à son image et comme sa ressemblance ; homme et femme il les créa [1]. » Un texte que, plus tard, saint Paul commentera ainsi : « C'est pourquoi l'homme quittera son père et sa mère, il s'attachera à sa femme et tous deux ne seront qu'un seule chair. Ce mystère est grand, moi je déclare qu'il concerne le Christ et l'Église [2]. » On lit couramment ce texte pour en tirer une morale du mariage, les époux devant se dévouer l'un à l'autre comme le Christ l'a fait pour les hommes. Soit ! Mais il est une lecture plus directe et qui rend mieux compte du terme « mystère qu'emploie l'apôtre. C'est le « mystère d'être deux dans une seule chair » qui « concerne le Christ et l'Église ». Paul prend la comparaison du mariage pour faire entendre quelque chose de « Dieu ». Nous sommes devant une affirmation de foi qui nous dit où chercher à lire « Dieu », l'incarnation actuelle de « Dieu ». De même que l'homme et la femme sont « une seule chair » – le couple comme un seul être, de même le Christ et l'Église – « Dieu » visible et l'humanité assemblée, c'est symboliquement un seul être. On parle donc ici de l'histoire de « Dieu » faisant corps avec l'histoire humaine.

Certes nous sommes dans l'ordre du symbole, seul moyen de révélation d'une réalité spirituelle inaccessible en elle-même ; et donc on n'oubliera pas la notion de distance

1. Gn 1, 27.
2. Ep 5, 31.

symbolique [1]. Mais, affirmée à la première page de la Bible, c'est bien le couple humain qui est l'image de « Dieu ». Mieux, son icône. Ainsi la présence de « Dieu » se donne à entrevoir au creux des réalités humaines. Mais à une condition : que ce soient des réalités de forme « conjugale ». J'entends par là toutes celles dans lesquelles des personnes humaines s'unissent et avancent ensemble sans se fondre ni se confondre. À l'image du couple dont, dans l'idéal, l'union ne s'approfondit que dans la mesure où la singularité de cet homme et celle de cette femme s'accroissent chacune d'autant plus qu'ils s'approchent l'un de l'autre.

On est alors devant une leçon pour l'Église. Pour témoigner de la tension vers l'unité des « enfants de Dieu dispersés », elle doit trouver là ses règles d'organisation et de fonctionnement.

Or il y a urgence. On attend une certaine forme des rapports entre chrétiens. Une forme qui, par nature, devrait montrer qu'il est d'autres types d'organisation que les rapports hiérarchiques tels qu'ils dominent dans le fonctionnement quotidien de la société, rapports de supérieur à inférieur qui demeurent, quoi qu'on dise, des rapports de force. À l'heure où toute la civilisation est en jeu dans la crise des rapports sociaux, familiaux et culturels et cela aussi bien au niveau interindividuel qu'à celui des peuples et au niveau mondial, il y va de la proclamation de l'Évangile de manifester qu'un autre type d'humanité est possible. L'Évangile est illusion et rêve pieux – proprement dit lettre morte – s'il ne se manifeste pas par la mise en valeur d'une nouvelle façon pour les humains de « vivre ensemble ». Celle justement dont Jésus a témoigné et à cause de laquelle on l'a tué parce qu'elle contestait tous nos systèmes de domination.

Cela suppose évidemment que l'Église ne se prétende plus jamais régente de la société, comme si elle existait en surplomb au-dessus d'elle ; au contraire que, cheminant en elle, elle pose d'humbles signes où un amour du prochain inventif et innovant traduise en gestes et en mots directement

1. Voir ci-dessus p. 154.

compréhensibles par notre temps la présence de l'amour de « Dieu ».

Alors sans doute redeviendrait-elle plus crédible quand elle annonce que se réalise, au-delà de la mort des individus et du temps dans l'éternité de « Dieu », ce « Royaume », cette humanité enfin assemblée dont elle aura donné dès l'aujourd'hui du monde des signes tangibles, si modestes soient-ils. Nos contemporains pourraient, je crois, entendre ces mots de Jean Jaurès. Il fait parler l'Église : « Il reste malgré tout une grande individualiste, c'est la mort qui règle le compte de tous, mais qui le règle avec chacun d'eux, et qui, sur l'angle dur de tombes, brise les solidarités sociales et humaines. Eh bien, moi Église, j'ai entrevu pour vous, j'ai annoncé pour vous, dans l'ample sein d'un monde renouvelé, une sublime reconstitution des solidarités humaines [1]. »

« Le lieu de l'efficacité de l'amour. »

On a pu définir la sécularisation comme le fait que « le religieux n'est plus un englobant, une matrice à l'intérieur de laquelle évolue l'univers ». L'Église chrétienne a dû, bon gré mal gré, prendre acte de ce fait. Loin de lui être dommageable, elle doit le lire comme un signe de « Dieu » qui la renvoie à sa vraie fonction. « L'Église se présente comme l'institution qui donne une force historique et sociale à cette bonne nouvelle de salut du Christ : son sens est d'être porteuse de cette parole d'inconditionnel amour en quiconque. C'est en retournant sans cesse en son cœur et à son origine qu'elle sera parlante et actuelle. L'Église a pour sens d'être le lieu de l'efficacité de l'amour. Voilà la question à laquelle, me semble-t-il, il nous faut mesurer nos institutions ecclésiales : où donc et quand y est-il manifesté, montré, éprouvé, que l'amour sauve, fait vivre [2] ? » Où et quand, certes ; mais il faut aussi ajouter : comment ? Ce qui pose la question des communautés chrétiennes, ces lieux premiers de perception et de visibilité de la

1. Jean JAURÈS, cité dans *Aujourd'hui la Bible*, nº 41, mai 1971, p. 31.
2. Jean-Yves BAZIOU, texte inédit.

foi et dont la liaison entre elles, le réseau qu'elles peuvent constituer, forme le corps de la grande Église, communion de communautés.

Post-scriptum : « Dites, si c'était vrai ! »

Ce mot de Jacques Brel me poursuit pendant que j'écris ces pages. Lui, le poète, s'interroge sur le récit évangélique : « Dites, si c'était vrai, s'il était vraiment né à Bethléem, dans une étable [...] si c'était vrai tout ce qu'ils ont écrit Luc, Matthieu et les deux autres [1]... » Oui, que ce serait beau, si c'était vrai ! Et le conditionnel employé laisse entendre une déception triste de ne pas pouvoir y croire.

J'écris ce que je crois de l'Église, de sa fonction et du visage qu'elle doit présenter pour être le témoin humble et pauvre de ce qu'elle signifie. Mais, si le rêve ne cache pas la réalité, comment éviter aussi de parler au conditionnel. Et de se dire : « Oui, ce serait beau, si c'était vrai! » car le décalage est encore grand entre ce que les chrétiens veulent dire et l'image institutionnelle qu'ils donnent d'eux-mêmes. L'avouer ne nie certes pas de modestes mais belles réalisations évangéliques dont individus ou Églises locales témoignent ici ou là. Mais elles sont comme minimisées, sinon dévaluées par le lourd contentieux qui s'est établi entre l'Église chrétienne et tant d'hommes et de femmes de ce temps. Une incompréhension et des souffrances qui ne sont pas des généralités abstraites. L'évoquer et ce sont immédiatement des noms et des visages qui m'obsèdent, des histoires vécues et souvent si douloureuses. Et je les trouve parfois si près de moi ! Je dois le constater : tel qu'il est perçu, le témoignage porté par mon Église est souvent si loin de ce que je crois d'elle et que je tente ici de dire.

Le reconnaître ne discrédite pas, à mes yeux, ce que la proposition chrétienne dit de l'Église. C'est au contraire le prendre au sérieux. Et se mettre dos au mur. Car, si on continue de croire au chemin d'une humanité humaine qui a nom Jésus, le Christ, alors s'impose l'obligation d'agir pour que l'Église

1. Jacques BREL, *Œuvre intégrale*, Paris, Robert Laffont, 1982, p. 147.

se remette sans cesse elle-même à cette école d'humanité qu'elle dit avoir charge de représenter. À chaque chrétien, à chaque communauté croyante de prendre sa part de cette lutte nécessaire pour une remise à jour continuelle de l'institution à tous les niveaux.

Quant à moi, je crois que le contentieux qui sépare l'Église de la modernité ne peut se solder qu'à la mesure où, chrétiens, nous reprenons pleinement en charge, en la repensant en profondeur dans l'aujourd'hui de notre monde, la Parole qui nous définit. C'est pourquoi j'écris.

12

Des ateliers d'apprentissage

ou la question des communautés chrétiennes

« L'Église est la Communion de tous ceux,
ni meilleurs ni pires,
dont le regard est réglé sur une autre distance,
qui ont l'air de désigner "un territoire" humain
où la nuit est un peu moins dense
et qui donnent envie de croire
que c'est de ce côté-là que l'aube poindra. »

JEAN SULIVAN.

SITUATION GÉNÉRALE

Un visage crédible ?

Dans le tissu social, on rencontre des groupes d'hommes et de femmes qui font ensemble profession publique d'adhésion à la foi en Jésus, le Christ, et qui le manifestent, entre autres, par une certaine pratique religieuse faite de rassemblements plus ou moins réguliers et marquée par des rites spécifiques dénommés sacrements. Ces groupes institués se nomment eux-mêmes communautés chrétiennes.

Localement ils constituent la forme concrète par laquelle l'Église se donne à voir ici et maintenant. Et des questions nombreuses surgissent immédiatement. Aux yeux d'un observateur extérieur d'abord puisqu'il s'agit de tous les problèmes que pose la présence du christianisme dans la vie sociale : son influence (qu'elle soit considérée comme positive ou négative) ou, au contraire son caractère folklorique et désuet. Mais les problèmes ne sont pas moins nombreux ou les questions moins épineuses quand l'interrogation sur l'adaptation, ou non, de ces formes concrètes du christianisme vient de ceux qui y adhèrent, et dont un nombre assez considérable se révèle critique à leur endroit. Une adaptation marquée d'une double exigence : être audible et crédible dans le monde réel où l'on vit, mais aussi fidèle au « message reçu »... qui peut contester des formes institutionnelles issues du passé. Car, par sa nature même, il dépassera toujours les réalisations dans lesquelles on le traduit en les poussant vers une plus grande proximité avec la vie des hommes et des peuples.

Tout cela compose un vaste débat. Il est, de fait, en chantier. Plus ou moins ouvert, du reste. Sans l'inventorier mais dans la perspective générale de cet essai qui cherche la forme que peut prendre aujourd'hui la proposition chrétienne, je m'interroge sur l'adaptation pratique des communautés chrétiennes au message qu'elles portent.

La manière dont elles se présentent, l'idée qu'elles se font d'elles-mêmes et donc ce qu'elles en donnent à voir, voilà, concrètement, la réalité humaine où peut se lire la proposition chrétienne. C'en sera fréquemment la première approche. Certes, ce n'est pas la seule. Le rôle des moyens culturels ne saurait être oublié. Quiconque peut, un jour où l'autre, ouvrir un des évangiles, y entendre la Parole de « Dieu » comme parole de liberté et s'ouvrir à la foi. Il reste cependant qu'il sera sans doute, un jour ou l'autre, tenté d'aller voir comment se vit, dans la pratique des chrétiens, ce qu'il a découvert.

Or, en prenant les choses globalement et sans nier de réelles exceptions, on doit constater que nos communautés, telles qu'elles vivent, n'arrivent guère à faire entendre l'Évangile à nos contemporains du monde occidental sécularisé. Un déficit qu'un seul fait suffit à illustrer : la rupture actuelle dans la transmission du message entre des parents engagés dans la foi et la génération de leurs enfants.

Une nouvelle adaptation de la forme et du fonctionnement des communautés chrétiennes à la Bonne Nouvelle est-elle possible ? Je la crois indispensable. Sans chercher à faire la liste des critiques adressées aux formes concrètes de mon Église, je cherche à penser quelques exigences essentielles auxquelles tout effort d'adaptation devrait répondre. Paraîtront-elles utopiques ? Peut-être. Mais alors que « la peinture tient les murs », on ne peut pas oublier que l'avenir est à construire et donc on ne peut pas ne pas tenter de l'imaginer autre. Si rêve il y a, puisse-t-il demeurer attentif à l'urgence de l'Évangile.

Un risque permanent de malentendu.

La communauté chrétienne est par elle-même source d'un malentendu toujours possible. Il s'enracine dans la nature même de la foi chrétienne, et, par conséquent, dans le paradoxe existentiel qu'elle implique pour la communauté qui doit en témoigner. Elle doit, en effet, donner une forme religieuse à son affirmation de base qui, elle, est séculière, osons le mot ! La singularité du christianisme est, en effet, de dire : il n'est pas d'autre « Dieu » que celui qui est visible en l'existence de l'homme de Nazareth. Il s'agit donc d'un retournement total de l'attitude religieuse classique. Celle-ci n'est certes pas sans valeur car sans doute l'être humain nourrit-il toujours quelque part en lui une attente de relation à l'Absolu. Sans nier donc qu'il puisse y avoir en tout homme un pressentiment de « Dieu », sans non plus négliger le fait que notre culture soit marquée par les siècles où la foi au « Dieu chrétien » allait de soi, le christianisme, aujourd'hui, gagnerait à s'interdire de partir de « Dieu » – d'une idée de « Dieu » si épurée soit-elle – et d'en venir seulement ensuite à éclairer les démarches humaines. Il doit s'enraciner dans l'humanité et y chercher des indices de « Dieu » – des traces, si l'on veut. Mais les chercher à la lumière qu'il tire des évangiles. Dans l'Esprit même de Jésus, ceux-ci lui permettent d'entrevoir la Présence de « Dieu » au filigrane de la vie quotidienne des humains. C'est là qu'il peut L'attester et, à partir de là, L'adorer. En d'autres termes, pour le christianisme, l'attitude religieuse ne devrait être que seconde par rapport à son souci d'humanité.

Cet équilibre est difficile à tenir et la tentation de mettre le religieux au premier plan et d'en faire le point de départ est constante. Du reste, quoi qu'il en soit, les communautés chrétiennes sont perçues comme étant *d'abord* des réalités religieuses. Elles ont beau, aujourd'hui, afficher leur réel souci des hommes, elles peinent, je crois, à retrouver leur vrai visage, celui de groupes humains où, par des activités symboliques certes mais donc bien réelles dans leur modestie, elles donneraient à voir qu'un mode de vie vraiment humain est possible et que cette façon de vivre, dont elles n'ont pas le monopole, est celle qui sauve la vie parce que le vrai « Dieu » s'y lit en transparence. Ou pour mieux dire, parce que l'amour qui s'y déploie et donne sens au quotidien est déjà Son ineffable Présence. J'ai cité Maurice Zundel : « Le premier article du Credo chrétien, c'est, pratiquement, je crois en l'homme. [...] Si je crois vraiment en l'homme, "je crois en Dieu" va de soi puisque la grandeur humaine est toujours finalement une transparence à Dieu [1]. » Cette dernière remarque dit bien que croire en un homme c'est, qu'on le sache ou non, viser, avec lui, en lui-même, ce qui le transcende au-delà de lui-même. En langage chrétien, sa réalité de fille ou de fils de « Dieu ».

Si les communautés chrétiennes veulent échapper à l'accusation d'évasion religieuse où l'opinion du grand nombre les enferme aujourd'hui, il leur faudrait montrer, par leur façon d'être et d'agir, qu'elles croient en l'homme, c'est-à-dire en sa capacité de devenir, solidairement, ce qu'il est en vérité. Et montrer que cela, l'agrandissant ainsi bien au-delà de tout ce qu'il croyait pouvoir espérer, le mène au mystérieux visage de « Dieu ».

Il y a là, évidemment, l'enjeu de toute une ecclésiologie. Je ne veux que suggérer quelques traits de ce que pourrait peut-être chercher à être une communauté chrétienne prise à la base : devenir, à sa mesure, ce qu'est l'Évangile quand on le met en actes, *une école d'humanité*.

---

1. Voir ci-dessus p. 62.

Au confluent de deux exigences.

Une telle proposition sera opportune si elle sait rejoindre la question profonde de notre temps : comment faire des hommes libres et solidaires ? Une question où peuvent se rencontrer deux requêtes.

D'un côté, les uns comme les autres, croyants ou non, nous cherchons à nous humaniser. À faire un monde et une vie où chacun pourrait échapper à la part d'inhumain qui le guette ou l'enserre, en lui-même comme autour de lui. Par là, aller chaque jour plus avant vers tout ce que sa propre humanité recèle de capacité d'humble création et de bonheur. Cette requête fondamentale, qui se démultiplie certes en une quantité de désirs, d'attentes et d'entreprises, se résume cependant en une demande forte et très concrète : pouvoir aimer et être aimé.

De l'autre côté, nous chrétiens, nous osons croire qu'il est une façon de vivre qui donne sens à la vie. Dès maintenant et même au-delà de la mort. Une vie libre donc. Nous le croyons parce que cette façon de mener l'existence a été signée, un jour du temps, par Jésus, le Christ. Une vie menée et signée de façon telle que nous y reconnaissons la présence même de l'Absolu du sens, la Source de tout amour que nous nommons « Dieu ».

Certes, cette présentation des choses pourra paraître bien simplifiée d'un côté comme de l'autre. Elle n'est pas simpliste pour autant. Une coïncidence forte est possible entre les demandes profondes de notre culture sécularisée et l'affirmation chrétienne. À charge pour celle-ci de se présenter sous son vrai visage. Et donc d'opérer les relectures nécessaires de ce qu'elle dit et les adaptations des communautés dans lesquelles elle se donne à voir.

Quel est l'objectif fondamental qu'il faut viser si on veut se tenir au confluent de cette double exigence ? Notre époque s'interroge, avec une force nouvelle, sur les conditions qui permettraient à chaque personne d'être réellement libre et créatrice à partir de sa singularité propre sans pour autant manquer ni de relations interindividuelles sur pied d'égalité, ni d'intégration dans les collectifs qui font la société et où chacun, bénéficiant de l'apport de tous, devrait pouvoir jouer un rôle responsable et solidaire. Problème extrêmement complexe. Cependant on peut percevoir que l'humanité véritable est à ce prix. Il s'agit de se laisser mettre en question par ce qu'exigerait la venue au jour d'une société où les rapports entre les hommes – individus et sociétés – deviendraient vraiment « humains ». Comment contribuer à la formation d'une société qui ne prendrait plus pour bases ni la domination, ni le conformisme, ni l'opposition et la lutte, ni l'effacement des singularités et des divergences, etc. ? Faire donc que les rapports humains soient effectivement des rapports « individuels et sociaux ».

On dira cet idéal utopique. Mais peut-on croire au don de « Dieu » créant des hommes libres et appelés à vivre ensemble pour faire exister un monde d'amour sans oser le viser ? Et donc, peut-on penser aujourd'hui la communauté chrétienne sans la voir tendre vers cet idéal, dans son propre fonctionnement ? Je crois que non. François d'Assise le voulait déjà, me semble-t-il, quand, au XIIIe siècle, il écrivait, dans la Règle que le pape l'obligeait à donner à son jeune mouvement religieux : « Les frères n'auront les uns sur les autres aucun pouvoir de domination. » Mais on se rappellera aussi que la formule fut refusée par le Vatican. Il est clair cependant que l'invention d'un mode de vie accordé à l'Évangile devrait bien contribuer à ce que « cessent les rapports sociaux élaborés sur le modèle de la domination, de l'opposition, de l'assimilation, de l'identification ». La communauté chrétienne doit trouver là un de ses critères déterminants. Il ne nie pas la nécessité de l'existence du pouvoir. Il en existera toujours dans tout groupement humain (et ceux-ci se condamnent aux déviations et aux abus quand ils ne nomment pas le pouvoir qui règne en leur sein). Mais il met en cause son exercice : « Que le plus grand parmi vous prenne la place du plus jeune et celui qui commande la place de celui qui sert [1]. » Voilà bien un défi à relever. Sans faux-fuyants [2].

---

1. Lc 22, 26.

2. Ni le « service » de la vérité, ni la géopolitique ne devraient en dispenser.

Les communautés chrétiennes sont donc ces réalités socioreligieuses qui donnent forme, visage aimerait-on dire, à la proposition chrétienne dans la complexité de la société globale. Pour pouvoir être entendues par elle, quelle organisation, quel fonctionnement doivent-elles se donner qui soit en phase avec notre culture, ses richesses, ses manques et ses questions ?

Je propose l'hypothèse suivante : *La communauté chrétienne doit se constituer comme une réalité symbolique.* Comme telle, elle s'analyse à trois niveaux. D'abord, là où elle est implantée et donc par rapport au monde qui lui est extérieur, elle doit symboliser la présence de l'Évangile, c'est-à-dire montrer modestement quelque chose du monde nouveau qu'elle espère. Cela entraîne qu'à l'intérieur d'elle-même elle symbolise cette vie nouvelle par son propre fonctionnement qui doit permettre à ses membres d'en apprendre les règles et la portée. C'est enfin cette signification ultime d'une vie renouvelée, ouverte donc sur le mystère de « Dieu », qu'elle symbolise dans ses rites propres, les sacrements.

LA VISIBILITÉ DE L'ÉVANGILE UNE PRATIQUE COLLECTIVE

La communauté, condition du témoignage chrétien.

La proposition chrétienne ne relève pas d'abord d'un discours. Elle est essentiellement de l'ordre d'une présence, mieux d'une pratique. Elle participe ainsi au renversement dont témoigne l'humanité de Jésus de Nazareth. De même qu'en lui, il faut voir l'homme vivre pour être invité, au terme, à y reconnaître « le Dieu qu'il appelle son Père », de même la proposition chrétienne ne peut pas être d'abord un ensemble de propos sur « Dieu » puisque, au contraire, il s'agit de lire Sa rencontre à travers une façon de vivre. Il est nécessaire qu'existe, dans le tissu social, des groupes d'hommes et de femmes interpellés par l'Évangile, décidés à y chercher, personnellement et ensemble, le sens de leur vie et de la vie du monde. Des croyants conscients que la destinée de l'humanité est marquée par l'appel de « Dieu » invitant chaque individu, et aussi bien toute collectivité, à réaliser librement le projet de vie qui les caractérise comme humains. Des groupes donc qui cherchent à recevoir dans le quotidien et à travers lui la révélation pour aujourd'hui de cette Bonne Nouvelle, qui s'efforcent d'en vivre et, par là, d'en témoigner.

Aussi le terme communauté couramment employé aujourd'hui dans les paroisses pour s'autodésigner ne doit-il pas faire illusion. Il ne s'agit pas de se parer d'un nom si la pratique ne suit pas. En d'autres termes, les communautés doivent se mettre en question. Les interrogations, d'une part, sur les exigences d'organisation interne, de fonctionnement, de taille et de liaison entre elles et, d'autre part, sur celles de leur implication dans les recherches, les problèmes et les efforts de la société font partie de la proposition chrétienne.

Ces communautés ont charge de rendre visible l'Évangile aujourd'hui. C'est prioritaire. À ce point, on pourrait être tenté de dire que, puisque l'Évangile est venu jusqu'à nous par l'Église, par la tradition de l'Église, la communauté devrait d'abord rendre visible l'Église prise dans son ensemble dont elle n'est qu'une cellule. Mais ne prend-on pas alors le problème à l'envers ? C'est l'Évangile qu'il s'agit de manifester. « L'Église est au service de l'Évangile, elle a pour mission de l'annoncer, non de s'annoncer elle-même [...] La société moderne s'est détachée de la religion, elle n'en a plus besoin ; ce que nous voyons s'écrouler, c'est la figure et la structure que l'Église avait gardées des temps de chrétienté et ces temps ne sont plus. Ce n'est pas de cette visibilité-là qu'il faut se soucier. C'est de celle de l'Évangile dont l'Église est le signe et le témoin. Donner à l'Église une figure appropriée à l'Évangile, voilà notre tâche [1]. »

La fidélité à témoigner du « Dieu » donné à voir dans l'humanité de Jésus ne passe pas d'abord par l'exposé de son histoire et des enseignements théologiques qu'on en tire, mais par une pratique de vie devenue à son tour révélatrice. Pour que

1. J. Moingt, *Partie prenante*, revue des équipes enseignantes, 1995-1996, n° 2.

l'Église témoigne du salut, c'est-à-dire de l'ordre nouveau dans lequel l'homme serait sauvé, toute communauté chrétienne devrait, si peu que ce soit, constituer un microcosme symbolique de ce monde nouveau. Puisque l'Église se dit « sacrement du salut », signe donc qui se veut efficace, elle doit réaliser, dans ses institutions et son comportement, ce qu'elle s'estime chargée de dire au monde. Si, malheureusement, il faut constater un assez grand hiatus sur ce point quand on regarde l'ensemble de l'Église, raison de plus pour s'interroger sur ce que doivent être les communautés concrètes.

Un corps social qui se reçoit de « Dieu ».

En elle-même, la communauté chrétienne est une réalité sociale paradoxale. D'un côté, groupement d'hommes et de femmes non seulement libres et autonomes mais de plus tous revêtus de l'égale dignité de fils et filles de « Dieu », elle doit donc inventer au quotidien et en pleine responsabilité les formes à donner au témoignage qu'elle porte en fonction du monde et des circonstances où elle vit. Mais, d'autre part, ce qu'elle porte ne lui appartient pas. Elle est servante de la Parole qu'elle doit incarner. Elle n'est donc pas maîtresse de ce dont elle témoigne. Et la vie même qui l'anime, à laquelle elle doit donner expression collective en la rendant publique, lui vient comme un don d'au-delà d'elle-même et ne relève pas de sa propre initiative. En d'autres termes, loin d'être autosuffisante et complète par elle-même, la communauté chrétienne se reçoit sans cesse du « Dieu » qui l'appelle et constitue sa force car il la fait vivre de son Esprit.

Toutes choses égales d'ailleurs, cette dialectique de l'engagement libre et de la dépendance dans la soumission à la Parole de « Dieu » reproduit la tension de l'incarnation telle qu'elle fut vécue en Jésus de Nazareth : une existence humaine concrète portant l'Esprit de « Dieu » qu'elle doit à sa manière rendre visible. Mais il s'agit cette fois d'un corps social et c'est par la répartition des rôles en son sein que cette tension va pouvoir se manifester. Des fonctions – les ministères – sont instituées pour traduire qu'en lui-même le groupe est ouvert à la présence de « Dieu » et façonné par elle. Avec les problèmes d'organisation que cela entraîne. C'est l'occasion de rappeler que personne n'a de liaison directe avec « Dieu » et que tout ce qui vient de Lui passe nécessairement par des médiations humaines ; la désignation des ministres n'y échappe nullement ; elle est donc aussi œuvre humaine et, comme telle, marquée d'enjeux de pouvoirs. Or, pour ne pas se dénaturer, cette médiation doit épouser la tension qui fonde la communauté. Concrètement, si le ministère est bien le signe d'un au-delà du corps social, encore faut-il qu'il ne lui soit pas pour autant extérieur. On ne devrait donc concevoir ni sa désignation, ni l'exercice de son autorité indépendamment d'une dialectique dans laquelle cette autorité doit s'articuler avec la liberté responsable de la communauté en un entrecroisement de pouvoirs distincts mais inséparables. « Avec vous je suis chrétien, pour vous je suis évêque », disait saint Augustin. Des questions multiples et complexes se posent alors et leur importance est considérable quant aux chances de la proposition chrétienne de redevenir crédible ; elles sont en débat dans les Églises. Sans les évoquer plus ici, j'en signale deux traits qui me semblent fondamentaux.

Ces ministères sont nécessaires. Leur fonction première et leur véritable raison d'être c'est de symboliser la tension de l'humain et du « divin » au sein de chaque communauté et dans leur liaison entre elles. Quel que soit leur mode de désignation, ceux ou celles qui sont choisis pour ce service témoignent, par leur présence même, que la communauté vient de « Dieu », prend forme sous Sa Parole et est appelée à devenir son corps engagé dans le combat pour l'humanisation de l'humanité. L'institution des ministères est donc au cœur du mystère de l'Église. Symbole de l'Ailleurs dont elle dépend, ils ont charge qu'elle demeure bien dans la main de « Dieu » et comme Sa ressemblance. Ils sont donc au service de Sa présence qu'ils ont la capacité de signifier.

Le risque qui en découle réside dans l'exercice du pouvoir ainsi dévolu. Il faut en effet dénoncer la tentation du cléricalisme, cette déviation du ministère chrétien qui n'a que trop sévi à certaines périodes de l'histoire du christianisme. À partir de la conviction que les ministres (prêtres, pasteurs, évêques, ou autres) détiennent « de par Dieu » un certain pouvoir spirituel, on peut glisser à une volonté de mainmise tant sur les consciences que sur la société au nom d'une vérité qu'on aurait la prétention de détenir seul et sans débat. Et quoi qu'il en soit dans la réalité du comportement actuel des Églises qui aujourd'hui s'en défendent, la mentalité contemporaine redoute toujours cette emprise cléricale. Une crainte qui fonde souvent son refus de la proposition chrétienne. Or ce cléricalisme qui fausse l'image que l'Église donne d'elle-même est tout aussi négatif en interne car destructeur d'une authentique communauté où la diversité des fonctions ne doit pas empiéter sur la radicale égalité de tous, riche de la diversité des dons de chacun. À tout chrétien d'être vigilant pour faire brèche à cette dérive.

Cela revient à ne pas se tromper quant au « Dieu » dont on témoigne. Si la communauté chrétienne ne se veut pas régie par le rêve d'un « Tout-Puissant » dont l'image sert si souvent à sacraliser des pouvoirs tant profanes que religieux, mais, au contraire, si elle se tient fidèle à Celui qui a pris en Jésus visage de serviteur, elle sera en mesure de gérer la tension qui la fonde : recevoir d'un Autre la vie… qu'elle déploie cependant dans la pleine liberté des enfants de « Dieu [1] ». À vrai dire, cela n'aurait jamais dû faire problème car la consigne évangélique est limpide : « Pour vous, ne vous faites pas appeler "maître" car vous n'avez qu'un seul maître et vous êtes tous frères. N'appelez personne sur la terre votre "père" car vous n'en avez qu'un seul, le Père céleste. Ne vous faites pas non plus appeler "docteurs" car vous n'avez qu'un seul docteur, le Christ. Le plus grand parmi vous sera votre serviteur [2]. »

Avec un tel idéal, nos habitudes sociales de fonctionnement du pouvoir sont prises à contrepied et cette contestation n'est pas fortuite. Un tel renversement fait corps avec le témoignage. Si la communauté chrétienne se reçoit de « Dieu », c'est pour une tâche : le projet d'humanisation totale qu'elle doit porter.

---

1. Rm 8, 21.
2. Mt 23, 8-11.

Conséquences sur l'organisation des communautés.

La communauté a charge de l'Évangile, une charge dont elle est responsable collectivement. Trop longtemps on a laissé croire que ce rôle revenait seulement à la hiérarchie. Et les chrétiens laissaient au prêtre, au pasteur ou à quelques personnes plus engagées et que l'on déléguait pour cela, la charge qu'on appelait alors missionnaire. Sans nier le moins du monde la répartition des tâches à l'intérieur de la communauté chrétienne, on dénature l'annonce même du salut si on oublie que c'est d'abord le mode d'être de la communauté et des relations qu'on y vit qui sont annonciateurs de l'Évangile. Y compris bien sûr et d'abord à l'extérieur de la communauté. On ne saurait oublier que les premiers chrétiens étaient repérés par leurs concitoyens parce qu'on pouvait dire d'eux : « Voyez comme ils s'aiment. » Ce qui corrobore l'affirmation de Jésus : « Là où deux ou trois sont réunis en mon nom, je suis au milieu d'eux [1]. »

À nouveau, croire à l'Évangile revient donc bien à adopter une façon de vivre. Le manifester suppose une façon collective de vivre « en Son nom ». De là découlent des exigences particulières. Elles prendront tout leur sens quand on aura pleine conscience que la démarche chrétienne fondamentale, témoigner du salut, doit être portée de manière parfaitement responsable par un groupe de chrétiens. Le sujet de l'évangélisation, ce sont les communautés chrétiennes, chacune prise dans son ensemble. Certes, elles sont de taille variable. Et la manière de témoigner de l'Évangile ne sera pas la même selon qu'il s'agira d'une importante paroisse ou bien d'un petit groupe local. Mais, quelle que soit sa taille, toute communauté doit intégrer ce droit à la responsabilité de chaque chrétien [2]. Si elle a en son sein des ministères particuliers, ils

1. Mt 18, 20.

2. À ce sujet, on peut remarquer la décision de Mgr Rouet, évêque de Poitiers. Dans l'obligation, comme tous les évêques de France, de restructurer son diocèse devant la diminution du nombre des prêtres, il ne choisit pas d'élargir le territoire de chaque paroisse, mais il cherche à mettre en place, dans chaque village, un embryon de

sont au service de sa vie communautaire pour qu'elle soit le signe qu'elle doit être. À elle d'assurer la visibilité de l'Évangile sur la place publique où aucun chrétien ne devrait revendiquer pour son action un autre titre que son baptême.

Une telle vision demande bien sûr que soient repensées les relations entre les communautés. Leur articulation les unes aux autres ne peut plus se contenter des liaisons de type hiérarchique pyramidal. Le concile Vatican II a justement replacé la hiérarchie (pape et évêques) à l'intérieur du Peuple de Dieu, reconnaissant ainsi une égale dignité de tous les fidèles qu'ils soient laïcs, prêtres ou religieux. « On affirme par là que c'est à eux tous qu'est confiée la mission commune d'annoncer l'Évangile [1]. » Il doit donc être clair que cette tâche seule justifie l'existence de communautés chrétiennes. Elles se dénaturent donc – et deviennent contradictoires, c'est-à-dire, en l'espèce, scandaleuses – si elles « ne se laissent pas façonner par le type de relations qui unissent les personnes divines. Or l'Église doit s'efforcer de refléter sur terre, entre tous les chrétiens, les relations d'égalité, de réciprocité et de charité qui existent entre le Père et le Fils dans l'Esprit [2] ».

À cette condition, les communautés pourront mettre effectivement en œuvre le respect et l'accueil de l'autre dont elles ont découvert qu'il y va de leur fondement même. Les modalités en seront variables évidemment en fonction de leur taille. Mais l'exigence fondamentale reste la même. Or reconnaître l'autre quel qu'il soit, c'est le considérer comme partenaire. Malheureusement un système exclusivement hiérarchique n'admet pas de réels partenaires. Il n'y a partenaires que si, à chaque niveau d'organisation, le ou les responsables ont face à eux des égaux avec lesquels ils doivent nécessairement débattre et non pas s'imposer au nom d'une autorité venant d'en haut et qui ne souffrirait donc pas de partage.

---

communauté chrétienne directement responsable (au moins cinq personnes toutes non clercs).

1. Bernard Franck, « La priorité de la communauté », *La Croix*, 15 février 1995.

2. *Ibid.*

Ces quelques remarques demeurent trop générales. Mais leur rappel, si incomplet soit-il, était nécessaire pour bien cerner l'enjeu que constitue l'existence de communautés chrétiennes. Elles visent à « former des disciples de Jésus et non pas d'abord à offrir des services liturgiques ou à conserver un patrimoine religieux. Pour ce faire et quant à son organisation, l'Église doit se construire par la participation active de tous ses membres et le leadership doit y être vécu en coresponsabilité [1] ». Il y va de l'annonce de l'Évangile. On doit toujours se demander quel « Dieu » nos pratiques donnent à voir.

Parlant de son roman, *Les Années secrètes de la vie d'un homme*, Robert Sabatier évoquait un jour la Terre promise que vise un de ses personnages : « La terre promise, ce n'est pas pour moi, le refuge, la tour d'ivoire, mais plutôt le poste de vigie, le phare qui permettra le sauvetage, l'image du monde rêvé et espéré de tout temps. Ce qu'il pourrait être sans la folie des hommes [2]. » Exister comme de modestes postes de vigie, voilà qui devrait pouvoir s'appliquer aux communautés chrétiennes. Elles se voudraient attentives à faire valoir et à signaler une façon de vivre vraiment humaine et dont on croit qu'elle donne sens à la vie. La façon de vivre qu'enseigne l'Évangile et à travers laquelle le « Dieu » révélé en Jésus se donne à nous.

LES APPRENTIS À L'ATELIER

Des convictions à acquérir.

Comment apprend-on que l'existence humaine de Jésus est révélatrice du sens de la vie humaine (ce qui est parfaitement synonyme d'être révélatrice de « Dieu » puisque Jésus est la Parole, c'est-à-dire « Dieu se manifestant ») ? Ce ne sera

1. A. BARANOWSKI : « Appelés à être Église. Plan pour renouveler la vie catholique », texte français chez R. Colona de Léga, 11, rue de la Pesse, 74740, Annecy-le-Vieux.

2. R. SABATIER, *Témoignage chrétien*, 12 mars 1984.

jamais seulement par l'énoncé d'un discours théorique, mais bien par l'entrée, si modeste et fragile soit-elle, dans la pratique de Jésus. Pour que l'on se mette en route sur le chemin de l'Évangile en vue de le professer publiquement, il faut avoir connu son attrait et pressenti la richesse de vie qu'il ouvre.

Pour en venir à croire, il y a donc à connaître. Il est nécessaire d'accéder aux textes fondateurs, les évangiles lus à la fois dans la continuité de la Bible et aussi sous l'éclairage qu'en donne la Tradition. Il s'agit donc d'entrer dans une mémoire. Mais une « mémoire ouverte ». Entendre parler de Jésus ne suffit pas ; il faut expérimenter un va-et-vient entre ce souvenir de Jésus et les situations dans lesquelles nous vivons. Un souvenir dont la signification se déploie dans la confrontation aux données de l'existence actuelle. Alors la référence au Ressuscité interroge nos choix, nos comportements. Elle tend à y imprimer la façon de voir et d'agir de Jésus. Elle ouvre par là nos conduites au-delà de leurs limites ordinaires. Le mode de vie ainsi, peu à peu et librement, reçu, intégré et vécu par chacun (individu, époque, culture) donne à la vie un sens qu'on peut déjà commencer d'expérimenter dans le quotidien et que, chrétiens, nous croyons éternel.

Dire ainsi que la proposition chrétienne fait corps avec un mode de vie conduit à la voir comme l'entrée dans une démarche. Une distance est à parcourir pour s'avancer dans ce choix de vie. Un apprentissage est à faire. Non qu'il faille l'avoir achevé pour être qualifié de croyant. C'est au contraire un itinéraire paradoxal puisqu'on peut dire qu'ici le but lui-même est le chemin. Ne s'agit-il pas d'apprendre à aimer « comme Lui, Jésus, nous a aimés » ? Et, si mêlé et imparfait soit-il, chacun de nos amours, en ce qu'il a de généreux, y est apparenté. Cela dit, et justement parce qu'on est déjà mis en chemin, la conscience d'un nécessaire apprentissage devient vite prégnante. À la mesure de la distance entre ce mode de vie et celui du repli sur nous-mêmes. Distance d'autant mieux perçue qu'on a un peu avancé.

Est en jeu très radicalement l'ouverture aux autres, à l'autre. Il s'agit d'acquérir un faible pour autrui. Accepter donc que puisse s'ouvrir une brèche dans notre territoire singulier. Il en résulte évidemment une certaine dépossession par rapport à l'image spontanée de soi-même sur laquelle bien souvent on croit devoir se crisper pour être. Mais entrer dans une telle démarche permet de découvrir que, loin d'être une expérience de négation, d'écrasement de soi, elle ouvre au contraire à la découverte réelle de soi-même. Levinas a montré que la conscience a pour socle le plus profond le sentiment de la responsabilité envers autrui. Sans cela, il n'est pas de subjectivité humaine tendant à la liberté. Aussi ai-je besoin d'être arraché à l'enfermement où je risque sans cesse de me complaire. Cela ne se fait que par la rencontre avec l'autre vraiment autre qui, par son irréductible différence, « par le visage qu'il m'offre, m'atteint et me convoque » (E. Levinas). Et le même auteur précise le lieu d'application de cette responsabilité vis-à-vis de l'autre et qui est fondatrice de moi-même : « L'objet de la responsabilité est le périssable en tant que périssable. » À quoi on doit ajouter que l'amour n'a de force que parce qu'il est faible et donc fait brèche à tous les moyens de la puissance. Si on ne l'a pas expérimenté soi-même, on a pu constater autour de soi, sinon toujours la capacité d'entraînement, du moins la capacité provocatrice d'un amour qui se livre sans défense, à mains nues mais avec audace. Les témoins en sont nombreux dans l'histoire.

Michel de Certeau appelle cela très justement *la Faiblesse de croire*. « Nul n'est chrétien tout seul, pour lui-même, mais en référence et en lien à l'autre, dans l'ouverture à une différence appelée et acceptée avec gratitude. Cette passion de l'autre n'est pas une nature primitive à retrouver, elle ne s'ajoute pas non plus comme une force de plus, ou un vêtement, à nos compétences et à nos acquis : c'est une fragilité qui dépouille nos solidarités et introduit dans nos forces nécessaires la faiblesse de croire. Peut-être une théorie ou une pratique devient-elle chrétienne lorsque, dans la force d'une lucidité et d'une compétence, entre, comme une danseuse, le risque de s'exposer à l'extériorité, ou la docilité à l'étrangeté qui survient, ou la grâce de faire place – c'est-à-dire de croire à l'autre [1]. »

---

1. M. de Certeau, *La Faiblesse de croire*, Paris, Éd. du Seuil-Esprit, 1987, p. 313. Au sujet de cette idée, « croire à l'autre », on

Rappeler ces convictions essentielles balise à grands traits le chemin de vie qu'expérimente celui qui ose entrer dans la faiblesse de croire. Il y entend un appel à rompre avec un vieux style de vie, celui qu'autour de nous, on est toujours tenté de considérer comme le seul valable : chacun pour soi ! que le meilleur gagne ! place aux forts ! moi d'abord ! etc. On comprend aisément qu'un tel appel à sortir de toutes ces habitudes qui nous enferment mais qui nous sont chères demande un apprentissage. Une communauté chrétienne se doit d'être un atelier qui le rende possible.

La nature de l'atelier.

Comment donc mieux penser la communauté chrétienne considérée en elle-même que comme un lieu d'entraînement ? On peut la définir comme une réalité sociale symbolique qui, par sa façon particulière de s'organiser et de vivre, porte témoignage de la foi. Et d'abord à l'égard de ceux qui participent à sa vie. Elle serait ainsi un lieu de réel apprentissage de la vie nouvelle dans la mesure même où elle ouvre à chacun une expérience de libération par une certaine révélation du sens de sa vie qu'il découvre en confrontant ses interrogations singulières à la parole de l'Évangile, partagée avec les autres croyants.

Dire que la communauté est symbolique, c'est dire que ce qui s'y déroule, ce qui y est vécu doit déjà actualiser la vie nouvelle qu'on annonce. J'aimerais dire, si le mot ne risque pas d'être mal compris, que la communauté « mime » ce qu'elle croit, c'est-à-dire que ce qui s'y passe, non seulement célèbre ce que la foi annonce, mais, d'une certaine façon, le « joue », le met en scène, le donne à voir. Bref, le fait expérimenter un tant

---

s'interroge : peut-on croire à tout le monde ? « pouvait-on croire en Hitler » (pour ne citer qu'un nom du passé) ? La réponse n'est pas évidente ! Sans doute est-elle à chercher dans la contemplation du mystère – scandaleux à nos yeux – de l'amour de « Dieu » pour tout homme. Ce qui invite à entrer en lutte sans merci contre le mal que fait cet « autre » et qui, de plus, le défigure lui-même.

soit peu. Si l'on croit qu'une certaine façon de vivre, de se relier les uns aux autres, de se vouloir frère ou sœur de quiconque, etc., est celle qui sauve la vie, alors il est nécessaire que la rencontre des chrétiens soit vécue sous une forme, limitée sans doute, mais qui réalise déjà un peu cet idéal.

C'est en cela que la communauté doit être un symbole, cette réalité de notre monde matériel et social qui en annonce une autre et crée le contact avec elle. Une annonce qui déborde largement le plan intellectuel du savoir. C'est une expérience de vie dynamisante qui opère d'elle-même. « La perception d'un symbole nous dévoile à nous-mêmes toute une charge dont la libération ou la façon de l'endiguer peuvent changer notre vie [1]. » La communauté doit être, par elle-même et d'un seul mouvement, à la fois l'expression de ce qu'elle croit et un mode de rapport entre ses membres qui opère en eux ce qu'elle annonce. Découle de là, bien sûr, une exigence de cohérence entre ce qu'elle proclame – pour le monde ! – et la façon dont la vie de la communauté doit – d'abord ! – se l'appliquer à elle-même. Un chantier à reprendre sans cesse.

C'est ici que l'image de l'atelier vient à l'esprit. Un lieu où l'on s'entraîne. Où l'on apprend, où l'on comprend et où l'on ajuste ses gestes en fonction de ce qu'on désire devenir. Cela toujours dans un double mouvement. Dans l'expérience d'être accueilli soi-même, on reçoit communication d'un appel à cette vie nouvelle et des moyens pour y tendre. D'où on tire la force d'essayer de la mettre en œuvre. D'abord à l'intérieur de l'atelier. Mais c'est en vue d'exercer, à l'extérieur, sur le chantier de la vie, le savoir-faire, mieux, le savoir-vivre auquel on s'est ici initié. Aussi, si elle doit être formatrice, la vie interne de la communauté ne doit jamais se suffire à elle-même. On y vit des activités réelles, mais limitées et symboliques, qui permettent de tester des attitudes et des comportements dont le lieu d'application doit être la vie réelle. Ou, pour dire les choses autrement, la vie de la communauté doit se comprendre comme une expérimentation sur modèle réduit.

---

1. E. AMADO LÉVY-VALENSI, *La Dignité des mots*, p. 80.

Dire que la communauté croyante est une réalité symbolique, c'est se démarquer on ne peut plus nettement de la tentation d'évasion dans l'imaginaire ou dans la fusion affective. Une tentation à laquelle cède si facilement la mentalité religieuse et qui, à ce titre, marque trop souvent le fonctionnement des Églises chrétiennes. Faut-il rappeler qu'on cède à l'imaginaire quand on croit avoir un accès direct à la satisfaction du désir sans qu'aucune médiation soit nécessaire. C'est le fonctionnement du rêve : l'image rêvée suffit à répondre au désir ; et celui qui se croit ainsi comblé se dispense par là, la plupart du temps, de mettre en œuvre les moyens nécessaires pour obtenir au moins un début de satisfaction. Réelle cette fois. Trop souvent, dans la célébration religieuse, on se contente de dire ou de chanter ce qu'on aimerait qui soit. Et on en reste là. Surtout si la participation chaleureuse au groupe a renforcé l'illusion que quelque chose était réellement changé.

La conscience claire de poser un acte symbolique est d'un autre ordre. Elle est d'abord certitude du décalage entre ce qu'elle « mime » (les paroles dites, les actes posés, les rencontres faites, etc.) et ce que par là elle signifie et que son « mime » ne remplacera pas. Composé d'actes humains, il a donc une ressemblance intrinsèque avec les réalités du quotidien auxquelles il renvoie, mais « cette ressemblance vise et cerne ce qu'elle n'épuisera jamais [1] ». Seulement et du même coup, la conscience se mue en volonté d'entrer dans les engagements nécessaires pour que se réalise, au moins un peu, dans la vie de tous les jours, ce que son « mime » lui a fait découvrir. Ainsi vécue, une réalité symbolique commence d'être efficace car elle agit sur ceux qui la vivent.

Si la communauté est réellement « une mise en scène [2] » de la vie nouvelle à laquelle on croit, elle doit alors la donner à voir, permettre de la reconnaître. Bref, déjà la faire expérimenter. Mais sous un mode clairement repéré et vécu comme

1. *Ibid.*, p. 73.

2. N'est-ce pas une des significations de fait du mot « liturgie » au-delà de son sens premier de « service public rendu à la collectivité » ?

symbolique. Un authentique symbole qui parle, rassemble et mette en mouvement.

Ainsi la communauté devient un lieu d'apprentissage. Un véritable atelier où l'on s'initie effectivement, par expérience directe, à la manière de vivre selon Jésus, le Christ. Cette existence nouvelle où se reconnaît son Esprit ne va pas de soi, ni ne s'apprend seulement dans les livres. C'est en la pratiquant qu'on l'intègre peu à peu à sa propre façon d'être. Certes, elle se nourrit aussi de connaissances réfléchies sur la Bonne Nouvelle des évangiles et sur sa mise en œuvre dans les situations diverses de l'histoire. Mais, en définitive, on ne découvre que par expérience l'essentiel d'une vie chrétienne avec tout ce qu'elle suppose à la fois d'attirance exercée, d'interpellations entendues et de liberté entièrement respectée. Le rassemblement chrétien doit être un lieu d'éducation mutuelle.

Une fraternité de libération.

Alors, lieu symbolique et lieu d'apprentissage, la communauté est un instrument certes non exclusif, mais important de Révélation [1]. Ce qui s'y déroule, le partage de paroles vécues qui s'éclairent de la Parole des évangiles, doit constituer une expérience de proposition et de découverte d'un minimum de sens. Parce qu'on y participe ainsi à une démarche de salut, on peut découvrir et croire, peu à peu sans doute, qu'on est vraiment sauvé. Mais, encore une fois, si on ne veut pas verser dans les illusions de l'imaginaire, cette expérience de salut impose à la communauté des exigences fortes.

---

1. Proposer des vues sur ce que l'Église pourrait être est compatible avec la certitude qu'on ne doit pas l'idéaliser. Elle reste une réalité sociale très mêlée où les dysfonctionnements et les ambiguités, parfois les abus de pouvoir sont nombreux. Le reconnaître, c'est avouer la précarité humaine dont non seulement l'Église n'est pas dispensée, mais qu'elle devrait assumer clairement pour être dans la vérité vis-à-vis d'elle-même et du monde. Sur ce sujet, voir Chr. DUQUOC, *Je crois en l'Église. Précarité institutionnelle et règne de Dieu*, Paris, Éd. du Cerf, 1999.

D'abord l'organisation et la pratique de la communauté devraient permettre une réelle expérience de libération. Libéré de l'enfermement sur soi par le partage avec les autres. Là joue d'abord la libération de la parole. Le caractère unique de ce qu'est chacun – ce qui, aux yeux d'un chrétien, signifie l'amour personnel que « Dieu » lui porte – ne serait pas respecté si la possibilité ne lui est pas donnée de balbutier sa singularité. Libéré de la solitude par la reconnaissance par les autres et la participation active et responsable à toute la vie de la communauté. Libéré de l'angoisse de vivre par cette expérience d'une vie partagée avec d'autres où, loin d'être enfermé ou embrigadé dans l'uniformité d'un comportement ou d'une pensée imposée, on a pu découvrir, déjà un peu, le sens de sa propre singularité à la fois accueillie et ouverte au-delà d'elle-même par l'acceptation mutuelle de l'altérité d'autrui.

D'où cette seconde exigence : un certain type de relations entre les membres de la communauté est déterminant ; l'égalité est fondamentale. Elle n'exclut pas la diversité des fonctions, mais celle-ci doit se fonder sur le modèle que propose l'Évangile. Puisque, dans la communauté, celui qui symbolise la tête (« Qui vous écoute m'écoute ! ») doit être le dernier (« comme celui qui sert »), il s'agit alors d'un renversement de « l'ordre des dignités selon le Monde », comme aurait dit Pascal. Ici, le service que rend l'autorité est de symboliser la recherche de l'unité, c'est-à-dire d'aider à ce que s'harmonisent les initiatives de chacun. Tout exercice dominateur du pouvoir comme tout ce qui réduit un seul des membres à la passivité sont anti-évangéliques.

La communauté chrétienne assumant de façon rigoureuse l'absolue singularité de chacun de ses membres et leur liberté doit tendre à développer une entente d'un type particulier qu'on pourrait appeler « entente évangélique ». Elle se caractérise par le dépassement de la règle majoritaire. Elle tend à l'unanimité et s'efforce de faire prévaloir le souci primordial du pauvre, du petit. Ce qui exige que les minorités soient toutes reconnues. Le pluralisme et la diversité des membres est donc condition première et capitale. Une telle entente est le contraire de la fusion. Or la tentation du consensus fusionnel est permanente. Avec la conséquence qu'elle entraîne : la tentation de se vouloir tous identiques. D'où l'exclusion de celui qui est réputé ne pas être comme les autres. Au contraire, la reconnaissance du prochain – qui est à la fois l'attribution à autrui de la singularité qu'on revendique pour soi et la clé d'une existence évangélique – entraîne l'interdiction radicale de toute requête fusionnelle et de tout processus qui y tende. Témoins, ces lignes de Levinas : « Le prochain, c'est celui qui est – et demeure – vraiment l'autre. Dans la proximité d'autrui doit être intégralement maintenue la distance dont le pathétique est fait, à la fois, de cette proximité et de cette dualité des êtres [...] Ce qu'on présente comme l'échec de la communication dans l'amour – la non-fusion des êtres – constitue précisément le caractère positif de la relation. » À partir de là, toute tentative d'uniformisation, préétablie ou présupposée, des pensées et des comportements est à remettre en cause. Ainsi, par exemple, les dogmes, ces formulations élaborées au fil de l'histoire des Églises, sont là pour empêcher la foi de s'enfermer dans les subjectivités individuelles. Ce sont comme des points de repères indispensables sur le chemin. Ils indiquent des directions sur lesquelles chacun s'efforce de régler sa marche propre ; mais ils ne peuvent pas constituer des préalables à la mise en route qui conditionneraient *a priori* l'accord ou l'entente. On notera donc aussi que ce type d'entente, dite ici évangélique, fera droit au désaccord. Entre les humains, toute entente spontanée repose souvent sur un malentendu. S'en apercevoir, c'est mettre au jour un désaccord qu'il est bon de reconnaître clairement pour avancer ensemble à l'intérieur même de la démarche qui vise à le surmonter.

Un tel type d'entente s'apparente à ce que pourrait être une démocratie évangélisée. Y tendre dans la communauté, c'est pour elle vouloir assumer sa présence dans la réalité actuelle de l'histoire du monde. Il est en effet essentiel à la communauté croyante d'être, dans sa vie propre une ébauche symbolique, quoique très partielle, du monde nouveau qu'elle annonce ; donc du Royaume de « Dieu » en train de se construire à travers la réalité sociopolitique où elle vit ici et maintenant. Cette insertion dans l'actualité du monde entraîne par conséquent qu'elle pense ses formes d'organisation et d'abord le fonctionnement du pouvoir en son sein en fonction de l'environnement historique qui est le sien. Elle s'enrichira en considérant tout ce qui en lui témoigne d'un progrès de la conscience humaine. Non pas qu'elle ait à le copier servilement. Mais elle doit témoigner que l'appel de l'Évangile peut l'enrichir en le poussant au meilleur de l'idéal qu'il se propose. Ce qui suppose, bien sûr, que d'abord la communauté elle-même ne s'y dérobe pas.

Ainsi décrites, les communautés chrétiennes devraient pouvoir se dire des fraternités de libération. Et chercher à faire vivre une vraie fraternité permet de lever une objection fréquente, celle qui craint que, pensée ainsi, la communauté chrétienne soit réservée à une élite au détriment des faibles ou des blessés de l'existence. On opposerait alors Église du risque et Église du refuge. Ce qui, en forçant le trait, se décrirait ainsi : la première tendance voudrait une Église et des vies chrétiennes vivant toujours très publiquement les risques de l'Évangile et les portant dans tous les domaines ; au fond une Église de forts prêts à s'engager de manière quasi héroïque. Risques de l'amour et risques de la justice. Dans le même mouvement on s'opposerait, et parfois avec un certain dédain, à ces communautés qui se veulent refuge, lieu sécurisant, protégé, confortable ; et on dénonce, à juste titre du reste, la colonisation de l'Église du témoignage par ces rassemblements de peureux auxquels des pasteurs inculquent, au bénéfice souvent de leur propre pouvoir, la soumission à l'ordre du monde. Il est clair que, historiquement et majoritairement parlant, l'Église refuge l'a emporté souvent sur l'Église du témoignage.

Soit ! Mais d'abord, peut-on si facilement faire fi des faiblesses de la vie quand on prétend relever de l'Évangile ? Qui peut dire qu'il n'a pas eu, ou n'aura pas besoin de communautés chaleureuses et fraternelles où se refaire des coups de chien de l'existence ? Ensuite, le fait communautaire ne peut-il pas permettre à ces mêmes communautés où l'éclopé reprend vie d'être témoignantes ? Enfin, ne fait-on pas coup double si on montre qu'en se mettant ensemble et dans un certain esprit, des faibles peuvent être forts ? Dans un sens voisin, un philosophe tchèque a parlé de « la solidarité des ébranlés ». Et saint

Paul entendait le Christ lui dire : « Ma force se manifeste dans ta faiblesse [1]. »

Des gens d'ici ouverts à l'ailleurs.

Loin d'être un handicap, la fragilité des communautés participe aujourd'hui à leur mission. Car, si faibles, si petites soient-elles, elles ne sauraient s'arrêter à elles-mêmes. Elles ont charge de « déchiffrer les enjeux de l'enfantement du monde [2] ». Et de témoigner de son sens en prenant parti dans les débats et les combats de la société où elles vivent. Dans nos sociétés occidentales, cela les oblige à une mutation importante. Et, paradoxalement, c'est leur faiblesse actuelle qui le permet. Des siècles durant, une Église gérée depuis son sommet a cru pouvoir imposer à la société entière un modèle moral et social unique et qui valorisait toujours plus ou moins l'ordre établi. Or, quoi qu'on puise penser d'elle, notre modernité a bousculé tout cela. D'un même mouvement, elle a rejeté cette hégémonie et ramené nos communautés à une dimension beaucoup plus modeste, mais plus conforme peut-être à l'Évangile : de petites réalités disséminées dans le corps social, mais vives et actives dans la mesure où elles se laissent animer par cet Évangile. Cette mutation, cahotique et difficile parfois, est en cours ; loin d'être achevée. Mais elle permettra à la parole chrétienne, débarrassée par là de toute tentation dominatrice, de prendre clairement sa place dans la réflexion et dans les actions – parfois superbes, tantôt médiocres et sans doute toujours ambiguës – que mènent hommes et femmes de ce temps pour réussir leur vie et tendre à humaniser le monde. Aux communautés chrétiennes de savoir en être avec leurs valeurs propres et un mode de fonctionnement bien singulier puisqu'il doit tendre à imiter la façon de vivre de la Trinité : une circulation d'amour qui soit créatrice.

Ce qui appelle une mise au point essentielle. Il est évident

1. 2 Co 12, 9.

2. C. H. GUILLOTEAU, prêtre, sociologue, professeur à l'université catholique de l'Ouest, Angers.

que la foi chrétienne ne peut se dispenser de tendre à un mode de vie ; elle s'engage nécessairement dans des choix moraux. Là surgit le risque, sinon de la réduire aux actions qu'elle dicte, du moins de la confondre avec la morale qu'elle inspire. Des groupes chrétiens n'ont pas toujours échappé à ce risque, la communauté se confondant alors soit avec une équipe militante, soit avec une association charitable. On en viendrait à croire que la foi se confond avec un code de vie. Ce serait retomber sous l'esclavage de la loi, comme le dit saint Paul. Qui ajoute : « Nous savons que l'homme n'est pas justifié par les œuvres de la loi, mai seulement par la foi de Jésus, le Christ [1]. » On aurait donc oublié que la communauté prend son sens là où est sa source. J'entends qu'elle s'enracine dans l'amour tel qu'il s'est manifesté dans le Christ. Elle y trouve son souffle et sa vitalité. Ils la porteront bien sûr à l'engagement concret « pour que les hommes vivent », mais en le gardant sans cesse ouvert et disponible, au-delà de tout durcissement idéologique. Car toujours l'homme dépasse les idées qu'on peut se faire de lui. Autrui vers lequel la foi me porte – et seul le service à son égard la valide ! – demeure, par son altérité même, le symbole d'un autre au-delà, cette présence d'amour toujours dérangeante qu'on nomme « Dieu ». L'inattendu de son mystère peut à tout moment venir bousculer nos lignes de conduite. Aussi le conseil de l'Évangile est-il bienvenu : « Quand vous aurez fait tout ce qui vous était ordonné, dites : Nous sommes des serviteurs quelconques. Nous avons fait seulement ce que nous avions à faire [2]. » Donc, et pour le dire dans un autre langage, pour la foi chrétienne l'éthique implique une mystique et repose sur elle.

Apparaît alors un autre apprentissage que la communauté doit permettre, celui de la prière, cette ouverture à la fois aux attentes les plus profondes de soi-même et à l'accueil de l'Esprit de Jésus. Puisque nous reconnaissons que l'expression réelle de « Dieu » en terre humaine, c'est le mode d'existence du Nazaréen, nous qui avons, à notre tour, à ressembler

1. Ga 2, 16.
2. Lc 17, 10.

au « Dieu » qu'il exprime, nous accueillons son compagnonnage et son influence. Ce qui revient à nous mettre à son école pour découvrir comment nous-mêmes nous devons aimer. Concrètement, ici et maintenant. Au-delà parfois des règles établies.

L'activité de la communauté chrétienne culmine donc dans cette fonction de la prière. Or, elle peut tout aussi bien y nouer la gerbe de ses activités comme elle peut se dénaturer en s'y enfermant. En effet, si sa prière lui est un moyen d'échapper aux contradictions de la vie et aux soucis du monde, elle s'égare dans une évasion sentimentale, le contraire de l'incarnation, sa seule raison d'être. En revanche, elle assume à fond son rôle d'atelier d'apprentissage et donc sa portée symbolique quand elle enracine son fonctionnement de fraternité de libération dans la reconnaissance du « Dieu » dont elle témoigne. C'est en Lui et par Lui que les humains sont frères et sœurs : Il ne peut que nous renvoyer vers eux. La « haute tendresse » est l'autre versant du point culminant de la vie chrétienne.

Ainsi, les communautés chrétiennes, ces ateliers d'apprentissage dont le fonctionnement a dû faciliter pour chacun son chemin de foi, cherchent à vivre, conformément au modèle qu'elles trouvent dans l'existence de Jésus, à la fois centrées sur l'amour de « Dieu » et tournées vers l'extérieur. Là elles sont face à des tâches multiples. Deux sont prioritaires.

La première consiste à faire de la théologie. Dans le contexte de notre société moderne, on ne peut plus se contenter de répéter des formules d'autrefois. Si nous croyons que l'affirmation chrétienne demeure neuve, à nous d'en retrouver les sources vives, de « relancer la quête de la Parole, reconduire l'Église à l'Évangile et renouveler la compréhension que nous en avons, mettre en route l'Église tout entière comme une communauté de recherche et d'interprétation [1] ». Il y a là une tâche de réflexion sur ce qu'elle vit et sur ce qu'elle croit dont aucune communauté chrétienne, si petite soit-elle, ne devrait

1. Gérard DELTEIL, article paru dans *La Croix* (référence ignorée).

pouvoir se dispenser. À elle de trouver, pour aujourd'hui, les mots pour dire sa foi.

Les mots et les gestes. Car, l'autre tâche est de témoigner, dans les faits, de l'Espérance dont on se dit porteur. Prioritairement à l'égard de ceux qui n'en ont pas. Pour cela la communauté chrétienne doit savoir se situer « sur les lignes de fracture de la société » selon le mot de Mgr Pierre Claverie. Là où sont les exclus, les abandonnés, tous les blessés de l'existence. Et poser des signes d'espérance en participant à l'invention de nouvelles manières de vivre.

LA QUESTION DU CULTE

Voici le troisième point de vue selon lequel la communauté chrétienne se présente comme une réalité symbolique. Elle pose des rites autour desquels elle construit son culte. Ceux-ci veulent signifier la vie renouvelée et donc ouverte au mystère de « Dieu » puisque la communauté qui a charge non seulement d'en porter l'annonce, mais plus encore de la révéler et d'y donner accès, doit d'abord le recevoir. Ces rites doivent donc conduire au cœur de son identité. L'affirmation chrétienne devrait être immédiatement perceptible au travers de ces gestes symboliques. Mais, alors qu'ils sont censés parler de la vie – la vie de « Dieu » se disant au cœur de la vie humaine – et donc qu'ils devraient y renvoyer, en fait l'histoire les a obscurcis. À tel point qu'aux yeux de beaucoup, la vie chrétienne se limite à ces actes cultuels que l'Église, ou plutôt ses représentants sacralisés, devraient assurer au bénéfice de tous ceux qui les leur demandent.

Dire les choses ainsi permet de situer la profonde ambiguïté dans laquelle on se trouve quand on parle du « culte chrétien », ces liturgies dans lesquelles la communauté chrétienne se rassemble et exprime sa foi. La question est à la fois cruciale et immense. Quelques remarques seulement pour éviter des malentendus.

Le culte chrétien est-il légitime ?

Notons d'abord que le culte chrétien, s'il est nécessaire, est cependant bien singulier.

Comme tout groupe humain, la communauté chrétienne s'identifie par des rites. Un groupe se délimite aux yeux de l'extérieur et traduit son identité, donc se dit à lui-même ce qu'il est, par un ensemble d'actions et d'attitudes. À la fois signes de reconnaissance et symboles de ses intentions et de ses projets. C'est là une donnée anthropologique de base. La communauté croyante ne saurait y déroger.

Mais le culte chrétien devrait veiller scrupuleusement à défendre son étonnante particularité. À l'inverse de la plupart des autres démarches religieuses, il ne repose pas sur l'opposition entre l'existence quotidienne, la vie profane, et des réalités sacrées (personnages, actes, lieux, objets, etc.) qui, elles, seraient le moyen d'accéder au divin. L'humanité réelle de Jésus, lieu véritable de la présence de « Dieu » pour notre terre, a brisé cette frontière. Désormais, l'existence humaine profane est le lieu de la révélation de « Dieu » et du contact avec Lui. C'est dans sa vie quotidienne et sans intermédiaire que le croyant a directement accès à « Dieu ». Il n'y a plus deux types de réalités, les sacrées et les profanes. Il n'y en a qu'une seule qui peut, hélas !, être profanée mais qui demeure toujours sanctifiable. Le culte doit trouver là sa loi. Et, pour ne prendre qu'un exemple, si, dans l'ancienne loi juive, il fallait passer par le service religieux du Temple, désormais, en christianisme, « la ritualité sacrale du Temple est transférée à la sainteté quotidienne de la vie [1] ». C'est la grande thèse de l'épître aux Hébreux qui, contrairement à la lecture qu'on en a souvent faite, loin de vouloir établir la nécessité d'une médiation sacerdotale et sacrificielle pour entrer dans le salut apporté par le Christ, établit que, sauvés par l'unique sacrifice du Christ, le chrétien est renvoyé « non pas à la vie liturgique mais à la

---

1. J.-P. MICHAUD, « Que reste-t-il des rites après Jésus ? Une lecture de l'épître aux Hébreux », *Revue de l'université de Montréal*, faculté de théologie, 1996, 4/1, p. 33 s.

liturgie de la vie [1] » pour sanctifier l'existence profane de tous les jours. « N'oubliez pas que les sacrifices qui plaisent à Dieu sont la bienfaisance et l'entraide communautaire [2]. »

Le culte en vérité est donc là. Du reste, le penser ainsi, revient à retrouver la grande tradition des prophètes d'Israël dénonçant ce qu'ils voyaient se dérouler au Temple : « Un culte que la vie de chaque jour dément. »

Cela dit, le culte au sens étroit du terme garde cependant son importance. Affirmer que la priorité est dans l'agir, et donc que l'éthique est bien le terreau où la foi prend corps, ne doit pas enfermer les croyants dans la satisfaction d'eux-mêmes. On reconnaît l'accusation portée par l'Évangile contre le pharisien qui croit disposer de « Dieu » par l'accomplissement légaliste de son devoir. Donc, si les actes concrets du culte chrétien doivent renvoyer en réalité chacun au travail pour que vive son prochain, ils doivent, en même temps, le garder ouvert à l'au-delà de « Dieu ». Sa présence dépasse toujours les actions par lesquelles le croyant s'efforce de la traduire. Le rite remplit donc simultanément une double fonction : il atteste en le légitimant ce que vit la communauté ; mais tout aussi fortement il la conteste dans la mesure où il détruit l'illusion qu'elle peut avoir de réaliser ce qu'elle proclame. Il signifie alors une vie qui est au-delà de toutes nos atteintes, mais que « Dieu » nous donne. Car c'est la sienne.

Les actes symboliques du culte maintiennent ouvert ce paradoxe : à savoir que la fidélité à « Dieu » ne se joue que dans le quotidien en affirmant tout autant qu'Il est toujours au-delà de nos actes. L'engagement le plus total doit rester conscient de « la distance symbolique » qui le marque. Il traduit quelque chose qui le dépasse infiniment puisqu'il s'agit de l'action même de « Dieu ». La liturgie chrétienne trouve sa règle sur la ligne de crête de ce paradoxe. « Une absolutisation du monde dans lequel il vit priverait l'homme croyant de sa capacité spirituelle et l'amènerait à ne célébrer que les éléments de sa vie terrestre, pures répétitions du déjà vécu, sans percevoir les harmoniques qui l'ouvrent à la

1. *Ibid.*
2. He 13, 16.

transcendance. Mais un regard unique sur l'au-delà ferait oublier au chrétien que son salut se réalise dès ici-bas et se célèbre aujourd'hui au sein d'actes festifs qui ont justement comme objectif de réaliser la conjonction symbolique avec l'invisible [1]. »

Des gestes simples où se dit l'essentiel.

Il y a des gestes essentiels par lesquels la communauté chrétienne célèbre ce qu'elle croit. Ces gestes rituels où s'élabore en forme de signes la rencontre de la Parole de salut qui s'opère dans la vie de tous les jours. Des gestes qui, à leur tour, traduisent la Parole de salut et qui par là révèlent en chacun l'entrée dans la vie nouvelle, celle du Ressuscité. Un ensemble d'actes qui expriment le branchement sur la vie même de « Dieu ». On parle alors de sacrements.

Il est facile de voir que ce sont des gestes qui justement réalisent l'équilibre que nous venons d'évoquer. Ils signifient l'action de « Dieu » à l'aide de réalités particulièrement courantes et banales, mais qui sont vitales (de l'eau, du pain, du vin, un couple, un pardon, etc.). Ces gestes s'accompagnent toujours de paroles. Éclairés ainsi par l'annonce de l'Évangile qui les met dans la perspective de l'histoire de Jésus au cœur de l'histoire humaine, ils disent par là même quels sont les actes humains où se manifeste Sa présence. Articulés aux points cruciaux où se font les grands choix de l'existence, ils y inscrivent – et y révèlent du même coup – la présence du monde nouveau qu'ils annoncent. Par là, ils signifient comment, à quelles conditions et par quelles démarches nos vies peuvent vraiment s'humaniser. Ils répondent donc à la question du sens de l'existence.

Quatre brefs exemples pour l'illustrer :

– *Le baptême* : franchir une frontière marquée par l'eau pour traduire publiquement l'accès à la vie que « Dieu » donne et qu'ouvre la foi, le mode d'existence selon Jésus, le Christ.

---

1. L.-M. Renier, *Pour une liturgie créative*, Paris, Éd. de L'Atelier, 1996, p. 179.

Ce choix de la façon de vivre qui sauve et que l'on partage désormais dans une communauté croyante.

– *La réconciliation* : apprendre, en vivant le pardon mutuel dans la communauté, que « Dieu » pardonne quand nous pardonnons. Selon ce qui est dit en l'évangile de Jean : « Ceux à qui vous remettrez les péchés, ils leurs seront remis. Ceux à qui vous les retiendrez, ils leur seront retenus [1]. »

– *Le mariage* : révéler à l'homme et à la femme qui s'unissent et qui s'aiment que leur couple est « image et ressemblance de "Dieu" [2] » dont ils vont attester l'amour par l'engagement de fidélité qu'ils se promettent.

– *L'eucharistie* : est-il un geste plus simple, plus quotidien, plus vital, et plus signifiant de l'accueil de l'autre pour l'aider à vivre que le partage du pain ? Pouvait-on imaginer mieux pour résumer la façon de vivre de Jésus, le don de soi pour faire vivre ? Est-il un signe plus clair pour dire la réalité de Sa Présence et qui s'actualise partout où des femmes et des hommes partagent les uns pour les autres ce qu'ils ont et ce qu'ils sont ?

À nouveau donc, et au sommet du « culte chrétien », un geste de la vie quotidienne symbolise quelque chose d'inouï car il ouvre nos choix de vie sur l'extrême pointe du mystère de « Dieu », le don de soi. En gardant mémoire de Jésus, comme il l'a demandé, la communauté pose le geste qu'il a fait : se partager mutuellement le pain et le vin. Et elle ose reconnaître que, dans ce partage, se révèle et se donne son existence entière, corps et sang, sa personne, cette visibilité de « Dieu » sur nos chemins d'homme.

Ainsi tous les rites chrétiens n'ont qu'un but : « Tenir en éveil la mémoire du Seigneur » en reconnaissant Sa Présence dans la vie. Au travers de ces symboles, le croyant reconnaît sa dépendance totale par rapport à l'Amour qui le fait vivre et qui s'accomplit dans son aussi totale liberté. Le culte chrétien est alors le lieu de son « merci ! ».

---

1. Jn 20, 22.
2. Gn 1, 27.

La fonction eucharistique.

Dire merci est propre à l'homme. Je rends vraiment grâce quand j'ai compris que le don qui m'est fait ne dépend pas de ma reconnaissance. Le donateur n'attendait pas de retour. Un vrai cadeau n'institue pas de dette. N'ayant rien à payer pour la bonté reçue, je suis tout à fait libre. Libre soit d'aller jouir du don dans l'inconscience de son origine et l'insouciance quant à sa destination, soit, au contraire, de faire retour avec émerveillement en reconnaissant la bonté qui me comble, et conscient que rien en moi ne méritait cette largesse.

Or, dire gratuitement et librement cette gratitude pour ce que nous sommes et pour ce que nous avons reçu, pour la libération qui nous est donnée et pour le « jeu d'amour [1] » auquel nous sommes invités, voilà ce que d'anciennes liturgies ont nommé, en grec, « la fonction eucharistique ». À leur suite et depuis longtemps, on a eu tendance à réserver ce terme « eucharistie » au rite essentiel autour duquel les premières communautés chrétiennes se rassemblaient : se partager le pain et le vin, faisant ainsi ce que Jésus a ordonné aux siens la veille de sa mort et qu'elles appelaient alors justement « la fraction du pain ». Le mot « eucharistie » quant à lui, pris au sens littéral, désigne l'expression de gratitude de celui qui a reçu un don précieux [2]. On comprend le glissement de sens qui s'est opéré, car « la fraction du pain » témoigne du don le meilleur qui puisse être puisqu'elle signifie la participation à la vie donnée du Christ. C'est comme cela qu'on l'entendait alors qu'on ne parlait pas de célébration, encore moins de messe, mais qu'on a parlé d'« accomplir la fonction eucharistique ». Il serait bon de se réapproprier ces grands termes. En leur rendant leur sens propre : la « fraction du pain » pour l'assemblée célébrant « la mémoire du Seigneur » ; et la « fonction eucharistique », retrouvant son sens large, dira alors de nouveau notre parole de gratitude pour la merveille d'exister, de recevoir sans

1. C'est un mot de MARIE NOËL.

2. *Eucharistein* en grec, de *eu* = « bon » et *charis* = « don, faveur ».

cesse et gratuitement ce que nous sommes et ce que sont les autres, et d'être appelés à la liberté. Un terme qui doit donc qualifier tout le culte chrétien.

Il y a certes un grand travail à faire pour rendre à l'eucharistie ce sens fondamental qui est le sien. Car, aux yeux de nos contemporains, bien des usures, des mésusages et des scléroses ont fait de cette belle fonction de notre culte un rite bizarre, ésotérique sinon magique, qui permettrait d'avaler « Dieu » parce qu'on mange une hostie appelée pain. Aux communautés de mener une analyse de fond de ce détournement et de dire combien il masque et souvent mutile le sens même de la « fraction du pain ».

À elles de rendre lisibles aux yeux d'aujourd'hui leurs célébrations. Célébrations qui soient alors moments où l'humanité se hisse à un de ses sommets quand elle contemple la transcendance qui la tient debout. L'autre sommet étant quand elle relève ses manches pour redresser, en moi-même comme en chacun des autres, l'humanité trop souvent affaissée.

La communauté, une véritable expérience symbolique.

Mouvement d'adoration, mouvement d'engagement. Pour décrire ce double mouvement qui doit marquer la vie de toute Église, les théologiens disent que la communauté est « convoquée et envoyée » et ils notent ainsi la tension à tenir entre le nécessaire rassemblement qui caractérise la communauté liturgique et la mission, l'engagement dans le monde. Mais, pris tel quel, l'emploi de ces deux termes peut faire croire à une juxtaposition entre la vie dans la communauté et la vie de tous les jours. Se profile alors le risque de retomber dans la séparation entre la vie religieuse et les activités profanes.

Un détour par la grammaire permet de l'éclairer. La conjonction de coordination *et* suffit-elle pour marquer la tension entre le rassemblement et l'envoi et pour dire le rapport qu'ils doivent soutenir l'un à l'autre ? Certes, dans un tel emploi, le *et* veut dire plus qu'une simple juxtaposition, même si son usage fréquent dans des phrases énumératives risque souvent de rabaisser son sens. Et donc ce *et* porte à penser qu'il y a, sinon dichotomie, du moins dualité entre les deux termes puisqu'il est nécessaire de les coordonner. Nos habitudes mentales sont telles que, sous des formules ainsi coordonnées, nous posons facilement une opposition entre les deux réalités nommées.

Il est nécessaire pour notre sujet de s'y arrêter un instant. La théologie chrétienne emploie très souvent ce *et* de coordination. Il permet, dit-on, de penser ensemble deux types de réalités. Soit celles que certains donnent comme contradictoires ou, du moins, de niveau différent ; et, par exemple, « la contemplation *et* l'action », « la liberté *et* la grâce », etc. Soit des réalités fortement distantes l'une de l'autre. L'exemple majeur est ici, bien sûr, celui de l'incarnation : « Jésus, homme *et* Dieu ». En liant les deux termes, on évite les dérives où nos logiques simplificatrices risquent toujours de nous entraîner. Comme l'a amplement montré l'histoire des hérésies ramenant la personne du Christ tantôt à l'un, tantôt à l'autre, mais toujours à un seul des deux termes. Les coordonner permettrait de tenir les deux bouts de la chaîne. Mais la tentation du dualisme n'est pas surmontée pour autant. Si les théologiens patentés l'évitent, la pensée populaire y succombe facilement. On passe alors à côté du centre même de l'affirmation chrétienne.

On sort du piège en rappelant ce qu'est la lecture « symbolique » de la réalité. Une façon de penser qui fait reconnaître qu'il n'y a d'accès à aucune réalité intellectuelle, affective, esthétique ou spirituelle en dehors de la traversée d'une donnée matérielle « signifiante ». Ce qui se donne à voir, à toucher, et aussi bien ce qui se vit, dit par lui-même l'au-delà de soi auquel il renvoie. Aucune juxtaposition ne se glisse dans cette incarnation.

On fait droit à cette approche symbolique du réel en utilisant la locution prépositive « *à travers...* » de préférence à la conjonction *et*. Ainsi, pour décrire l'incarnation, on dira que « Dieu » se voit *à travers* l'existence humaine du Nazaréen.

Sans que, pour notre expérience humaine, on puisse jamais dissocier les deux termes [1].

Cette longue digression éclaire la double caractéristique de la communauté chrétienne « convoquée, envoyée ».

Dans le concret, comment les choses se passent-elles souvent ? Sans trop forcer le trait, on peut dire que, pour un certain nombre de « pratiquants », l'essentiel de la manifestation de leur foi se traduit par la réponse à la « convocation ». Entendons la participation à la vie liturgique et sacramentelle dont le moment majeur est la messe du dimanche. Sans doute, s'y ajoute une certaine exigence morale d'aide au prochain. Mais sans que le lien soit *direct* entre ce que réalise l'action liturgique et ce qui devrait être l'implication dans l'œuvre de « Dieu », au jour le jour, et dans le monde. On aboutit à cela parce que, trop souvent, la démarche de l'assemblée ne prend pas sa véritable valeur symbolique. Il est si facile de s'y limiter à l'imaginaire. Et alors la réponse à la « convocation » se dissocie, de fait, de « l'envoi ». Quoi qu'on dise.

On aura des chances de retrouver mieux l'unité de l'être chrétien si on lie ces deux pôles de la vie communautaire à l'aide de « au travers de... ». En effet la convocation de la communauté croyante, son rassemblement et les rites qu'il entraîne n'ont de sens que si, *à travers eux*, c'est sans cesse la mission qui est directement signifiée. La vie communautaire ne doit pas seulement permettre de lire l'action de « Dieu » dans le monde, elle doit en rendre participant. Son action sur ses membres sera ordonnée à la place et au rôle que chacun est appelé à tenir dans le monde. Si, sous la forme des sacrements, on symbolise l'action de « Dieu », c'est pour impliquer chacun dans sa réalisation. Là où elle se passe, c'est-à-dire dans la vie.

L'action de « Dieu » opérant le salut du monde est certes première. Mais cette action du « Dieu faible » est remise aux mains des hommes. Ils sont mûs par le Souffle de l'Esprit hélant leur liberté. Cette action se réalise dans tous les actes qui tendent à une plus grande humanité. Ce qui, nous l'avons dit longuement, ne va pas de soi. Et le poids du péché est là qui fait

1. On remarquera que le faire viderait de tout sens le mystère de la Résurrection.

tendre vers le bas. Alors, il y a eu Jésus. Son existence comme parole, chemin, vérité et vie d'une humanité véritable.

Et il y a ses disciples. Une exigence fait corps avec le témoignage qu'ils doivent porter, l'exigence de « faire communauté ». Non pas pour s'y réfugier, s'y satisfaire imaginairement de la certitude d'être soi-même sauvé. Tout au contraire, cette « convocation » de l'assemblée chrétienne n'a de sens que si « à travers elle » c'est le travail de « Dieu » dans le monde qui est directement visé. Les croyants ne sont pas réunis uniquement pour en être les témoins reconnaissants : ils sont « convoqués » pour en être acteurs.

Le mouvement – cet unique mouvement de symbolisation – est à double effet. D'une part, l'assemblée convoquée se fait, par ses propres gestes, lectrice, accueillante et reconnaissante, de l'agir divin dans le monde. (Ainsi, à travers le partage du pain rompu, elle apprend à lire l'action de « Dieu » présente partout où des humains, au lieu d'accaparer, partagent et échangent.) D'autre part, agissant ainsi, l'assemblée remplit son rôle d'éducatrice : véritable atelier d'apprentissage à travers lequel chaque participant s'entraîne – est activement entraîné – à devenir lui-même plus humain. Donc « l'envoi » se réalise, à la fois, en lui, à son propre bénéfice et à travers lui pour ceux avec qui il se rendra plus humain. Dans la réalité de tous les jours. Une prière du bréviaire dit bien cet unité profonde de l'agir chrétien : « Que Ton Église Te serve en servant les hommes. »

« Sors à sa rencontre ! »

La pensée chrétienne voit le croyant comme un être de plein vent. Sa foi en Christ prend son sens quand elle le conduit vers sa pleine humanité. Laquelle l'appelle hors de lui pour qu'il se trouve en entrant dans l'échange, toujours mouvant et inédit, si souvent obscur aussi, que l'amour d'autrui demande et crée. Une sortie de soi qui nous trouve souvent bien frileux au grand vent du banal quotidien comme sous les bourrasques de l'étrangeté des événements et des autres.

Si la communauté chrétienne nous rassure en nous montrant le chemin du Christ, si elle nous réchauffe aussi à l'amitié partagée et à l'amour de « Dieu » reçu, tant mieux. Mais sa fonction dernière, celle qui doit nous révéler notre véritable identité, est de nous renvoyer, homme parmi les hommes, là où agit notre « Dieu ». On lit en effet, dans l'épître aux Hébreux : « Sortons donc à Sa rencontre en dehors du camp en portant son humiliation [1]. »

La vie profane est le lieu de la foi chrétienne. Comme on a pu l'écrire : « Le seul véritable culte que nous devions rendre à "Dieu" est de construire des lieux de vie à taille humaine où l'homme (individu et société) grandisse [2]. »

Ou, pour le dire autrement, ces quelques lignes d'un poète indien :

> Quitte ton chapelet, laisse ton chant, tes psalmodies. Qui crois-tu honorer dans ce sombre coin solitaire d'un temple dont toutes les portes sont fermées ? Ouvre tes yeux et vois que ton Dieu n'est pas devant toi.
>
> Il est là où le laboureur cultive le sol dur ; et au bord du sentier où peine le casseur de pierres. Il est avec eux dans le soleil et sous l'averse ; son vêtement est couvert de poussière. Dépouille ton manteau pieux ; pareil à Lui, descends aussi dans la poussière !
>
> Délivrance ! Où prétends-tu trouver délivrance ? Notre maître ne s'est-il pas joyeusement chargé des liens de la création ? Il s'est attaché avec nous pour toujours.
>
> Sors de tes méditations et laisse de côté tes fleurs et ton encens ! Tes vêtements se déchirent et se souillent ? Qu'importe ? Va le rejoindre et tiens-toi près de Lui dans le labeur et la sueur de ton front [3].

1. He 13, 13.
2. Dans *Jésus, les cahiers du libre avenir*, Gouville, 27240, n° 30, p. 33.
3. Rabindranath TAGORE, *L'Offrande lyrique*, Paris, NRF Poésie-Gallimard, 1975, p. 39.

13

Points de repères sur un chemin

ou au sujet des parcours vers la foi

L'impromptu de « Dieu ».

L'obligation de publier le message est incluse dans le message lui-même : « Allez par le monde entier, proclamez la nouvelle à toutes les créatures [1]. » Le « Dieu » qui, dans le Nazaréen, s'est révélé compagnon et guide d'humanité le demeure au fil du temps et demande que Sa Présence continue d'être manifestée. La mission qui constitue quelqu'un comme disciple repose sur cet appel. Il a à vivre et à agir de telle sorte que ceux qu'il rencontre entrevoient à travers lui quelque chose du passage de « Dieu » dans leur vie. Un tel témoignage tendra, le jour venu, à inviter à croire explicitement au chemin de vie qui est en Jésus, le Christ. Pour cela, que faut-il annoncer ? Quelle proposition faire quand on cherche à ouvrir les chemins de l'Évangile à ceux qui en sont loin ?

La question est légitime mais doit se nuancer d'une remarque préalable : toute réflexion à ce sujet doit être consciente de ce qu'on peut nommer l'impromptu de « Dieu ». Ses chemins n'ont souvent que faire de nos itinéraires balisés. Une lecture, un coucher de soleil, un amour, la ruine d'une abbaye, trois jours au désert, la chute d'un sermon, une rencontre, un service rendu, une peine ou l'éclat mystérieux de

---

1. Mc 16, 15.

deux fleurs sur la roche, etc., tout et quasi n'importe quoi peut éveiller quelqu'un et l'entraîner, plus loin qu'il ne pensait aller, à la fois vers lui-même et vers le mystère de l'homme tel qu'il se dessine en Jésus. Autrement dit, les voies d'accès à la Révélation sont multiples, souvent surprenantes et échappent bien fréquemment à notre rationalité.

Il reste que, pour exercer de façon responsable ce qui relève de l'action humaine dans l'annonce de l'Évangile, nous devons en juger à partir de critères rationnels. Il y aurait démission à faire n'importe quoi sous prétexte qu'en définitive seule compte l'action de « Dieu ».

Donc on doit essayer de proposer quelques repères permettant de jalonner ces chemins.

Goûter à la vie.

Une question s'impose : pour inviter quelqu'un à reconnaître explicitement l'Alliance de « Dieu » et des humains, faut-il d'abord lui proposer un savoir ou lui faire découvrir une expérience ? Peut-on se contenter de lui raconter l'événement de Jésus, le Christ, et croire que cela suffirait ? Ou bien convient-il d'abord de découvrir avec lui l'Esprit à l'œuvre dans l'aujourd'hui du monde ? Les deux sont liés sans doute, mais l'ordre dans lequel on les propose n'est pas indifférent si l'on croit que c'est toujours dans une donnée humaine que « Dieu » se donne à rencontrer.

Pour proposer la foi, faut-il agir comme on a pu le faire autrefois au catéchisme, c'est-à-dire partir de la figure de Jésus en affirmant d'emblée qu'il est « Dieu » ? On commence par Noël, par tout ce qu'on dit d'extraordinaire autour de sa naissance, puis on en vient aux manifestations miraculeuses de sa puissance ; puis par sa mort on arrive bien vite à la résurrection. Suivre cette voie, c'est poser d'abord le caractère surnaturel de la vie du Christ à l'aide des récits où le merveilleux l'emporte sur les gestes humains. Une telle démarche pouvait peut-être se comprendre quand, globalement dans la culture ambiante, les affirmations de foi allaient de soi. Mais elle n'est plus adaptée à une mentalité devenue critique.

Cette mise en cause culturelle est une chance pour la foi. Elle nous oblige à repartir de l'humanité. Celle de Jésus certes ! Mais qui elle-même nous renvoie à notre humanité présente. Ainsi le chemin vers la foi, l'annonce de la Présence de « Dieu », doit pouvoir partir de ce qui se vit aujourd'hui. L'invitation « Venez et voyez [1] ! » devrait être aussi pertinente de nos jours qu'elle le fut pour deux disciples du vivant de Jésus. La proposition chrétienne est que l'action de « Dieu » se continue sous la mouvance de l'Esprit ; c'est elle que doit montrer du doigt celui qui se veut témoin du Christ.

Il faudra alors savoir repérer et mettre en lumière des comportements. En effet, seules des façons concrètes de vivre, des conduites témoignent en vérité de l'esprit qui les anime et leur donne du sens. Et tout message passe par elles. La communication entre les hommes s'opère par la lecture que nous faisons du comportement d'autrui. Une lecture plus ou moins consciente mais toujours vécue parce que de prime abord ressentie. Le dire, c'est encore une fois rappeler notre statut d'êtres incarnés. On imaginerait mal que l'Esprit de « Dieu », que nous croyons à l'œuvre dans le monde et l'histoire des hommes, et qui s'est manifesté dans l'humanité de Jésus, déroge désormais à cette loi fondamentale de l'existence humaine.

Donc une des voies pour l'annonce de la Bonne Nouvelle peut être la découverte d'une certaine façon de vivre. Découverte qui appellera comme par elle-même celui qui en est témoin à l'expérimenter à son tour si peu que ce soit. Immédiatement ou bien plus tard. L'apprentissage de la foi peut donc commencer par la connaissance d'un certain mode d'existence, l'attrait qu'il entraîne et l'invitation à l'adopter soi-même.

Sans en reprendre ici le détail, ce mode de conduite peut se résumer ainsi : une façon de conduire sa vie qui ose prétendre au bonheur parce qu'elle prend son origine dans une certaine expérience de l'amour et du don de soi. Amour reçu et qui fait vivre, avant de porter, à son tour, l'invitation à se donner. L'entrée dans cette expérience vient mettre en

1. Jn 1, 39.

question ce qu'elle dévoile, c'est-à-dire son contraire, le repli sur soi dont on pouvait être tenté jusqu'alors de se satisfaire. Goûter à une telle façon de vivre s'apparente bien à une expérience de libération. Et l'écoute de l'histoire de Jésus vient l'éclairer et l'approfondir.

« J'ai mis devant toi la vie et la mort. Choisis la vie [1] ! » L'alternative demeure toujours. Elle délimite le témoignage à porter pour que l'annonce de l'Évangile prenne toute sa force de provocation. À partir de cette expérience, l'histoire de Jésus, comme, du reste, celle du peuple d'Israël, peuvent être entendues dans leur sens plénier : comme des histoires qui guident vers la vie parce qu'elles en révèlent la Source.

Un sens qui se déploie.

On est alors en présence du récit évangélique. Que veut dire pouvoir y croire ? En d'autres termes, à quelle condition le recevoir comme une révélation ?

Croire revient toujours à découvrir une signification et à l'accepter. Une parole n'est révélatrice pour moi que lorsque j'adhère au sens que prend un événement de ma vie sous son éclairage. Tous nos rapports humains sont soumis à cette loi. Pensons, par exemple, à l'effet produit sur un enfant par des paroles d'adulte selon que l'enfant les reçoit comme lui faisant confiance, ou non. L'expérience prouve comment ce sens nouveau donné à ses actes, et même à ses désirs, incurve sa démarche soit vers le succès, soit vers l'échec. Certes le contenu objectif de l'attitude de l'adulte est en cause ; mais l'impression subjective que l'enfant en a retirée est déterminante. Il est facile de généraliser cet exemple simple à toutes les relations humaines, amour, amitié, voisinage, rapport dans le travail, etc. La manière, positive ou négative, dont une parole est reçue, c'est-à-dire le sens nouveau qu'elle donne à mes actes, en fait un atout ou une entrave.

Il en va ainsi de la parole d'Évangile. Tout acte de foi, mieux toute expérience de foi, sans nier ce qu'elle a d'objectif

1. Dt 30, 25.

est par essence subjective. On ne peut parler de Révélation que par la réception qui en est faite. L'entrée croyante dans le récit évangélique et par là dans une pratique explicitement chrétienne dépend donc du sens qu'elle donne à ma vie. À la mesure de l'expérience que j'en fais. Il faut que la parole rencontrée m'ait éclairé et déjà un peu dynamisé pour que j'y adhère. Nous retrouvons ici ce que fut l'expérience des premières communautés chrétiennes. Les évangiles qu'elles ont écrits nous montrent la lecture qu'elles ont faite de la manière d'exister de Jésus à la mesure du sens qu'elle leur révélait de leur propre existence.

On voit mal quelqu'un accéder à la foi par un autre chemin. Quelque chose de l'Évangile lui a parlé et quelque part sa vie est devenue plus claire. Sa découverte se redouble quand il partage avec d'autres ce qu'eux-mêmes en reçoivent pour éclairer leur marche. L'Évangile n'est plus d'abord un récit d'autrefois, mais une clé de lecture révélant le sens d'aujourd'hui.

Il ne suffit pas de faire entendre le récit évangélique pour proposer la foi. Ce qui est révélation, pour une personne ou pour un groupe, c'est la lecture renouvelée de sa propre vie à travers laquelle le récit est entendu [1].

La liberté comme horizon.

Aujourd'hui, dans la majorité des cas, chacun rencontre le christianisme sous la forme d'une religion. Celle-ci paraît souvent, aux yeux de nos contemporains, empiéter sur la liberté. Sans entrer dans le débat ni sur les évolutions en cours dont certaines se révèlent positives, ni sur les accusations qui peuvent demeurer, on doit remarquer que la foi ne se confond pas avec la religion, même si, dans la plupart des cas elle y

1. Si on accepte une telle perspective, on notera l'important travail qui serait à faire pour rendre cette fraîcheur à l'Évangile et pour que son approche soit directement accessible. On pense à des difficultés de lecture sans doute, mais plus encore à des présentations déformées des textes qu'on a pu faire et qui bloquent bien des gens.

trouve un point d'appui majeur. La religion se présente d'abord comme un système de rites, d'habitudes, de façons de faire ou de voir qui sont préétablis. Elle tient du cadre. Le même proposé à tous. Sa visée, quoi qu'on fasse, demeure générale. À ce titre elle peut soutenir les individus. Mais elle peut ausi soit paralyser en uniformisant, soit conduire à l'auto-satisfaction : on a respecté fidèlement les règles ! Vécue selon cette caricature, la religion serait vaine. Une coque vide. Et la foi, un tranquillisant.

Aussi, la foi qui se dit dans le rite religieux doit-elle le dépasser sans cesse. Retourner vers le service des hommes ce que l'attitude religieuse classique voue à la seule gloire de « Dieu ». Au lieu de chercher la sécurité que les humains ont toujours mendiée auprès des « Dieux » qu'ils se créaient, elle cherche la gloire de Celui que Jésus appelait son Père et, pour cela, elle se fait servante de son prochain. Un choix libre par excellence.

Toute démarche de foi va de pair avec la liberté. Plus exactement, elle s'enracine dans une expérience de libération. Et son progrès coïncide avec l'approfondissement de celle-ci. Non pas que les limites dans lesquelles il faut vivre soient magiquement détruites. Bien au contraire, l'approfondissement de la foi rend souvent la vie encore plus opaque. Mais, au-delà des limites de celle-ci et en elles, un sens paraît désormais possible dans le dépassement même de ce qu'elle a de contradictoire.

Le récit fondateur de la foi chrétienne comme auparavant celui où prit corps la foi juive sont des récits d'expériences de libération : la Résurrection d'un côté ; de l'autre la sortie d'Égypte. L'un comme l'autre ouvrent un avenir et en donnent la règle. Ainsi, pour le peuple hébreu, le don de la Loi au Sinaï. L'Éternel prend soin de préciser la qualité du destinataire : c'est celui qui vient d'être libéré. Et cela justifie la portée de la Loi et en donne la signification : « C'est moi le Seigneur ton Dieu qui t'ai fait sortir de la maison de servitude. Tu n'auras pas d'autre Dieu face à moi [1]. » En d'autres termes, toi qui est

1. Ex 20, 2.

désormais libre, prends soin de le demeurer. Car la reconnaissance de l'Éternel comme seule réalité absolue entraîne l'affirmation qu'aucune réalité de la terre ne pourra le concurrencer (« tu ne feras pas d'images taillées ; tu ne te prosterneras pas devant ces dieux »). En effet la liberté suppose que rien de terrestre ne puisse s'imposer à moi comme absolu. En dehors de l'amour actif du prochain. Là où justement le christianisme va reconnaître l'amour de « Dieu ».

Quant à la Résurrection du Christ à quoi invite-t-elle ? À aller de l'avant parce que désormais la vie est ouverte. « Allez dire aux disciples que je les précède en Galilée... Portez la Nouvelle à toutes les créatures... De toutes les nations faites des disciples [1]. » C'est un souffle d'avenir qui s'élève. Il affirme une promesse : l'amour peut traverser la mort. Est-il plus forte invitation à une vie libre ? Une invitation qui, elle aussi, porte avec elle ce qui constitue le gage de sa propre réussite : entrer à son tour dans la pratique de l'amour « comme Il nous a aimés ». Là va se nouer la conviction de foi.

Une conviction qui rejoint le point où émerge en chaque homme la question du sens et le sentiment de sa propre dignité, la conscience et ses exigences. Cet appel intérieur à nous dépasser. Une force nous habite qui nous arrache, si nous l'acceptons, au préétabli, au limité, à ce qui est toujours « déjà là ». Soit par la quête de la connaissance, soit par l'entreprise de transformation des choses et des situations. Cette transcendance de la conscience témoigne d'un au-delà d'elle-même. Notre requête de liberté en est la signature. Or ce qu'on nomme « Dieu », s'il peut être pressenti, ce ne sera qu'en ce lieu profond où je dis « Je », à l'intime de moi où je me cherche au-delà de moi. Et il redit à chacun, comme à Abraham : « Va vers toi [2] ! » Notre désir le plus profond ne demande pas autre chose.

Ainsi, si l'existence de « Dieu » est pensable à partir de notre expérience de terrien, ce sera comme intérieure au mouvement de libération des humains et de chacun en

---

1. Mt 28, 10 s.
2. C'est, selon des rabbins juifs, une traduction possible du premier mot hébreu de Gn 12, 1b.

particulier. Elle s'annoncera donc le plus souvent comme ce qui nous rend conscients de nos enfermements, de nos esclavages, des limitations que nous imposons à nos perspectives. Pour nous convier au-delà.

Il nous arrive de faire l'expérience de cette libération. Rencontre d'un amour qui nous réconcilie avec nous-même parce que, enfin peut-être !, nous « acceptons d'être accepté [1] », parole d'encouragement ou de pardon qui libère, événement qui nous déstabilise et nous oblige à nous reconstruire, etc. Sans oublier l'inédit d'une évolution intérieure. Pas un chemin ne ressemble à un autre. Mais toujours, à quelque tournant, une voix appelle. L'option décisive est devant nous : pour qui vivre ? Soi-même tel qu'on est maintenant et qu'on protège en dominant les autres ? Ou bien les autres, les proches dans le service desquels on s'agrandit ? Jusqu'à l'infini peut-être si vraiment notre amour humain, toutes nos amitiés sont symboles de « Dieu ».

Un homme l'a cru. Il l'a vécu à la perfection. Sa vie donnée est inscrite en « Dieu » au travers et par-delà sa mort. Entrer explicitement dans la foi chrétienne, c'est croire que toute authentique libération trouve son itinéraire dans l'existence de cet homme, Jésus de Nazareth, mort et ressuscité, visibilité sur terre de « Dieu », son Père. Il est notre libérateur. En Lui, nous entendons la Parole de salut.

Le don qu'alors nous reconnaissons nous incite à mettre en cause toutes les limites que l'on croyait définitives, à entreprendre de vaincre l'improbable parce qu'on ose attendre l'inespéré [2]. Cela donne un sens nouveau aux actions quotidiennes. Le risque de vivre reprend couleur. On n'échappe pas pour autant au mal, bien sûr. La conscience en devient même souvent plus vive. Mais on sait que l'affronter quotidiennement n'est pas absurde parce qu'on croit désormais qu'il peut

---

1. Le mot est de Paul TILLICH dans *Le Courage d'être*, Paris, Le Livre de Vie, 1971, p. 151.

2. Selon une distinction posée par Chr. Duquoc. Il répondait à Edgar Morin pour qui l'espérance consistait à s'appuyer sur « l'inexploité » d'une situation. Duquoc lui oppose l'action de l'Esprit qui fait surgir « l'inespéré ».

être traversé. Et la mort, vaincue. « Ô mort, où est ta victoire, Ô mort où est ton aiguillon [1] ? »

La foi chrétienne est un appel : « Éveille-toi, ô toi qui dors. Lève-toi d'entre les morts et le Christ t'illuminera [2] ! » Saint Paul le dit très justement : « C'est pour que nous soyons vraiment libres que le Christ nous a libérés [3]. »

Une aventure toujours singulière.

S'engager ainsi dans la recherche du divin, c'est voir se creuser sa propre singularité. D'une certaine façon, et à un certain niveau du moins, la foi personnelle en « Dieu » isole chacun dans une dignité inconnue jusqu'alors. Il faut assumer une relation unique et semblable à nulle autre. La relation qui est créatrice de moi-même en tant que personne. Qui fait de moi un être distinct de tout autre à travers l'immensité des temps et des espaces. Un être objet d'un amour particulier et spécifique de la part de la Source d'amour que nous nommons « Dieu ». Imaginer cet amour tout à fait privilégié et le rapporter au point minuscule que nous sommes dans l'univers donne le vertige. On peut comprendre alors ce mot superbe du cardinal Newman : « Il n'y a pour moi que deux êtres qui comptent au monde : moi-même et mon créateur [4]. » Un propos qui se tient loin de tout égoïsme car il ne se situe pas dans le registre moral ; et le « moi » dont il s'agit sait bien qu'il tient par toutes ses fibres aux autres avec lesquels il est lié. Mais des autres qui, comme moi, sont d'une valeur inestimable puisque chacun est lui aussi objet d'un amour unique, la relation à son créateur. Le reconnaître nous fait dépasser le simple lien social. On entre en alliance. L'échange mutuel et volontaire qu'elle ouvre est nécessaire à chacun pour reconnaître et accepter vraiment sa singularité. Il nous renvoie, par là, l'un et

---

1. 1 Co 15, 55.
2. Ep 5, 14.
3. Ga 5, 1.
4. Henri BREMOND, *Newman. Essai de biographie psychologique*, Paris, Bloud et Gay, 1906, p. 21.

l'autre, au mystère de notre irréductible différence. L'amour devient possible. Tel que le décrivait Rainer Maria Rilke : « Deux solitudes s'inclinant l'une vers l'autre [1]. » De tels rapports humains sont le plus proche symbole que nous puissions rencontrer de notre rapport à « Dieu ».

Solitude magnifique de l'être humain face à son « Dieu ». L'aventure de la foi s'inscrit là. Et elle ne peut plus que creuser indéfiniment les « pourquoi ? ». Pourquoi suis-je vivant ? Pourquoi les autres ? Pourquoi toi, pourquoi moi ? Pourquoi le mal ?... et ta mort ?... et la mienne ? Et pourquoi cet amour qui nous « donne la vie, le mouvement et l'être [2] » et que rien ne justifie ? Et en définitive, pourquoi l'amour ?

Il n'y a plus de réponses toutes faites. Le questionnement rebondit sans cesse en même temps que s'active l'urgence de vivre pour que la vie du proche soit moins insensée. Sans qu'il s'agisse d'une division intérieure, l'homme de foi vit une étrange situation ; paradoxalement l'acceptation qu'il existe un sens fondamental et personnel à l'existence – car c'est cela que croit la foi – va de pair avec l'impression que le sens paraît s'éloigner. On est alors renvoyé à écrire sa vie avec ces miettes de sens que sont les tâches quotidiennes, espérant qu'au travers de ces balbutiements l'histoire qu'elles écrivent prend sens dans l'Éternel.

La vie de foi ne saurait échapper à ce combat [3]. Il traduit sans doute l'aventure de la relation d'amour entre « Dieu » et l'homme. Comme toute quête amoureuse, il est tension permanente entre la séduction qui fait se soumettre et la liberté qui se sauvegarde. Dans cet affrontement singulier, nul ne peut s'interposer, ni un maître de morale, ni une institution, si fraternelle soit-elle. Ils ont pu nous mener jusqu'au seuil ; mais la lutte entre la nécessité d'accepter ce qui est et le refus de se soumettre à son non-sens, la bataille de la foi donc, c'est notre affaire : « L'Église au mieux, nous suivra du regard, écrit

---

1. Rainer Maria RILKE, *Lettres à un jeune poète*, Paris, NRF-Gallimard, 1999, p. 97.

2. Ac 17, 28.

3. On pense ici au combat de Jacob avec l'ange, tel que le raconte Gn 32, 23-33.

Bernard Feillet. L'insoumission, après avoir remercié pour les services rendus, nous mettra à distance : sur mon espérance, vous ne pouvez parler à ma place. C'est de moi qu'il s'agit, c'est de mon cœur, de mon corps, de ma solitude, de mon acte d'amour, de mes balbutiements d'amour. De cela je ne peux parler qu'à celui qui ne me juge pas, qui ne sait pas à ma place ce que je dois vivre, qui est prêt, aussi, à me recevoir comme une révélation du sens, tel que moi je tente de le livrer, en le trahissant [1]. »

L'Église est indispensable pour le témoignage vécu et l'Évangile à porter. Elle demeure néanmoins de l'ordre des moyens. « La religion est une propédeutique », aime dire un ami. La vie de foi, elle, est le partenariat que vit tout être humain avec la Source de l'être. Mieux, avec la source qui le rend capable d'aimer. Avec « Dieu » dit le croyant. Avec le « Dieu » étrange dont l'identité se laisse voir au filigrane de l'existence de Jésus, dit le chrétien. Et il pense que, de le connaître, la vie de foi s'approfondit encore puisqu'elle apprend qu'elle rencontre Celui qu'elle cherche dans le visage du prochain anonyme et démuni, mais unique. Comme moi-même.

Un itinéraire pour aujourd'hui.

« Les chrétiens ont conservé jusqu'à nos jours une règle de foi, antérieure aux grands conciles puisqu'elle date du IIIe siècle [2], appelée abusivement "symbole des apôtres", le Je crois en "Dieu". [...] Cet ancien symbole ne constitue pas un résumé complet de la doctrine chrétienne, mais en constitue l'essentiel, puisqu'on le remettait au catéchumène, futur baptisé, comme aide-mémoire pour sa confession de foi [3]. »

L'ordre dans lequel se présentent les énoncés de ce grand texte traditionnel est bien connu : l'affirmation de foi part de l'existence de « Dieu » créateur, puis en vient à Jésus-Christ,

---

1. Bernard FEILLET dans *Chronique de Boquen*, n° 53.
2. Le premier grand concile, celui de Nicée, a eu lieu en 325.
3. Article « Christianisme », *Encyclopaedia Universalis*, 1985, t. 4, p. 1002.

mort et ressuscité, glorifié auprès du Père et juge des vivants et des morts. Posant la certitude de l'action de l'Esprit-Saint, on en arrive à l'Église, et on aboutit, par la rémission des péchés et la résurrection de la chair, à la vie éternelle. Un exposé des vérités de la foi selon une trame descendante.

Au cœur de la proposition chrétienne, ce texte, qui constitue au premier chef un signe de reconnaissance entre chrétiens, est essentiel puisqu'il articule ensemble les vérités fondamentale de la foi dans laquelle s'identifie l'Église. Il formule la profession de la foi chrétienne lorsqu'elle est acquise. Ce caractère central du Symbole des apôtres explique que l'ordre de ses énoncés ait, le plus souvent, servi de trame à l'enseignement systématique de la doctrine. On comprend qu'il ne fasse pas problème pour des chrétiens déjà convaincus.

Mais, tels qu'ils sont, ces énoncés et leur enchaînement sont-ils bien adaptés pour présenter aujourd'hui la pensée chrétienne ? On peut en douter. De telles affirmations, sûres d'elles et tranquilles, n'ont plus guère de prise sur la culture et les mentalités actuelles. En Occident, du moins. L'affirmation de l'existence de « Dieu » que le *Credo* pose comme son fondement est mise en doute, sinon clairement récusée, par nos contemporains. Plus précisément même, on constate que le grand nombre y est indifférent. Donc, quand il s'agit, non pas de professer la foi, mais de la proposer, partir de l'affirmation de l'existence de « Dieu » et en faire découler la proposition chrétienne est le plus souvent inefficace, sinon répulsif ; donc inadéquat. Et peut-être dangereux, y compris pour les croyants, car on doit se demander de quel « Dieu » on parle quand on prétend l'affirmer ainsi spontanément [1]. Aussi il n'est pas sûr qu'à terme, cette mise en question de l'ordonnancement du *Credo* qu'impose, selon moi, l'attention portée à l'état d'esprit de nos contemporains ne soit pas bénéfique pour la proposition chrétienne elle-même.

Si donc on se situe dans une perspective d'approche de la foi et des découvertes souvent lentes qu'elle suppose avant de se formuler dans sa plénitude, on peut sans doute ne pas s'en

1. Voir ci-dessus chap. 6.

tenir nécessairement à l'ordre traditionnel des énoncés. L'expérience montre, du reste, que les voies d'accès aux termes de la confession de foi peuvent être très diverses. Quant à moi, je propose une démarche qui, parmi d'autres, me semble pouvoir répondre à certaines exigences de notre culture moderne : que donnerait l'entrée dans ce *Credo* si on en parcourait les données autrement, et pour tout dire, à l'envers ? Partir de notre vie humaine pour être conduit par les chemins de l'incarnation jusqu'au mystère de « Dieu ».

En dehors de la prise en compte des réticences de notre culture sécularisée, deux autres arguments militent en faveur d'un tel cheminement d'apprentissage. L'un est d'ordre pédagogique. L'accès au savoir peut être soit déductif, soit inductif. Dans le premier cas, on part de données considérées comme connues et on en fait découler les découvertes ultérieures présentées soit comme les conséquences logiques des premières, soit comme incluses en elles. L'ordre traditionnel du *Credo* fonctionne sur ce modèle. À l'inverse, la pédagogie inductive engage celui qui cherche à apprendre dans des expériences dont peu à peu il va dégager la signification s'élevant ainsi d'une donnée particulière vers une affirmation générale. Or notre culture moderne, qui dit rejeter les dogmatismes, est particulièrement sensible aux expériences. Très spécialement aux expériences vécues.

Et c'est le second argument. En Jésus de Nazareth, « Dieu » s'est donné à connaître dans une existence humaine. Une expérience d'humanité on ne peut plus réelle. Son message a pris corps, non pas dans une somme théologique, mais dans l'histoire très concrète elle aussi de groupes humains cherchant, comme ils le pouvaient, à adopter Sa manière d'être, à témoigner de Sa façon d'aimer. Ce sont les communautés chrétiennes, lieux d'apprentissage d'une façon de vivre et de la Parole de salut qui la fonde. Il leur est demandé « d'être le lieu où l'Évangile est annoncé en contradiction avec l'esprit du monde [1] ». À elles donc de proposer l'entrée dans la foi

1. *Prière du temps présent*, Paris, Éd. du Cerf-Desclée de Brouwer-Mame, 1980, p. 703.

comme la connaissance d'une certaine expérience de vie et de l'attraction qu'elle doit pouvoir exercer.

Si on admet que tel puisse être un point de départ de l'expérience de foi, le *Credo* pourra toujours servir pour décrire l'itinéraire qu'elle va suivre et les convictions dans lesquelles elle va peu à peu prendre forme, mais en le parcourant en sens inverse de son énonciation habituelle [1].

Le chemin commence alors par la découverte, si petite soit-elle, que sont possibles une forme de vie et des rapports humains différents de ceux auxquels la vie quotidienne se blesse si souvent. C'est donc que, d'une façon ou d'une autre, on a été amené à reconnaître que, selon le mot de Rimbaud : « La vraie vie est absente [2] » et notre quotidien facilement inhumain. Dans cette prise de conscience, on découvre, du moins on pressent, qu'*une autre vie, une vie nouvelle* devrait être possible, une vie qui libérerait pour de bon des petites ou grandes inhumanités qui nous assaillent. La communauté chrétienne, *l'Église*, peut être reconnue et expérimentée comme le lieu de cette découverte. Dans *l'Esprit qui l'anime* et confrontant, dans l'échange avec les autres, la vie quotidienne à l'Évangile, on découvre la vie de *Jésus, son existence et la foi des disciples en sa résurrection.* Alors, et peu à peu sans doute, on pourra dire avec le centurion de l'évangile : « Vraiment cet homme était juste », ainsi que l'écrit Luc, ce qui veut dire, comme l'écrivent Matthieu et Marc : *« Vraiment celui-ci était le Fils de Dieu* [3]. » Et l'acte de foi culminera dans la reconnaissance de *« Dieu Père et créateur du monde ».* Mais un « Dieu » reconnu à travers Sa parole, son expression en terre humaine, Jésus de Nazareth, son Fils, splendeur du Père et parfaite « image du Dieu invisible [4] ».

Nous retrouvons bien là le centre de toute la question :

---

1. Pour donner une idée d'une telle démarche, on peut l'illustrer par un essai d'écriture du *Credo* relu terme à terme en partant de la fin. On trouvera ci-après, p. 335, une ébauche d'une telle formulation.

2. Arthur RIMBAUD, *Lettres du voyant.*

3. Lc 23, 47 ; Mt 27, 54 ; Mc 15, 39.

4. Col 1, 15.

quel « Dieu » annonce en définitive la proposition chrétienne ? Quand le chrétien nomme « Dieu », il ne peut s'agir que de « l'inconnu » que Jésus appelait « Son Père ». Celui qu'on n'entrevoit qu'au travers des actes qu'Il a posés et donc du sens de son existence, le don de Sa vie. Sans doute n'entre-t-on dans la connaissance de ce « Dieu étrange » que par une pratique de la vie humaine où son Esprit, peu à peu, nous introduit dans Sa façon de vivre. Seulement tout être humain qui vit ainsi, si peu que ce soit, marche avec ce « Dieu-là ».

Les chrétiens le savent. À eux d'en rendre grâce et d'accepter de se laisser conduire dans la manière de vivre de « Dieu ». Sa manière humaine. Alors ils pourront, sans trop le déformer, balbutier Son Nom.

Le signe sur la piste.

Tout au long de ce travail, j'ai écrit le mot « Dieu » en l'encadrant de guillemets. Je m'étais dit que je les abandonnerais quand je serais sûr de pouvoir nommer le « Dieu » dont parlent les évangiles. C'est en effet ce « Dieu-là » que rencontre ma foi. Ou plutôt c'est Son visage qui m'attire au fil des détours de ma vie.

Ce visage, je crois qu'il s'est révélé, autant qu'il est humainement saisissable, dans l'existence terrestre de Jésus. J'ai essayé de le dire. Et pourtant je m'aperçois que j'écris encore Son nom entre guillemets comme si je n'étais pas sûr du crédit que je peux faire à ce que je pense.

Je crois que j'ai raison. Pas seulement à cause de la fragilité de l'intelligence humaine. Mais qui oserait dire qu'il peut penser « Dieu » ? Ou simplement Le nommer ? Mieux vaut sans doute entendre la leçon des juifs, eux qui se sont interdit de prononcer Son Nom. Et donc peut-on Le qualifier autrement que ne le fait une hymne : « Ô Toi, l'Au-delà de tout [1] ! »

1. Hymne « Ô Toi l'Au-delà de tout », *Prière du temps présent*, p. 658. On a longtemps attribué ce texte à Grégoire de Nazianze (330-390), puis à Proclus (412-485). Aujourd'hui, on le pense signé du Pseudo-Denys l'Aréopagite, un chrétien anonyme, philosophe

Jésus nous Le montre dit-on. Je le crois. Et je l'ai dit longuement. Mais qui oserait dire qu'il a pu déchiffrer le mystère de cet homme ? Ses actes sont limpides, mais ils vont tellement loin ! Et ils annoncent un « Dieu » si proche et si paradoxal ! Si attachant aussi en son mystère, qui, de loin en loin, éclaire nos chemins vers lui – « mais c'est de nuit [1] ! » – que toute prétention à Le penser totalement, y compris en son incarnation, est dérisoire.

Certes, il n'est pas inintelligible pour autant. Au contraire, croire qu'il S'est révélé signifie qu'Il est connaissable. Partiellement du moins. La foi chrétienne repose entièrement sur cette connaissance. Connaissance qui n'est pas abstraite et qui a parfois la chaleur d'une rencontre. Mais c'est connaissance d'homme. Et si elle suffit pour nous apprendre ce qu'est, en vérité, notre humanité et qu'elle va vers une vie d'amour – donc comment devenir humain – elle ne pourra jamais dire qu'elle a fait le tour de Celui qu'elle désigne.

Seulement ce que nous ne connaissons pas, nous pouvons déjà un peu le pressentir puisqu'une certaine façon de vivre permet d'expérimenter quelque chose de la vie de « Dieu ». En Jésus, elle s'est donnée, un vrai pain nourrissant pour la vie du monde [2] ; et Lui nous a laissé la consigne : « Faites cela en mémoire de moi [3]. » Devenir soi-même nourriture pour tous les mendiants d'humanité que nous sommes, c'est participer à l'existence de « Dieu » – aussi bouleversant que cela puisse paraître – puisque c'est sa manière à Lui de devenir humain. Le sens qui se donne là n'est pas spectaculaire, mais il est vivifiant.

Notre « savoir » sur « Dieu » est un savoir pour la liberté. Fondé sur la confiance en Quelqu'un qui en a pris l'initiative, il ouvre un chemin. Ce que nous lisons en admirant la route humaine de Jésus est l'indice de « Dieu », son signe sur notre piste. Et, vivante, Sa Parole soutient nos pas et guide notre amour.

---

néo-platonicien (fin du Ve - début du VIe siècle). Voir *Le Monde de la Bible*, n° 110, « La naissance de Dieu », p. 69.

1. SAINT JEAN DE LA CROIX.
2. Jn 6, 51.
3. Lc 22, 19.

Illustration

Le Credo à l'envers

ou les affirmations de la foi dans un ordre possible d'apprentissage

Dans mon histoire personnelle, l'essai que voici est, depuis longtemps, à l'origine de la réflexion qu'on vient de lire ; et c'est l'invitation à le diffuser dans un groupe de formation permanente qui en a enclenché l'écriture. Partant du *Credo* traditionnel lu en commençant par la fin, il pose en parallèle l'explicitation de la démarche de foi et une ébauche de formulation brève.

Il propose ainsi un chemin possible parmi d'autres. C'est un exemple de recherche, rien de plus. Par ailleurs, si cette formulation peut soutenir une démarche de catéchèse, elle ne remet nullement en cause le statut liturgique de la formulation traditionnelle. Mais l'accès à la foi relève de l'impromptu de « Dieu » et défie nos logiques. D'où peut-être l'intérêt de ne pas confondre l'ordonnancement du *Credo* professé avec l'expérience chrétienne vécue.

Traditionnel	Explication	Proposition
	« La vraie vie est absente »…	
Je crois à la vie éternelle, à la résurrection de la chair,	mais je crois que dès maintenant une vie autre est possible et que tout ce qu'elle exprime de moi et imprime en moi aura du sens même au-delà de cette vie éphémère.	*Je crois à la vie nouvelle que rien ne pourra détruire ni la mort,*
à la rémission des péchés,	Je crois que tout ce qui nous sépare de cette vie peut nous être pardonné.	*ni le péché.*
à la communion des saints,	Je crois à l'alliance féconde de tous ceux qui font, ont fait et feront le choix de cette vie et j'en fais l'expérience avec eux : la communauté en est le premier lieu et le symbole.	*Je le crois parce que je l'expérimente déjà dans le partage communautaire,*
à la sainte Église catholique,	Je crois à la communion de tous ceux qui font ce choix. Elle les relie en les appelant à construire une communion universelle des communautés.	*qui doit s'ouvrir pour réaliser l'assemblement universel des croyants.*
Je crois en l'Esprit-Saint	Je crois en l'Esprit qui anime cette vie nouvelle et dont l'action se manifeste à travers les échanges communautaires et les interpellations de la vie.	*Je crois en l'Esprit qui m'ouvre aux autres – et me révèle à moi-même – à travers cette tension vers la communauté humaine.*

	Dans ces communautés, tandis qu'ouvert à l'Esprit je fais l'expérience de cette vie, je lis l'Évangile :	
Je crois en Jésus-Christ,		*Je crois en Jésus le Messie.*
assis à la droite du Père d'où il viendra juger les vivants et les morts.	Dans cet Esprit, je crois qu'un homme a parfaitement réussi cette vie nouvelle, qu'il est ainsi le visage humain de la Source de tout amour et par là Celui dont la vie est le modèle à la mesure duquel doit être jugée la valeur de toute vie.	*en Lui, cette vie nouvelle a été manifestée à la perfection. Identifié à la Source de tout amour, il est désormais le modèle de tout amour.*
Je crois qu'il a souffert sous Ponce Pilate, a été crucifié, est mort, le troisième jour est ressuscité des morts.	Je le crois parce que j'accueille le témoignage de ceux qui, après avoir vécu avec lui et bouleversés par la vie et la mort de Jésus de Nazareth, ont fait l'expérience, dans leur propre histoire, de cette même vie nouvelle, Sa vie de Ressuscité.	*Je crois que cet homme est vivant parce que ceux qui ont partagé son histoire, qui l'ont vu vivre, souffrir et mourir ont fait l'expérience, après Sa mort, de cette vie « ressuscitée ».*
Je crois qu'il est le Fils unique du Père, notre Seigneur conçu du Saint-Esprit, né de la vierge Marie	Je crois alors, comme eux que cet homme, né d'une femme, est, dans l'histoire, l'image parfaite de l'amour absolu, le seul devant qui l'homme doit s'incliner, je crois donc qu'Il venait de « Dieu ».	*Je crois, comme eux, que cet homme, visage de Dieu, né d'une femme, et seul Seigneur des humains, venait de Dieu.*
Je crois en Dieu, le Père tout-puissant, créateur du ciel et de la terre.	Entraîné par l'Esprit et entrant dans l'histoire de ce Fils, j'ose croire que « Dieu » existe, que sa puissance est celle d'un amour sans limites, que c'est en lui que toute chose prend sens et que nous avons « la vie, le mouvement et l'être ».	*Dans cette foi, je crois au Dieu-qu'il-appelait-son-Père, en qui je reconnais la Source de toute vie, le Créateur et la destinée du monde.*

Table des matières

DEUXIÈME PARTIE

UNE VIE QUI PARLE

TROISIÈME PARTIE

UNE ÉCOLE D'HUMANITÉ

Dans la même série

Jacques Arnould, *Dieu, le singe et le « big bang »*, 2000.
Yves Burdelot, *Devenir humain. La proposition chrétienne aujourd'hui*, 2002.
François Chirpaz, *Job. La force d'espérance*, 2001.
Claude Geffré, *Croire et interpréter. Le tournant herméneutique de la théologie*, 2001.
Adolphe Gesché, *Dieu pour penser* :
I, *Le Mal*, 1993.
II, *L'Homme*, 1993.
III, *Dieu*, 1994.
IV, *Le Cosmos*, 1994.
V, *La Destinée*, 1995.
VI, *Le Christ*, 2001.
Luigi Giussani, *La Conscience religieuse de l'homme moderne*, 1999.
Jean-Pierre Jossua, *La Chèvre du Ventoux. Journal pour chercher la sagesse*, 2001.
Pierre-Jean Labarrière, *Croire et comprendre*, 1999.
Ghislain Lafont, *La Sagesse et la Prophétie*, 1999.
Ghislain Lafont, *Eucharistie. Le repas et la parole*, 2001.
Marcel Légaut, *Chercher Jésus*, 2000.
Jean-François Noel, *le Point aveugle*, 2000.
Robert Scholtus, *Le Monde commence à tout instant*, 1998.
Roland Sublon, *In-croyable amour*, 2000.
Antoine Vergote, *Modernité et christianisme*, 1999.

Composition : Facompo, Lisieux

Nº d'édition : 11588
Nº d'impression : 04-0627

Achevé d'imprimer dans les ateliers
de Normandie Roto Impression s.a.s.
en mars 2004

Dépôt légal : janvier 2002

Imprimé en France